Timm Eichenberg, Martin Hahmann, Olga Hördt, Maren Luther, Thomas St

Organisation und Projektmanagement

Lehr- und Klausurenbücher der angewandten Ökonomik

Herausgegeben von
Prof. Dr. Michael Vorfeld und Prof. Dr. Werner A. Halver

Band 8

Timm Eichenberg, Martin Hahmann, Olga Hördt,
Maren Luther, Thomas Stelzer-Rothe

Organisation und Projektmanagement

Fallstudien, Klausuren, Übungen und Lösungen

2. Auflage

DE GRUYTER
OLDENBOURG

ISBN 978-3-11-119937-5
e-ISBN (PDF) 978-3-11-119981-8
e-ISBN (EPUB) 978-3-11-120028-6
ISSN 2364-2920

Library of Congress Control Number: 2024947416

Bibliografische Information der Deutschen Nationalbibliothek
Die Deutsche Nationalbibliothek verzeichnet diese Publikation in der Deutschen Nationalbibliografie; detaillierte bibliografische Daten sind im Internet über http://dnb.dnb.de abrufbar.

Satz: VTeX UAB, Lithuania

www.degruyter.com
Fragen zur allgemeinen Produktsicherheit:
productsafety@degruyterbrill.com

Vorwort der 2. Auflage

In der vorliegenden Publikation steht – analog zu den Fallstudien-, Klausuren- und Übungsbüchern „Unternehmensführung“ und „Personalmanagement, Führung und Change Management“ – das fiktive Startup „KaffeeLeben GmbH“ im Mittelpunkt. Für dieses Unternehmen stehen in diesem Band die Organisation und das Projektmanagement im Fokus.

Das Buch soll unseren Lesern die Möglichkeit geben, anhand von Fallstudien und Übungsaufgaben aktuelles Grundlagenwissen im Bereich *Organisation und Projektmanagement* zu erlangen und zu vertiefen. Neben den Inhalten der klassischen Organisationslehre und des Projektmanagements werden auch aktuelle Themen und Entwicklungen berücksichtigt. Wir freuen uns, nunmehr eine Erweiterung der Aufgabensammlung in dieser zweiten Auflage zur Verfügung stellen zu können. Einen besonderen Schwerpunkt haben wir dabei auf den Bereich des agilen Projektmanagements gelegt.

Das Buch eignet sich zum Selbststudium, als Repetitorium und auch für Lehrende für den Einsatz in der eigenen Lehre. In den Übungsaufgaben können einzelne Wissensbausteine ermittelt werden und in den Fallstudien kann die Wissensvernetzung Anwendung finden. Fallstudien bieten eine ideale Möglichkeit, komplexe und fachübergreifende Zusammenhänge greifbar und verständlich zu machen. Für die Fallstudien finden sich keine vollständigen Lösungen, sondern Anregungen zur Diskussion eines möglichen Lösungswegs. Wir empfehlen Studierenden insbesondere, die Fallstudien in Lerngruppen zu bearbeiten und zu diskutieren. Außerdem werden aufgabenbezogene Literaturhinweise angeführt, die konkrete Empfehlungen zum vertieften selbstständigen Studium geben sollen. Des Weiteren ist jede Aufgabe mit einer Angabe zum angestrebten Niveau sowie zum zeitlichen Arbeitsumfang versehen.

Unser Dank gilt den Studierenden unserer Hochschulen, denen wir einen Teil der Aufgaben bereits präsentieren konnten und die uns ein hilfreiches Feedback gegeben haben. Dem De Gruyter Verlag sind wir für die vertrauensvolle Zusammenarbeit sehr dankbar.

Wir wünschen allen Studierenden viel Erfolg und Freude beim Studium der Organisation und des Projektmanagements in ihrem Studiengang, bei der Bearbeitung von Fallstudien und Übungsaufgaben sowie schließlich bei der Prüfungsvorbereitung. Für Anregungen und Feedback sind wir Ihnen dankbar.

Mülheim (Ruhr), Braunschweig, Hagen und Hameln im Januar 2025

https://doi.org/10.1515/9783111199818-201

Inhalt

„Fallstudie KaffeeLeben GmbH": Szenariobeschreibung

Über die KaffeeLeben GmbH

Kaffee war immer schon ihre Leidenschaft – schon während ihres BWL-Studiums in Hamburg verbrachte Florentine Gutmann viele Stunden in der Woche in campusnahen Cafés, um sich dort abseits der Ablenkungen und Störungen ihrer Wohngemeinschaft auf Prüfungen vorzubereiten und Hausarbeiten zu schreiben. Auch ihren heutigen Geschäftspartner, Roman Fertig, hat sie dort bereits während der Studienzeit kennengelernt. Nach ihrem Studium arbeitete Florentine zunächst in einem großen, internationalen Nahrungsmittelkonzern, wo sie für den deutschlandweiten Vertrieb von Gummibärchen verantwortlich war. Nach einigen Jahren traf sie zufällig bei einem abendlichen Besuch eines amerikanischen Schnellrestaurants ihren alten Freund Roman wieder, der nach seiner Ausbildung zum Groß- und Außenhandelskaufmann inzwischen bei einem der größten Kaffeeimporteure Deutschlands im Bereich „Import Südamerika" tätig war. Beim gemeinsamen Verzehr von Burgern und Shakes stellte sich heraus, dass beide noch nicht das Gefühl hatten, mit ihren bisherigen und durchaus erfolgreichen Karriereschritten ihren „Traumberuf" gefunden zu haben, stattdessen aber damit liebäugelten, ein Unternehmen zu gründen.

Zwei Jahre später gründeten Florentine Gutmann und Roman Fertig das erste „KaffeeLeben" in Hamburg, ein „Coffeehouse" nach amerikanischem Vorbild, aber mit hanseatischem Charakter. Die hanseatische Kaffeekultur zeichnet sich bei KaffeeLeben vor allem dadurch aus, dass Florentine und Roman der Frische und der Geschmacksqualität ihrer Produkte außerordentlichen Wert beimessen. Bei KaffeeLeben kann der Kunde bei der Bestellung seiner Kaffeespezialität die für ihn geschmacklich gewünschte Röstung auswählen. Zusätzlich erhält er über ansprechend aufbereitete Schautafeln Informationen über Herkunft, Anpflanzung und Ernte der jeweiligen Röstung. Bei allen Röstungen achtet KaffeeLeben besonders darauf, dass die jeweilige Plantage als „fair" zertifiziert ist. Die Produktvariation der Kaffeespezialitäten erfolgt ausschließlich über die verschiedenen Röstungen und beschränkt sich auf „traditionelle" Zubereitungen, wie Espresso, Americano, Cappuccino oder Latte Macchiato. Geschmacksveränderte Sirupvariationen werden im Gegensatz zur Konkurrenz bewusst nicht angeboten, um das Kaffee-Erlebnis pur, unverfälscht und gesünder zu halten. Die Preisgestaltung bewegt sich bei KaffeeLeben auf höherem Niveau. Dafür erhalten die Gäste neben einem Kaffee, der sich angenehm vom üblichen „Ketten-Kaffee" absetzt, ein stilvolles Ambiente, welches den Stil hanseatischer Handelskontore in gemütlicher Art und Weise nachahmt.

Die Kunden von KaffeeLeben sind zunächst private Konsumenten, die sich eine Auszeit gönnen – sowohl zum Freunde treffen, zum alleinigen Genießen oder aber als klassische Pause während der Arbeitszeit. Die Gründer wollten ein ausgefeiltes Konzept für unterschiedliche Zielgruppen entwickeln. Das Konzept kam auch bei der Bank gut

https://doi.org/10.1515/9783111199818-001

an, denn obwohl beide Gründer gemeinsam über etwas Startkapital verfügten, konnte das Unternehmen nur aufgebaut werden, wenn sie die Zusage für einen Kredit erhielten.

Seit dem Gründungsjahr kann die KaffeeLeben GmbH stolz auf ihre regionale Expansion zurückblicken. Inzwischen gibt es zehn Filialen: fünf in Hamburg, drei in Bremen und zwei in Lübeck. Die Standortwahl war dabei ein entscheidender Faktor für Roman und Florentine, um das Markenerlebnis konsistent zu halten. So sind alle bisherigen Filialen in Hansestädten entstanden. Ebenfalls befinden sich die KaffeeLeben-Filialen stets außerhalb der Innenstädte in belebten Stadtteilen: der Kunde soll die Möglichkeit haben, sich in Ruhe und in der Nähe seiner Wohnung mit Freunden oder Familie zu einem Kaffee zu treffen. Innenstadtlagen vermeidet die KaffeeLeben hingegen, da in Innenstädten in der Regel schon ausreichend Cafés vorhanden und die Ladenmieten überdurchschnittlich hoch sind. In den Stadtteillagen hat die KaffeeLeben hingegen sehr guten Anklang gefunden, das Konzept ist aufgegangen.

Die „hanseatischen Tugenden“ werden von Florentine und Roman jedoch nicht nur in der Gestaltung der Kaffeeläden aufgegriffen. Auch im Management des Unternehmens spiegeln sich diese Werte wider. Das hanseatische Verständnis des „ehrbaren Kaufmanns“ folgt einer an Werten orientierten Unternehmerschaft. Ehrliches und verlässliches Handeln gegenüber Partnern sowie langfristig ausgerichtetes und solides Wirtschaften sind die Grundpfeiler der KaffeeLeben GmbH von Beginn an.

1 Organisation

1.1 Grundlagen der Organisationslehre

1.1.1 Organisation als Managementfunktion

Fallstudie KaffeeLeben – Aufgabe F1

Wissen, Verstehen, Anwenden, Transfer
20 Minuten

---

1. Fragestellung

Florentine und Roman sprachen in einem gemeinsamen Jour fixe darüber, ob sie als Geschäftsleitung alle wesentlichen Managementfunktionen wahrgenommen hatten. Dabei stellten sie fest, dass sie sich bisher viel mit Führung, Planung, Kontrolle und Change Management beschäftigt hatten, Organisation jedoch bisher wenig Beachtung geschenkt hatten, obwohl Organisation als Managementfunktion ein wesentlicher Erfolgsfaktor zu sein schien. Florentine und Roman beschlossen, sich nun ausführlich dem Thema der Organisation zu widmen.

a) Überlegen Sie sich, warum die beiden Unternehmensgründer von KaffeeLeben die Organisation als Managementfunktion bisher vernachlässigt haben könnten und welche Bedeutung diese Managementfunktion hat.
b) Grenzen Sie die Begriffe „Chaos“, „Organisieren“ und „Organisation“ voneinander ab und beziehen sich dabei auf den Fall „KaffeeLeben“.

2. Anregungen für Ihre Diskussion der Lösung

a) Florentine und Roman hatten KaffeeLeben quasi aus dem Nichts gegründet. Im Rahmen der Unternehmensgründung waren die Managementfunktionen des Planens und Kontrollierens offensichtlicher und dringlicher. Es gab noch nicht so viel zu organisieren. Mit dem Wachstum von KaffeeLeben wurde die Managementfunktion der Führung zwangsläufig notwendig, als Mitarbeiter/-innen eingestellt wurden. Die Organisation lief nebenbei, bis festgestellt wurde, dass sie doch nicht zu unterschätzen ist und sogar einen wesentlichen Erfolgsfaktor ausmacht.
Organisation ist wie die anderen Managementfunktionen als Querschnittsfunktion zu sehen (siehe Abb. 1.1).

https://doi.org/10.1515/9783111199818-002

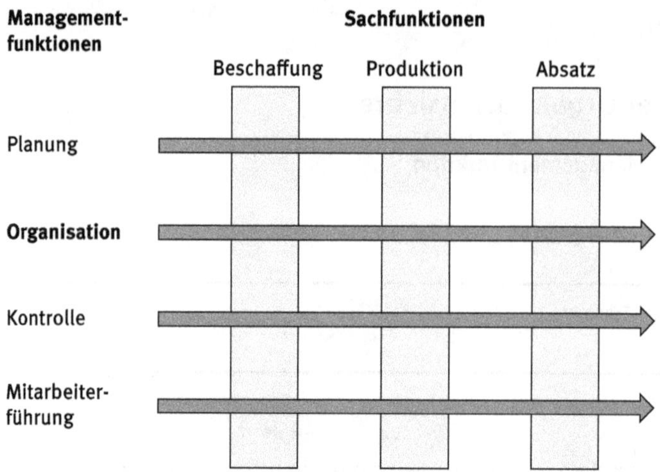

Abb. 1.1: Organisation als Querschnittsfunktion, Quelle: In Anlehnung an Vahs 2023, S. 49.

b) Ohne Ordnung herrscht Chaos. Wenn es keine Regelungen bei KaffeeLeben gäbe, würde Chaos herrschen. „Geöffnet ist, wenn offen ist" funktioniert wohl eher in Ferienorten bei Imbissbuden. In Cafés in städtischen Lagen möchten Kunden Verlässlichkeit und so bieten sich Öffnungszeiten an. Organisieren ist die Tätigkeit, die eine Gesamtaufgabe strukturiert und die entstandenen Teilaufgaben im Hinblick auf bestimmte Zielsetzungen ordnet. Die gesamte Aufgabe des Verkaufs von Kaffee und evtl. Zusatzprodukten muss in Teilaufgaben zerlegt werden, damit ein Kaffeehaus bzw. mehrere Filialen betrieben werden können. Die Organisation ist das Ergebnis des Organisierens. Die Organisation ist dann der Aufbau des Unternehmens KaffeeLeben oder die Abfolge bestimmter Tätigkeiten.

3. Literaturempfehlungen

Schreyögg, Georg/Geiger, Daniel (2016): Organisation: Grundlagen moderner Organisationsgestaltung, 6. Aufl., Wiesbaden, S. 1 ff.

Vahs, Dietmar (2023): Organisation: Ein Lehr- und Managementbuch, 11. Aufl., Stuttgart, S. 27 ff.

Aufgabe 1: Der klassische Fünferkanon: Managementfunktionen

Wissen, Verstehen, Anwenden, Transfer
5 Minuten

---

1. Fragestellung

Organisationen haben eine zentrale Stellung in Wirtschaft und Gesellschaft erlangt. Ohne Zweifel hat auch das Management von Organisationen eine hohe Bedeutung im Wettbewerb von Unternehmen erlangt. Erläutern Sie, was unter Organisation als Managementfunktion zu verstehen ist.

2. Lösung

Organisation ist eine Funktion im breiten Spektrum der Steuerungsaufgaben im Management. Organisation als Managementfunktion bezeichnet das Herstellen eines Handlungsgefüges zur Planrealisierung. Damit ist gemeint, dass überschaubare und plangerechte Stellen geschaffen werden und diesen Kompetenzen und Weisungsbefugnisse zugewiesen werden. Somit umfasst „Organisation" das Errichten von formalen Autoritätsstrukturen, die geplante Arbeitseinheiten bilden und Prozesse effizient steuern. Diese Definition von Organisation als Managementfunktion geht auf Harald Koontz und Cyril O'Donnell (1955) zurück. Die Autoren haben den klassischen Fünferkanon der Managementfunktionen beschrieben, der mittlerweile als Standard in die Lehrbücher der Managementehre eingegangen ist. Der klassische Fünferkanon beschreibt die Managementfunktionen 1. Planung (planning), 2. Organisation (organizing), 3. Personaleinsatz (staffing), 4. Führung (directing) und 5. Kontrolle (controlling). Diese fünf Aufgabenbereiche müssen von jeder Organisation vollbracht werden, sie gehören zu dem sogenannten Pflichtprogramm einer Organisation unabhängig von der Branche, Größe oder weiterer Variablen.

3. Hinweise zur Lösung

Ein weiteres in der Managementlehre bekanntes Konzept zur Systematisierung von Managementfunktionen stellt das POSDCORB-Konzept von Gulick (1937) dar. Gulick beschreibt sieben Aufgabenbereiche, die jeder Manager erfüllen muss.

1. Planning (P)
2. Organizing (O)
3. Staffing (S)
4. Directing (D)
5. Coordinating (CO)
6. Reporting (R)
7. Budgeting (B)

4. Literaturempfehlungen

Gulick, Luther H. (1937): Papers on the science of administration, New York (gesamtes Werk).

Koontz, Harald/O'Donnell, Cyril (1955): Principles of management: An analysis of managerial functions, New York (gesamtes Werk).

Schreyögg, Georg/Koch, Jochen (2010): Grundlagen des Managements: Basiswissen für Studium und Praxis, 2. Aufl., Wiesbaden, S. 6 ff.

von der Oelsnitz, Dietrich (2009b): Management: Geschichte, Aufgaben, Beruf, München, S. 50 ff.

Aufgabe 2: Single-Choice-Aufgaben zu Organisation als Managementfunktion

Wissen, Verstehen, Anwenden, Transfer
6 Minuten

1. Fragestellung

Bitte tragen Sie bei den folgenden Aussagen ein, ob diese richtig („R“) oder falsch („F“) sind.

Tab. 1.1: Organisation als Managementfunktion Single Choice.

Nr.		Richtig	Falsch
1.	Organizing bedeutet das fortlaufende Treffen von Einzelentscheidungen und ihre Umsetzung in fallweise oder generelle Anweisungen.		
2.	Harold Koontz und Cyril O’Donnell beschrieben den klassischen Fünferkanon von Managementfunktionen.		
3.	Luther H. Gulick beschrieb den klassischen Fünferkanon von Managementfunktionen.		
4.	Zum klassischen Fünferkanon von Managementfunktionen gehören: Planung, Organisation, Personaleinsatz, Report, Kontrolle.		
5.	Personaleinsatz nach Koontz und O’Donnell bedeutet die Sicherstellung und Erhaltung der Human Ressources und nicht nur einmalige Stellenbesetzung.		

2. Lösung

Tab. 1.2: Organisation als Managementfunktion Single-Choice – Lösungen.

Nr.		Richtig	Falsch
1.	Organizing bedeutet das fortlaufende Treffen von Einzelentscheidungen und ihre Umsetzung in fallweise oder generelle Anweisungen.		F
2.	Harold Koontz und Cyril O’Donnell beschrieben den klassischen Fünferkanon von Managementfunktionen.	R	
3.	Luther. H. Gulick beschrieb den klassischen Fünferkanon von Managementfunktionen.		F
4.	Zum klassischen Fünferkanon von Managementfunktionen gehören: Planung, Organisation, Personaleinsatz, Report, Kontrolle.		F
5.	Personaleinsatz nach Koontz und O’Donnell bedeutet die Sicherstellung und Erhaltung der Human Ressources und nicht nur einmalige Stellenbesetzung.	R	

3. Hinweise zur Lösung

1. **Falsch:** Organizing bedeutet die Errichtung einer formalen Autoritätsstruktur, die Arbeitseinheiten bildet, definiert und im Hinblick auf das Gesamtziel koordiniert.
2. **Richtig:** Der Fünferkanon der Aufgabenbereiche ist fest etabliert in den einschlägigen Managementlehrbüchern.
3. **Falsch:** Luther H. Gulick beschreibt sieben Aufgabenbereiche, die im POSDCORB-Konzept ihren Niederschlag finden.
4. **Falsch:** Es ist Reporting statt Report.
5. **Richtig:** Zu den Aufgaben Personaleinsatz gehören auch Personalbeurteilung und Personalentwicklung sowie eine adäquate Entlohnung.

4. Literaturempfehlungen

Gulick, Luther H. (1937): Papers on the science of administration, New York (gesamtes Werk).
Koontz, Harald/O'Donnell, Cyril (1955): Principles of management: An analysis of managerial functions, New York (gesamtes Werk).
Schreyögg, Georg/Koch, Jochen (2010): Grundlagen des Managements: Basiswissen für Studium und Praxis, 2. Aufl., Wiesbaden, S. 6 ff.
von der Oelsnitz, Dietrich (2009b): Management: Geschichte, Aufgaben, Beruf, München, S. 50 ff.

1.1.2 Notwendigkeit und Ziele der organisatorischen Gestaltung

Fallstudie KaffeeLeben – Aufgabe F2

Wissen, Verstehen, Anwenden, Transfer
20 Minuten

---

1. Fragestellung

Florentine und Roman hatten erkannt, dass eine gewisse Organisation Erfolg versprechend zu sein scheint und tauschten sich darüber aus, wo bei KaffeeLeben eine organisatorische Gestaltung notwendig sei. Florentine stellte fest, dass die Mitarbeiter/-innen sich zum Teil besser abstimmen müssten, damit eindeutig sei, wer für welche Aufgaben zuständig ist und in welcher Reihenfolge diese erledigt werden müssen. Sie hörte Beschwerden der Mitarbeiter/-innen, die sagten: „Das ist nicht meine Aufgabe." Gleichzeitig gab es Dinge, für die sich scheinbar jeder zuständig fühlte und die dann Ressourcen banden, die an anderer Stelle gebraucht wurden. Außerdem wusste keiner so genau, wen er fragen sollte, wenn ein Problem auftauchte. Alle wendeten sich an den Filialleiter, der überlastet war, weil er sich um Kleinigkeiten kümmern musste, obwohl er eigentlich einen Betrieb zu führen hatte. Roman, als strukturiertem und organisiertem Menschen, wies der jetzige Zustand auch zu viel Chaos auf und somit waren sich Roman und Florentine direkt einig, dass hier Handlungsbedarf bestand.

a) In welche beiden grundlegenden Bereiche kann Organisation aufgeteilt werden? Erklären Sie dies direkt am Beispiel von KaffeeLeben.
b) Warum braucht KaffeeLeben eine Organisation? Erläutern Sie die Notwendigkeit und Ziele einer organisatorischen Gestaltung am Beispiel von KaffeeLeben.

2. Anregungen für Ihre Diskussion der Lösung

a) Aufgeteilt werden kann grundlegend in die beiden Bereiche Ablauforganisation und Aufbauorganisation.
Die Ablauforganisation ist die Prozessstruktur von KaffeeLeben und meint die inhaltliche, räumliche und zeitliche Reihenfolge der Arbeitsprozesse vom Einkauf der Waren, die für die Herstellung des Kaffees nötig sind, über die Zubereitung und Beratung bis hin zum Verkauf. Es gibt Zuständigkeiten der Mitarbeiter/-innen für den Einkauf, die Zubereitung, den Verkauf des Kaffees. Evtl. übernimmt ein/-e andere/-r Mitarbeiter/-in die Frisch-Zubereitung von Bagels. Auch der Service-Bereich darf in einem Kaffeehaus natürlich nicht zu kurz kommen. Hier stellt sich die Frage, wie viel Service angeboten wird. Stehen die Kunden an einem Tresen, bis Kaffee und/oder Bagels fertig sind und nehmen diese dann direkt mit zum Platz oder wird am Tisch bestellt und serviert? Im Format des KaffeeLeben-Konzepts ist eher die Bestellung am Tresen vorgesehen.
Die Aufbauorganisation ist die Gliederung des Unternehmens in Teileinheiten und deren Koordination. Dies kann ein Organigramm einer einzelnen Filiale von KaffeeLeben sein, das die verschiedenen Hierarchiestufen der Mitarbeiter/-innen aufzeigt. Im Startup-Bereich gibt es in der Regel wenig Hierarchien, die im Wachstum erweitert werden können, jedoch auch nicht müssen. Auch die Organisation des Gesamtunternehmens mit seinen zehn Filialen in verschiedenen Städten gehört zur Aufbauorganisation. So können sich die einzelnen Filialen unabhängig voneinander selbstständig organisieren oder in einer Zentrale organisiert werden.
b) Eine Notwendigkeit für ein angemessenes Maß an organisatorischer Gestaltung besteht darin, Chaos zu vermeiden. Dabei erfolgt die Zerlegung einer komplexen Gesamtaufgabe einerseits (Teilung), andererseits die Abstimmung bzw. Koordination der Teilaufgabenerfüllung derart, dass die Gesamtaufgabe, und damit das Unternehmensziel, erfüllt wird (Einung). Ziel des Organisierens ist die Schaffung von dauerhaften und generellen organisatorischen Regelungen, z. B. von Öffnungszeiten, Arbeitszeiten der Mitarbeiter/-innen, Urlaubsregelungen und Jours fixes. Generelle Regelungen geben einen Verhaltensrahmen vor. Sie schränken dadurch den Handlungsspielraum von Organisationsmitgliedern ein und erklären bestimmte Handlungen für erwünscht und andere für unerwünscht. Z. B. ist es Pflicht, Hygienevorschriften zu beachten. Bagels dürfen insofern nur mit Handschuhen zubereitet werden. Auch die Nutzung der Handschuhe ist geregelt. (Wie oft werden sie gewechselt? Beispielsweise, wenn sie mit Fleisch in Berührung kommen, müssen sie gewechselt werden, damit auch vegetarische Bagels solche bleiben …)

3. Literaturempfehlungen

Fiedler, Rudolf (2014): Organisation kompakt, 3. Aufl., München, S. 5 ff.
Vahs, Dietmar (2023): Organisation: Ein Lehr- und Managementbuch, 11. Aufl., Stuttgart, S. 77 ff.

Aufgabe 1: Arbeitsteilung und Spezialisierung

Wissen, Verstehen
10 Minuten

---

1. Fragestellung

Menschen kommen während ihres gesamten Lebens mit Organisationen in Berührung. Erläutern Sie die Relevanz von Organisationen.

2. Lösung

Organisationen sind aus unserer heutigen modernen Welt nicht mehr wegzudenken. Sie sind so selbstverständlich zum Teil unseres Lebens geworden, dass sich die meisten Menschen wohl über deren Notwendigkeit zur Existenzerhaltung keine Gedanken machen. Organisationen spielen, wenn auch nicht zwangsläufig so wahrgenommen, eine große Rolle im Leben der entwickelten Gesellschaften. Die meisten Menschen werden in einer Organisation, sprich einem Krankenhaus geboren, besuchen Kindergärten, Schulen und Ausbildungsbetriebe und werden nach dem Ableben vom Bestattungsunternehmen beerdigt. Diese sehr kurze Auflistung der Berührungspunkte mit Organisationen zeigt, wie präsent Organisationen im Leben der meisten Menschen sind. In Organisationen können Güter und Dienstleistungen in arbeitsteiliger und spezialisierter Form hergestellt werden, die von einem Individuum allein aufgrund der Komplexität und der Ressourcen nicht hergestellt werden könnten. Ferner gehen Arbeitsteilung und Produktion einher mit höherer Produktivität und sind damit wiederum verbunden mit einem höheren Wohlstand für die Gesellschaft. Adam Smith (1723–1790), der „Vater" der Nationalökonomie, hat den Vorteil von Arbeitsteilung und Spezialisierung an seinem prominenten Beispiel der Stecknadelmanufaktur gezeigt. Die Herstellung einer Stecknadel erfordert 18 Arbeitsgänge (z. B. Draht ziehen, Draht stecken, Kopf aufsetzen usw.). Würde ein Arbeiter allein Stecknadeln produzieren, so würde er nicht einmal eine Stecknadel pro Tag herstellen. Arbeiten hingegen zehn Arbeiter arbeitsteilig und spezialisiert, so können sie bis zu einem Hundertfachen pro Tag herstellen. Arbeitsteilung und Spezialisierung ermöglichen, dass jeder Arbeiter einer Tätigkeit entsprechend seiner Geschicklichkeit nachgeht und bei dieser durch Repetition eine Lernkurve entsteht, die ihn schneller bei der Verrichtung werden lässt. Außerdem fallen Rüstzeiten weg, da nicht von einem zum anderen Arbeitsvorgang gewechselt werden muss.

3. Hinweise zur Lösung

Warum gibt es eigentlich Unternehmen bzw. Organisationen und warum regeln die Marktteilnehmer ihre Tauschaktionen nicht über den Markt? Eine Antwort auf diese Frage gibt der Wirtschaftsnobelpreisträger Ronald Coase. Er begründet die Existenz von Organisationen mit den Kosten des Marktes, den sogenannten Transaktionskosten, und revolutionierte damit gleichsam das ökonomische Denken. Grundgedanke ist, dass jegliche Transaktionen über den Markt mit Kosten verbunden sind. Nach dem Transaktionskostenansatz ist es unter bestimmten Bedingungen günstiger, Leistungen nicht über den Markt einzukaufen, sondern über die Unternehmung, also die Leistung in der Organisation herstellen zu lassen.

Die entsprechende Publikation „The Nature of the Firm“ wurde im Jahre 1937 publiziert und erst einmal nicht zur Kenntnis genommen. Erst 1991, nachdem der Ökonom Oliver Williamson den Gedanken der Transaktionskosten aufgenommen hatte und den Gedanken von Coase zur Theorie der neuen Institutionenökonomik weiterentwickelte, wurde ihm der Nobelpreis verleihen.

4. Literaturempfehlungen

Coase, Ronald (1937): The Nature of the Firm; in: Economica, Vol. 4, No. 16, pp. 386–405.

Große-Halbuer, Andreas (2008): Warum es Unternehmen überhaupt gibt. https://www.wiwo.de/politik/deutschland/wirtschaft-warum-es-unternehmen-ueberhaupt-gibt/5487448.html (Abruf vom 18.03.2024).

Jones, Gareth R./Bouncken, Ricarda B. (2008): Organisation: Theorie, Design und Wandel, 5. Aufl., München.

Kurz, Heinz D./Sturn, Richard (2013): Adam Smith für jedermann: Pionier der modernen Ökonomie, Frankfurt am Main.

Laux, Helmut/Liermann, Felix (2006): Grundlagen der Organisation: Die Steuerung von Entscheidungen als Grundproblem der Betriebswirtschaftslehre, 6. Aufl., Berlin, S. 175–190.

Smith, Adam (2009): Wohlstand der Nationen, Köln, S. 11 ff.

Williamson, Oliver E./Winter, Sidney G. (1991): The nature of the firm: Origins, evolution, and development, New York (gesamtes Werk).

1.1.3 Der Organisationsbegriff sowie Arten und Aufgaben organisatorischer Regeln

Fallstudie KaffeeLeben – Aufgabe F3

Wissen, Verstehen, Anwenden, Transfer
20 Minuten

---

1. Fragestellung

Florentine und Roman überlegten sich, dass es für KaffeeLeben sicher eine Vielzahl organisatorischer Regelungen geben müsste, die festzulegen und zu kommunizieren seien. Roman wandte ein: „Florentine, wir können doch nicht immer und alles regeln. Manchmal gibt es eben auch Situationen, die ein Improvisieren erfordern." „Ja", antwortete Florentine, „Organisation und Improvisation sind gut, aber es gibt eben auch Disposition." Das war Roman zu theoretisch.

Sammeln Sie Beispiele für Organisation, Improvisation und Disposition bei Kaffee-Leben, anhand derer Florentine Roman erklären kann, was sie meint.

2. Anregungen für Ihre Diskussion der Lösung
Beispiele für Organisation sind die Routine eines Bestellvorgangs und die tägliche Reinigung der Kaffeemaschinen.

Ein klassisches Beispiel für Improvisation ist der Ausfall einer Kaffeemaschine.

Ein mögliches Beispiel für Disposition ist der Umgang mit einer Kundenbeschwerde.

3. Literaturempfehlungen
Fiedler, Rudolf (2014): Organisation kompakt, 3. Aufl., München, S. 1 ff.

Aufgabe 1: Instrumenteller und Institutioneller Organisationsbegriff

Wissen, Verstehen
5 Minuten

1. Fragestellung
Der Begriff der Organisation unterliegt einer Vielfalt an Definitionen. Erläutern Sie, was unter dem instrumentellen und institutionellen Organisationsbegriff zu verstehen ist.

2. Lösung
Der instrumentelle Begriff kommt dem allgemeingebräuchlichen Verständnis von Organisation am nächsten, demzufolge ein Unternehmen eine Organisation hat. Organisation wird als eine dauerhafte und feste Struktur verstanden und als Instrument zur Zielerreichung betrachtet. Das Instrument besteht quasi aus Regeln, die vorherrschen. Dieses Begriffsverständnis entstammt der betriebswirtschaftlichen Organisationslehre und herrscht in der deutschsprachigen Organisationslehre vor.

Der institutionelle Begriff hingegen entstammt der Organisationssoziologie bzw. Organisationspsychologie. Dem institutionellen Begriffsverständnis zufolge ist ein Unternehmen eine Organisation. Das heißt eine Organisation ist ein soziales, zielgerichtetes System, welches eine formale Struktur aufweist. Die Bezeichnung der Organisation als soziales System stellt den Menschen in den Mittelpunkt der Betrachtung. Die Zielgerichtetheit bezieht sich ein auf Dauer angelegtes Ziel und wird durch die Notwendigkeit der Arbeitsteilung und Spezialisierung gerechtfertigt. Das institutionelle Begriffsverständnis ist im angloamerikanischen Raum vorherrschend, und findet zunehmend Einzug in den deutschsprachigen Raum.

3. Hinweise zur Lösung

In der Organisationslehre existiert ein instrumentelles, ein institutionelles und funktionales Begriffsverständnis von Organisation. Der funktionale Begriff bezeichnet die Tätigkeit der Gestaltung der Organisationsstruktur und beschreibt Organisation als Managementfunktion (siehe Kap. 1.1.1). Die interessierte Leserschaft sei auf die anschauliche Darstellung von Schulte-Zurhausen (2014, S. 1 ff.) verwiesen.

4. Literaturempfehlungen

Bea, Franz X./Göbel, Elisabeth (2019): Organisation: Theorie und Gestaltung, 5. Aufl., München/Tübingen, S. 52 ff.

Jones, Gareth R./Bouncken, Ricarda B. (2008): Organisation: Theorie, Design und Wandel, 5. Aufl., München, S. 26 ff.

Schulte-Zurhausen, Manfred (2014): Organisation, 6. Aufl., München, S. 1 ff.

Vahs, Dietmar (2023): Organisation: Ein Lehr- und Managementbuch, 11 Aufl., Stuttgart, S. 37 ff.

1.1.4 Über- und Unterorganisation von Unternehmen

Fallstudie KaffeeLeben – Aufgabe F4

Wissen, Verstehen, Anwenden, Transfer
15 Minuten

---

1. Fragestellung

Florentine und Roman diskutierten mit dem Filialleiter Herrn Eisenhart und den Mitarbeiter/-innen Frau Arnst, Frau Schnell, Frau Klein und Herrn Geradewiese darüber, wie viel Organisation KaffeeLeben braucht. Frau Klein beschwerte sich direkt, dass sie vieles machen müsse, wozu sie im Tagesgeschäft einfach keine Zeit habe, sodass sie manchmal sogar ihre wertvollen Pausen opfern müsse, obwohl sie diese zur Regeneration benötige. Als Beispiel gab sie an, dass sie allein darauf achte, die Kaffeemaschinen regelmäßig zu entkalken, obwohl das nicht in ihrer Stellenbeschreibung stehe. Sie machte hierbei den Vorschlag, die gesamte Reinigung der Kaffeemaschinen durch die Auszubildenden ausführen zu lassen. Frau Arnst kannte sich mit den Hygienevorschriften bestens aus und gab zu bedenken, dass hierbei jedoch eine gewisse Kontrolle stattfinden müsse. Der Filialleiter, Herr Eisenhart, machte sich dazu Notizen. Er wollte sammeln, was nun alles neu geregelt werden müsse. Frau Klein sah dies als kleinen Erfolg und führte immer wieder neue Beispiele an: Wenn schon geregelt werde, wie die Handschuhe gemäß Hygienevorschriften zu nutzen wären, dann doch bitte auch, dass fünf Minuten längere

Arbeitszeiten bei starkem Kundenandrang zum Ende der Öffnungszeit auszugleichen seien – und zwar nach einem ordentlich definierten System. Frau Schnell verdrehte die Augen und gab zu verstehen, dass man sich mal um das Wesentliche kümmern solle. Herr Eisenhart wusste, dass Frau Schnell manchmal ihrem Namen Ehre machte und es sicher nicht ganz so viele Regelungen geben müsse, wenn alle mit einer derartig authentischen Freude an der Arbeit wären wie sie. Aber das sei ja nun mal leider nicht der Fall. Wenn es nach Frau Schnell ginge, müsste gar nicht viel geregelt werden, das Reden über solche Dinge hielt ihrer Meinung nach schon alle von der Arbeit ab.

Finden Sie mehrere Beispiele für Über- und Unterorganisation aus dem Tagesgeschäft von KaffeeLeben.

2. Anregungen für Ihre Diskussion der Lösung

Beispiele für Unterorganisation:
- Keine Vertretungsregelungen im Krankheitsfall
- Keine Absprachen, wenn mehrere Mitarbeiterinnen und Mitarbeiter gleichzeitig in den Sommerferien Urlaub nehmen wollen, weil sie schulpflichtige Kinder haben
- Keine Kontrollen der Sanitäranlagen
- Kein gemeinsamer Sprachkodex im Umgang mit den Kunden (muss aber in anderen Unternehmen auch nicht Unterorganisation bedeuten)
- Keine einheitliche Arbeitskleidung (muss aber in anderen Unternehmen auch nicht Unterorganisation bedeuten)

Beispiele für Überorganisation:
- Vorschriften über einheitliche Frisuren der weiblichen Mitarbeiterinnen
- Zu starre Regelungen für Dienstpläne, bei denen die Mitarbeiterinnen und Mitarbeiter nicht tauschen dürfen
- Keine Möglichkeit für Mitarbeiterinnen und Mitarbeiter, in der Dienstzeit einen Termin wahrzunehmen, ohne einen Urlaubstag zu opfern, wenn die Vertretung geregelt ist

... sowie weitere Beispiele aus Ihrer Diskussion.

3. Literaturempfehlungen

Schreyögg, Georg (2016): Grundlagen der Organisation: Basiswissen für Studium und Praxis, 2. Aufl., Wiesbaden, S. 16 ff.

Vahs, Dietmar (2023): Organisation: Ein Lehr- und Managementbuch, 11. Aufl., Stuttgart, S. 45.

Aufgabe 1: Überorganisation und Unterorganisation

Wissen, Verstehen, Anwenden
15 Minuten

---

1. Fragestellung

Bürokratie und Chaos können als Synonyme für Über- und Unterorganisation bezeichnet werden. Zwischen den Extremen von „Bürokratie" und „Chaos" liegt der optimale Organisationsgrad. Erläutern Sie die Begriffe „Überorganisation", „Unterorganisation" und „optimaler Organisationsgrad" und verdeutlichen Sie diese an einem selbstgewählten Beispiel.

2. Lösung

Dem instrumentalen Begriffsverständnis der Organisation folgend besteht jede Organisation aus einer, wie auch immer gearteten, Formalstruktur. Innerhalb dieser Formalstruktur existieren arbeitsteilige Anlagen und organisatorische Regelungen. Mit dem Instrument der organisatorischen Regelung wird eine gewollte Ordnung hergestellt, ohne die eine Organisation kaum lebensfähig ist. Organisatorische Regelungen werden vom Management festgelegt oder kommen durch Übereinstimmung der Organisationsmitglieder zustande. Sie können schriftlich fixiert oder mündlich kommuniziert werden. Organisatorische Regelungen steuern u. a. das Verhalten der Organisationsmitglieder und vermitteln ihnen, welche Arbeitsanweisungen zu befolgen sind. Darüber hinaus stecken sie Kompetenzen ab und bestimmen, wie Arbeitsabläufe ausgeführt werden sollen.

Von Erich Gutenberg (1983 in Schreyögg 2016) stammt folgende wegweisende Unterscheidung in Bezug auf den Charakter der Regelungen: Regeln sind Verhaltenserwartungen, leiten sich aus der Direktionsbefugnis ab und werden durch Zeichnung des Arbeitsvertrages formell anerkannt. Nach Gutenberg sind (1) fallweise Regelungen und (2) generelle Regelungen zu unterscheiden.

Fallweise Regelungen regeln einen Sachverhalt von Fall zu Fall unterschiedlich und sind für häufig wechselnde Aufgaben geeignet. Mitarbeiterinnen und Mitarbeiter haben bei dem Vollzug der Entscheidung einen gewissen Handlungsspielraum, den sie ausschöpfen können. Damit können sie flexibel auf bestimmte Ereignisse reagieren und sich besser an betriebliche oder außerbetriebliche Veränderungen anpassen. Allerdings besteht hier auch die Gefahr von Fehlentscheidungen.

Generelle Regelungen werden bei häufig wiederkehrenden Aufgaben angewandt und regulieren die Ordnung eines Aufgabenvollzugs auf Dauer. Gleichartige und regelmäßig wiederkehrende Aufgaben werden einheitlich ausgerichtet, wodurch Organisationsmitglieder an Verhaltenssicherheit gewinnen und Vorgesetzte entlastet werden.

Nach dem Substitutionsprinzip von Gutenberg sind fallweise Regelungen durch generelle Regelungen zu ersetzen (Abb. 1.1), bis der zusätzliche Nutzen einer generellen Regelung gleich Null ist. Des Weiteren erhalten generelle Regelungen Vorrang vor fallweisen Regelungen, wenn es sich um vorhersehbare und wiederkehrende Aufgabenstellungen handelt.

Organisatorische Regelungen sind zwar wichtig, allerdings bedarf es einer gewissen Balance: Existiert ein „Zuviel" an Regeln, spricht man von Überorganisation. Überorganisation wird umgangssprachlich auch als „Bürokratie" betitelt. Hierbei verfügt das Individuum über keinerlei Handlungsspielraum und ist demnach nicht in der Lage, flexibel auf einen Fall zu reagieren, da alles minutiös vorgegeben ist. In diesem Zustand der Überorganisation werden Sachverhalte generell geregelt, die besser fallweise zu regeln sind. Bürokratie und Starrheit sind die Folge.

Existiert ein „Zuwenig" an Regeln, spricht man von Unterorganisation. Unterorganisation wird umgangssprachlich auch als „Chaos" betitelt. Hierbei verfügt das Individuum über sehr viel Handlungsspielraum und kann flexibel reagieren. In diesem Zustand der Unterorganisation werden Sachverhalte fallweise geregelt, die besser generell zu regeln sind. Chaos ist die Folge. Unterorganisation ist zu vermeiden. Denn durch uneinheitliche Arbeitsabläufe können Effizienzverluste und Qualitätsmängel eintreten.

Ein „optimaler Organisationsgrad" wird einer Organisation dann attestiert, wenn weder Unter- noch Überorganisation herrscht. Wie in Abb. 1.2 ersichtlich, liegt das Optimum zwischen dem Bereich der Unterorganisation und dem Bereich der Überorganisation. Ziel jeder Organisationstätigkeit ist es, sich so nah wie möglich dem Optimum anzunähern. Der optimale Organisationsgrad ist ein theoretisches Maß.

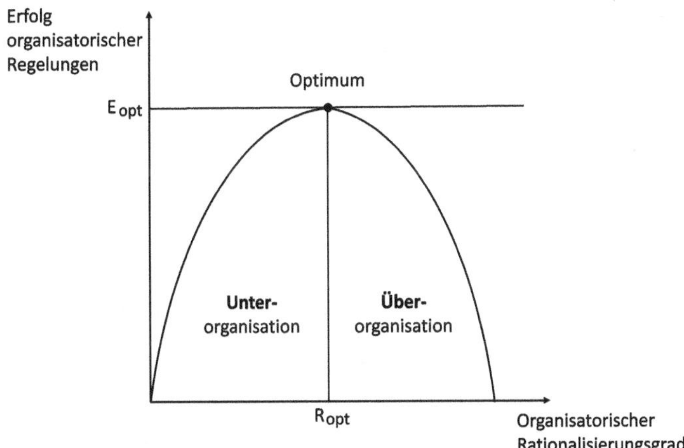

Abb. 1.2: Substitutionsprinzip der Organisation, Quelle: In Anlehnung an Vahs 2023, S. 45.

Existieren zu wenige Regeln entsteht Chaos, weil unklar ist, wie sich Individuen zu verhalten haben, wer wofür zuständig und was zu tun ist. Generelle Regungen hingegen geben den Mitarbeiterinnen und Mitarbeitern Sicherheit, weil die Arbeitsschritte genau festgelegt sind. Fallweise Regelungen hingegen geben ihnen ein gewisses Maß an Entscheidungsspielraum.

3. Hinweise zur Lösung

An dem fiktiven Beispiel eines Automobilhändlers wird der oben genannte Sachverhalt verdeutlicht: In einem internationalen Automobilkonzern sind zwei Marken vereint, die Marke „Volksauto" und die Marke „Luxusauto". Dieser Konzern hat die generelle Regelung erlassen, dass die Autos dieser zwei unterschiedlichen Marken in strikt getrennten Verkaufsräumen zu platzieren sind. Fallweise Regelungen sehen vor, dass es dem Händler zu Weihnachten und Ostern freigestellt ist, die Marken in demselben Raum zu platzieren, wenn dieser zu dem Ergebnis kommt, dass dadurch im lokalen Raum mehr Kunden angezogen werden.

4. Literaturempfehlungen

Gutenberg, Erich (1983): Grundlagen der Betriebswirtschaftslehre, Band 1: Die Produktion, 24. Aufl., Berlin, S. 238 ff.

Schreyögg, Georg (2016): Grundlagen der Organisation: Basiswissen für Studium und Praxis, 2. Aufl., Wiesbaden, S. 15 ff.

Träger, Thomas (2018): Organisation: Grundlagen der Organisationslehre mit Beispielen, Übungsaufgaben und Musterlösungen, München, S. 8 ff.

Vahs, Dietmar (2023): Organisation: Ein Lehr- und Managementbuch, 11. Aufl., Stuttgart, S. 45 f.

Aufgabe 2: Single-Choice-Aufgaben zur organisatorischen Regelung

---

Wissen, Verstehen
12 Minuten

---

1. Fragestellung

Bitte tragen Sie bei den folgenden Aussagen ein, ob diese richtig („R") oder falsch („F") sind.

Tab. 1.3: Organisatorische Regelungen Single Choice.

Nr.		Richtig	Falsch
1.	Erwartungen an Organisationsmitglieder können auch als formale Regelungen bezeichnet werden.		
2.	Die generelle Regelung legt die Ordnung eines Aufgabenvollzuges auf Dauer fest.		
3.	Variable Aufgabenstellungen erfordern immer generelle Regelungen.		
4.	Das Substitutionsprinzip nach Gutenberg besagt, dass fallweise Regelungen immer durch generelle Regelungen zu ersetzen sind.		
5.	Henry Fayol war die Person, die die Unterscheidung zwischen fallweisen und generellen Regelungen getroffen hat.		
6.	Fallweise Regelungen werden auch als Ad-hoc-Regelungen bezeichnet.		
7.	Bei vorhersehbaren und wiederkehrenden Aufgabenstellungen ist die generelle Regelung anzuwenden.		
8.	Der Tatbestand der Bürokratisierung verweist auf Überorganisation.		
9.	Der Tatbestand der Unterorganisation verweist auf Bürokratisierung.		
10.	Fallweise Regelungen gehen mit einem größeren Entscheidungsspielraum für die Entscheidungsträgerin bzw. den Entscheidungsträger einher.		
11.	Generelle Regelungen gehen mit einem größeren Entscheidungsspielraum für die Entscheidungsträgerin bzw. den Entscheidungsträger einher.		
12.	Generelle Regelungen sind immer vorzuziehen, da sie Führungsaufgaben vereinfachen.		
13.	Ein niedriger Organisationsgrad geht mit einem hohen Anteil an generellen Regelungen einher.		
14.	Ein hoher Organisationsgrad geht mit einem hohen Anteil an generellen Regelungen einher.		
15.	Die Bestimmung des optimalen Organisationsgrades ist nur mit heuristischen Verfahren möglich, jedoch nicht mit exakt mathematischen Verfahren.		
16.	Ein niedriger Organisationsgrad gewährt Flexibilität.		

2. Lösung

Tab. 1.4: Organisatorische Regelungen Single-Choice – Lösungen.

Nr.		Richtig	Falsch
1.	Erwartungen an Organisationsmitglieder können auch als formale Regelungen bezeichnet werden.	R	
2.	Die generelle Regelung legt die Ordnung eines Aufgabenvollzuges auf Dauer fest.	R	
3.	Variable Aufgabenstellungen erfordern immer generelle Regelungen.		F
4.	Das Substitutionsprinzip nach Gutenberg besagt, dass fallweise Regelungen immer durch generelle Regelungen zu ersetzen sind.		F
5.	Henry Fayol war die Person, die die Unterscheidung zwischen fallweisen und generellen Regelungen getroffen hat.		F
6.	Fallweise Regelungen werden auch als Ad-hoc-Regelungen bezeichnet.	R	
7.	Bei vorhersehbaren und wiederkehrenden Aufgabenstellungen ist die generelle Regelung anzuwenden.	R	
8.	Der Tatbestand der Bürokratisierung verweist auf Überorganisation.	R	
9.	Der Tatbestand der Unterorganisation verweist auf Bürokratisierung.		F
10.	Fallweise Regelungen gehen mit einem größeren Entscheidungsspielraum für die Entscheidungsträgerin bzw. den Entscheidungsträger einher.	R	
11.	Generelle Regelungen gehen mit einem größeren Entscheidungsspielraum für die Entscheidungsträgerin bzw. den Entscheidungsträger einher.		F
12.	Generelle Regelungen sind immer vorzuziehen, da sie Führungsaufgaben vereinfachen.		F
13.	Ein niedriger Organisationsgrad geht mit einem hohen Anteil an generellen Regelungen einher.		F
14.	Ein hoher Organisationsgrad geht mit einem hohen Anteil an generellen Regelungen einher.	R	
15.	Die Bestimmung des optimalen Organisationsgrades ist nur mit heuristischen Verfahren möglich, jedoch nicht mit exakt mathematischen Verfahren.	R	
16.	Ein niedriger Organisationsgrad gewährt Flexibilität.	R	

3. Hinweise zur Lösung

1. **Richtig:** Formale Strukturen sind ein Bündel von Verhaltenserwartungen an die Mitglieder einer Organisation. Ohne die Akzeptanz dieser Verhaltenserwartungen ist keine Mitgliedschaft in einer Organisation möglich. Formale Strukturen machen das Hinterfragen von Entscheidungen obsolet und sollen einen schnellen Ablauf ermöglichen. Allerdings stellen formale Strukturen nicht sicher, dass tatsächlich auch dem gewünschten Verhalten entsprochen wird. Das Gegenteil der Formalstruktur ist die informelle Struktur.
2. **Richtig:** Generelle Regelungen sind nach dem Substitutionsprinzip der Organisation von Erich Gutenberg auf gleichartige, wiederkehrende Vorgänge anzuwenden. Das Gegenteil von generellen Regelungen sind fallweise Regelungen.
3. **Falsch:** Bei variablen Aufgabenstellungen ist Flexibilität gefordert. Ein hoher Organisationsgrad geht mit einem hohen Anteil an generellen Regelungen einher, die kontraproduktiv wirken können und zur Erstarrung eines Systems führen können.
4. **Falsch:** Das Substitutionsprinzip nach Gutenberg besagt nicht, dass fallweise Regelungen immer durch generelle Regelungen zu ersetzen sind. Es besagt, dass eine Tendenz besteht, bei gleichartigen und wiederkehrenden Tätigkeiten generelle Regelungen durch fallweise Regelungen zu ersetzen, bis der zusätzliche Nutzen der letzten generellen Regelung gleich Null ist. Da sich betriebliche Abläufe verändern können und Unternehmen mehr oder weniger starken Marktdynamiken unterliegen, werden sich nie alle Regelungen durch generelle Regelungen ersetzen lassen. Eine sehr anschauliche und ausführliche Darstellung ist in Schreyögg (2016: S. 16–17) zu finden.
5. **Falsch:** Erich Gutenberg (1897–1984) hat die Unterscheidung zwischen generellen und fallweisen Regelungen getroffen. Auf Henry Fayol (1841–1925) geht die Bezeichnung „Fayolsche Brücke“ zurück.
6. **Richtig:** Ad-hoc-Regelungen sind auf den Einzelfall bezogene, individuelle Anordnungen.
7. **Richtig:** Das Substitutionsprinzip besagt, dass eine Tendenz besteht, bei gleichartigen und wiederkehrenden Tätigkeiten generelle Regelungen durch fallweise Regelungen zu ersetzen, bis der zusätzliche Nutzen der letzten generellen Regelung gleich Null ist.
8. **Richtig:** „Bürokratisierung“ ist die umgangssprachliche Bezeichnung für den Tatbestand der Überorganisation, d. h. es existiert ein hoher Anteil an generellen Regelungen.
9. **Falsch:** „Chaos“ ist die umgangssprachliche Bezeichnung für den Tatbestand der Unterorganisation.
10. **Richtig:** Fallweise Regelungen ermöglichen Flexibilität. Die Handhabung fallweiser Regelungen setzt eine entsprechende Kompetenz der Ausführenden voraus. Personen, die Verantwortung gegenüber scheu sind, können mit fallweisen Regelungen überfordert sein.

11. **Falsch:** Generelle Regelungen gehen nicht mit einem größeren Entscheidungsspielraum für die Entscheidungsträgerin bzw. den Entscheidungsträger einher. Das Gegenteil ist der Fall. Fallweise Regelungen ermöglichen der Entscheidungsträgerin bzw. dem Entscheidungsträger mehr Spielraum, da u. a. abhängig vom Fall entschieden werden kann.
12. **Falsch:** Generelle Regelungen sind nicht immer vorzuziehen. Vielmehr geht es darum, ein zweckmäßiges Verhältnis herzustellen.
13. **Falsch:** Ein niedriger Organisationsgrad geht einher mit einem hohen Anteil an fallweisen Regelungen.
14. **Richtig:** Generelle Regelungen besitzen über einen gewissen Zeitraum Gültigkeit und geben den Organisationmitgliedern Stabilität.
15. **Richtig:** Das Ziel der Organisationstätigkeit ist es, sich dem optimalen Organisationsgrad anzunähern. In Abhängigkeit von Marktdynamiken und Wandel kann sich der optimale Organisationsgrad verändern.
16. **Richtig:** Ein niedriger Organisationsgrad bedeutet, dass es einen hohen Anteil fallweiser Regelungen gibt. Diese gewähren dem Ausführenden größeren Entscheidungsspielraum, können aber auch zu Desorientierung führen.

4. Literaturempfehlungen

Gutenberg, Erich (1983): Grundlagen der Betriebswirtschaftslehre, Band 1: Die Produktion, 24. Aufl., Berlin, S. 238 ff.

Schreyögg, Georg (2016): Grundlagen der Organisation: Basiswissen für Studium und Praxis, 2. Aufl., Wiesbaden, S. 15 ff.

Träger, Thomas (2018): Organisation: Grundlagen der Organisationslehre mit Beispielen, Übungsaufgaben und Musterlösungen, München, S. 8 ff.

Vahs, Dietmar (2023): Organisation: Ein Lehr- und Managementbuch, 11. Aufl., Stuttgart, S. 45 f.

1.1.5 Fremdorganisation und Selbstorganisation

Fallstudie KaffeeLeben – Aufgabe F5

Wissen, Verstehen, Anwenden, Transfer
15 Minuten

---

1. Fragestellung

In der Diskussion um das richtige Maß an Organisation regte Florentine an, gleich mal über Fremd- und Selbstorganisation zu sprechen. Die Mitarbeiterinnen und Mitarbeiter assoziierten damit, ob sie sich selbst organisieren sollten oder ob man sie organisiere.

Finden Sie Beispiele für Möglichkeiten der Fremd- und der Selbstorganisation bei KaffeeLeben.

2. Anregungen für Ihre Diskussion der Lösung

Eine Standardisierung der Produktqualität ist bei KaffeeLeben für den Kunden wichtig, damit er in allen Filialen das gleiche Kaffeeerlebnis hat. Hieraus entsteht die Notwendigkeit einer Fremdorganisation mit bestimmten Vorgaben, die einzuhalten sind, was die Qualität der Rohstoffe (Kaffeebohnen) betrifft, die Art der Zubereitung sowie die Temperatur der ausgegebenen Getränke.

Ein Beispiel für Selbstorganisation ist, dass in Bezug auf die Arbeitsorganisation jedes Filialteam selbst entscheiden kann, wer welche Schicht übernimmt und wie Urlaubstage zu regeln sind.

Ein Mix von Selbst- und Fremdorganisation wird in Bezug auf die bei KaffeeLeben angebotene hochqualifizierte Kundenberatung deutlich. Die an Kunden herausgegebenen Informationen müssen zwingend einheitlich fremdorganisiert werden, während jede Filiale je nach Kundenandrang selbst entscheiden muss, inwieweit sie mit der Beratung in die Tiefe geht. Denn jede Beratung verlängert die Wartezeit anderer Kunden.

Ergänzen Sie bitte weitere Aspekte aus Ihrer Diskussion.

3. Literaturempfehlungen

Schulte-Zurhausen, Manfred (2014): Organisation, 6. Aufl., München, S. 357 ff.

Aufgabe 1: Notwendigkeit der Fremdorganisation und Selbstorganisation

---

Wissen, Verstehen, Anwenden, Transfer
20 Minuten

---

1. Fragestellung

Bedeutet Selbstorganisation einen Verzicht auf Fremdorganisation? Erläutern Sie.

2. Lösung

Nein, Selbstorganisation bedeutet nicht Verzicht auf Fremdorganisation. Dies liegt einerseits daran, dass Selbstorganisation immer ein gewisses Maß an Autorisierung und Rahmensetzung durch hierarchisch höhere Positionen bedarf. Andererseits existiert innerhalb von Unternehmen in den seltensten Fällen eine der beiden Formen allein. Dies liegt insbesondere daran, dass die reine Fremdorganisation erheblichen Organisationsaufwand von einer kleinen Gruppe für eine sehr große Gruppe von Arbeitenden bedarf. Ähnliches gilt für die vollständig demokratische Organisation; diese ist nur möglich, wenn alle Mitglieder einer Organisation gleichberechtigte Eigentümer sind. Daher sind es häufig Mischformen der Fremd- und Selbstorganisation, welche man in der realen Welt vorfindet. Ferner bedarf Selbstorganisation ein hohes Maß an Selbstführungskompetenz der Individuen sowie ein postheroisches Management. Nicht selten führt eine nicht hierarchische Führung zu Irritationen und Unsicherheit auf Seiten der Mitarbeiterinnen und Mitarbeiter.

3. Hinweise zur Lösung

Die interessierte Leserschaft sei auf einen interessanten Bericht über ein außergewöhnliches Berliner Start-up namens Einhorn verwiesen. Die Gründer des Unternehmens, Waldemar Zeiler und Philip Siefer, überlassen sämtliche Entscheidungen bezüglich Arbeitszeit, Gehalt usw. den Mitarbeiterinnen und Mitarbeitern selbst und schaffen somit eine freiheitliche, selbstbestimmte Arbeitsatmosphäre, die sowohl zu einer hohen Produktivität als auch einer starken Loyalität der Mitarbeiterinnen und Mitarbeiter zum Unternehmen führen soll.

4. Literaturempfehlungen

Rövekamp, Marie (2019): Berliner Start-up „Einhorn“: Arbeiten ohne Chefs und Regeln. https://www.tagesspiegel.de/themen/reportage/berliner-start-up-einhorn-arbeiten-ohne-chefs-und-regeln/23974838.html (Abruf vom 18.03.2024).

Schreyögg, Georg/Geiger, Daniel (2016): Organisation: Grundlagen moderner Organisationsgestaltung, 6. Aufl., Wiesbaden, S. 15 f.

1.2 Aufbauorganisation von Unternehmen

1.2.1 Elemente der Aufbauorganisation

Fallstudie KaffeeLeben – Aufgabe F6

Wissen, Verstehen, Anwenden, Transfer
10 Minuten

---

1. Fragestellung

Florentine und Roman beschlossen, sich zunächst um die Aufbauorganisation von KaffeeLeben zu kümmern und überlegten sich nun ein sinnvolles Vorgehen. Florentine suchte in ihren alten Vorlesungsunterlagen und fand eine sehr gute Übersicht (Abb. 1.3).

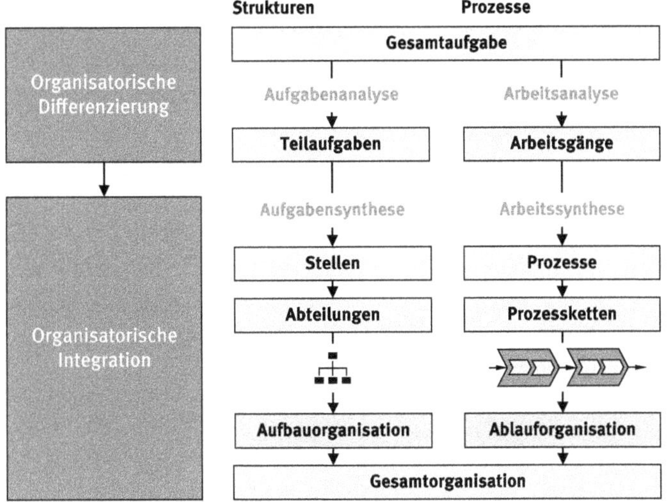

Abb. 1.3: Von der Gesamtaufgabe zur Gesamtorganisation, Quelle: In Anlehnung an Vahs 2023, S. 86.

Roman schluckte etwas, weil das so theoretisch war. Florentine erklärte: „Roman, das sieht schwieriger aus, als es ist. Wir kümmern uns zunächst um die Strukturen. Die Gesamtaufgabe muss einfach systematisch in Teilaufgaben zerlegt werden, um sie danach wieder zu verteilungsfähigen Aufgabenkomplexen zusammenzufassen.

a) Übernehmen Sie die Aufgabe von Florentine und Roman und zerlegen Sie die Gesamtaufgabe der KaffeeLeben in einzelne Teilaufgaben.
b) Fügen Sie diese zu typischen Stellen bei KaffeeLeben zusammen. Unterscheiden Sie dabei zwischen Linienstellen und unterstützenden Stellen.
c) Nennen Sie einige sinnvolle Abteilungen für KaffeeLeben.

2. Anregungen für Ihre Diskussion der Lösung

a) Teilaufgaben können sein:
   - Geschäftsführung
   - Einkauf von Kaffeebohnen, Kaltgetränken, Zutaten für Bagel-Zubereitung
   - Zubereitung der Getränke und Speisen
   - Beratung
   - Verkauf der Getränke und Speisen
   - Führung der Mitarbeiterinnen und Mitarbeiter
   - Buchhaltung
   - Marketing
   - Aufbau neuer Standorte (Filialen)
   - Reinigung
   - Lagerhaltung
   - ...

b) **Linienstellen** lassen sich wiederum in Leitungsstellen und Ausführungsstellen unterscheiden.
Leitungsstellen sind mit formaler Macht ausgestattet, treffen Entscheidungen und setzen diese als Weisungen an untergeordnete Stellen um.
Ausführungsstellen setzen Weisungen der Leitungsstellen um, haben jedoch keine formale Macht.
Unterstützende Stellen sind vor allem **Stabsstellen** und **Assistenzstellen**, die keine eigene Entscheidungskompetenz besitzen, sondern vielmehr Informations- und Beratungskompetenzen und die für die Zuarbeit der Leitungsstellen zuständig sind. Sie sollen die Leitungsstellen insbesondere bei der Entscheidungsvorbereitung (Planung) und bei der Überwachung (Kontrolle) entlasten.
Bsp. für Leitungsstellen bei KaffeeLeben:
- Geschäftsleitung
- Abteilungsleiter Einkauf
- Filialleiter
- Projektleiter Aufbau neuer Standort

Bsp. für Ausführungsstellen bei KaffeeLeben:
- Barista
- Lagerhaltung
- Reinigungskraft

Bsp. für unterstützende Stelle als Stabsstelle bei KaffeeLeben:
- Stelle für Qualitätssicherung und Einhaltung der Hygienevorschriften

Bsp. für unterstützende Stelle als Assistenzstelle bei KaffeeLeben:
- Assistenz der Geschäftsleitung

c) In der KaffeeLeben-Zentrale könnte es z. B. die Abteilungen Geschäftsleitung, Rechnungswesen/Buchhaltung, Finanzen, Personal, Qualitätssicherung und Marketing geben.
Der Einkauf könnte zentral, jedoch auch dezentral durch die jeweiligen Filialen organisiert sein.
In den Filialen wäre eine jeweils gleiche Struktur mit Zubereitung, Verkauf, evtl. Service denkbar.

3. Literaturempfehlungen

Fiedler, Rudolf (2014): Organisation kompakt, 3. Aufl., München, S. 9 ff.
Vahs, Dietmar (2023): Organisation: Ein Lehr- und Managementbuch, 11. Aufl., Stuttgart, S. 83 ff. und S. 89 ff.

1.2.2 Organisationsgestaltung: Organisationseinheiten als Ausprägungen der Aufbauorganisation

Aufgabe 1: Stellen und Gremien

Wissen, Verstehen
12 Minuten

---

1. Fragestellung
Eine Stelle wird in der Organisationslehre als kleinste organisatorische Einheit bezeichnet. Was sind die Merkmale einer Stelle?

2. Lösung
Die Merkmale sind die Aufgabenbündelung, der versachlichte Personenbezug, die Kompetenzen und die Verantwortung.

1. Dauerhafte Aufgabenbündelung
   - Eine Stelle ist eine abstrakte Einheit, die auf Dauer angelegt und nicht auf eine bestimmte Person zugeschnitten ist. Davon zu unterscheiden ist der Arbeitsplatz als Ort der Funktionserfüllung.
   - Stelle und Arbeitsplatz können in sehr unterschiedlichen Beziehungen zueinander stehen. Eine Stelle kann mehrere Arbeitsplätze umfassen, wie das beispielsweise bei Springern der Fall ist. Andererseits können auf einem Arbeitsplatz mehrere Stelleninhaber beschäftigt sein, wie dies bei der Gruppenarbeit der Fall ist.
2. Versachlichter Personenbezug
   - Unter dem Merkmal des versachlichten Personenbezugs ist zu verstehen, dass der Umfang und das Anspruchsniveau dem quantitativen und qualitativen Leistungsvermögen einer Stelleninhaberin bzw. eines Stelleninhabers entsprechen sollen. Es wird sich hierbei an einer fiktiven Person orientiert, die über eine Normaleignung und Normalleistung verfügt. Eine Stelle kann mit einer Person oder mit mehreren Personen (Jobsharing) besetzt sein. Ist eine Stelle mit mehreren Personen besetzt, die zeitlich nacheinander tätig werden, so handelt es sich um Schichtarbeit.

Im Rahmen von Debatten um die Zukunft der Arbeit wird die Bedeutung der Rolle statt der Stelle diskutiert. Die klassischen Stellenbeschreibungen, so die Argumentation, verhindern Wandel und Flexibilität. Rollen, so die Forderung, sollen nicht mehr fest an Personen gekoppelt, sondern fluide sein. Die interessierte Leserschaft sei auf den kurzen und informativen Artikel „Rollen statt Stellen: Die Arbeitswelt der Zukunft" von Schüller (2020) in der Zeitschrift „Human Resource Manager" verwiesen.

3. Kompetenzen
   - Als Kompetenzen werden die den Stelleninhaberinnen und Stelleninhabern übertragenen Rechte und Befugnisse bezeichnet. Der Kompetenzbegriff wird sehr breit definiert. In der klassischen Organisationslehre werden nach Vahs (2023, S. 63) Umsetzungskompetenzen und Leistungskompetenzen unterschieden.
   - Innerhalb der Umsetzungskompetenzen werden die Unterkategorien 1. Ausführungskompetenz, 2. Verfügungskompetenz, 3. Antragskompetenz, 4. Entscheidungskompetenz, 5. Vertretungskompetenz differenziert.
   - Innerhalb der Leitungskompetenzen werden die Unterkategorien 1. Fremdentscheidungskompetenz, 2. Weisungskompetenz, 3. Richtlinienkompetenz, 4. Kontrollkompetenz unterschieden.
4. Verantwortung
   - Mit den übertragenen Rechten und Befugnissen gehen auch Pflichten von Stelleninhaberinnen und Stelleninhabern einher, wie beispielsweise die Pflicht respektive Verantwortung einer Person, für die entstandenen Folgen ihrer Entscheidung Rechenschaft abzulegen.
   - Innerhalb der realen Organisationswelt ist das Merkmal „Verantwortung" ein Wechselspiel von Organisation und Person. Die formal übertragene Verantwortung müssen die Stelleninhaberinnen und Stelleninhaber auch ausüben wollen, ausüben können, ausüben dürfen und es bedarf bei der Nichtausübung der Zuständigkeit auch Sanktionsmöglichkeiten.

3. Hinweise zur Lösung

Beispiele für Stellen in Organisationen sind: Hausmeisterinnen und Hausmeister, Verkäuferinnen und Verkäufer, Personalleiterinnen und Personalleiter, Lehrerinnen und Lehrer, Sekretärinnen und Sekretäre usw. Stellen sind zwar auf Dauer angelegt, aber können dennoch im Rahmen von Personalabbauprogrammen wegrationalisiert werden.

Weiterhin gibt es Stellen, die beispielsweise in Abhängigkeit von der Branche und der Personenzahl qua Gesetz in Organisationen gebildet werden müssen. Dazu gehören u. a. die Mitglieder des Betriebsrats (§ 1 BetrVG, sofern ein Betriebsrat gewählt wurde), der/die Datenschutzbeauftragte (§§ 28 ff. BDSG), der/die Schwerbehindertenbeauftragte (§ 25 SchwbG), der/die Strahlenschutzbeauftragte (§§ 29 ff. StrhlSchV) und der Betriebsarzt/die Betriebsärztin (§§ 2 ff. ArbSichG), um nur einige zu nennen. Für eine nahezu vollständige Aufzählung sei die interessierte Leserschaft auf Bühner (2004, S. 73) verwiesen.

4. Literaturempfehlungen

Bühner, Rolf (2004): Betriebswirtschaftliche Organisationslehre. 10. Aufl., München/Wien, S. 61 ff.
Kieser, Alfred/Walgenbach, Peter (2010): Organisation, 6. Aufl., Stuttgart, S. 74.

Schüller, Anne (2020): Rollen statt Stellen: Die Arbeitswelt der Zukunft. In: Human Resource Manager, https://www.humanresourcesmanager.de/future-of-work/rollen-statt-stellen-die-arbeitswelt-der-zukunft (Abruf vom 18.03.2024).
Schulte-Zurhausen, Manfred (2014): Organisation. 6. Auf., München, S. 163 ff.
Träger, Thomas (2018): Organisation: Grundlagen der Organisationslehre mit Beispielen, Übungsaufgaben und Musterlösungen. München, S. 31 ff.
Vahs, Dietmar (2023): Organisation: Ein Lehr- und Managementbuch. 11. Aufl., Stuttgart, S. 63 und S. 97 ff.

Aufgabe 2: Single-Choice-Aufgabe zu Stellen und Gremien

Wissen, Verstehen
12 Minuten

1. Fragestellung

Bitte tragen Sie bei den folgenden Aussagen ein, ob diese richtig („R") oder falsch („F") sind.

Tab. 1.5: Stellen und Gremien.

Nr.		Richtig	Falsch
1.	Ein Gremium kann auch als kleinste organisatorische Einheit bezeichnet werden.		
2.	Zwei wesentliche Grundformen der Organisationseinheiten sind die Stellen und Gremien.		
3.	Eine Stelle ist Teil der informellen Organisation.		
4.	Mit einer Stelle sind auch immer bestimmte Verhaltens- und Leistungserwartungen an die Organisationsmitglieder verbunden.		
5.	Stellen sind grundsätzlich dauerhaft angelegt.		
6.	Stellen sind abhängig von Personen.		
7.	Die Tätigkeit in einem Gremium kann von den Inhaberinnen und Inhabern hauptamtlich oder nebenamtlich ausgeführt werden.		
8.	Stellen sind mit Kompetenzen und Verantwortung verbunden.		
9.	Viele Entscheidungen an deutschen staatlichen Hochschulen werden in Gremien getroffen.		
10.	In Deutschland werden staatliche Hochschulen in der Regel „von oben" geführt, ähnlich wie typischerweise eigentümergeführte Wirtschaftsunternehmen.		

2. Lösung

Tab. 1.6: Stellen und Gremien – Lösungen.

Nr.		Richtig	Falsch
1.	Ein Gremium kann auch als kleinste organisatorische Einheit bezeichnet werden.		F
2.	Zwei wesentliche Grundformen der Organisationseinheiten sind die Stellen und Gremien.	R	
3.	Eine Stelle ist Teil der informellen Organisation.		F
4.	Mit einer Stelle sind auch immer bestimmte Verhaltens- und Leistungserwartungen an die Organisationsmitglieder verbunden.	R	
5.	Stellen sind grundsätzlich dauerhaft angelegt.	R	
6.	Stellen sind abhängig von Personen.		F
7.	Die Tätigkeit in einem Gremium kann von den Inhaberinnen und Inhabern hauptamtlich oder nebenamtlich ausgeführt werden.	R	
8.	Stellen sind mit Kompetenzen und Verantwortung verbunden.	R	
9.	Viele Entscheidungen an deutschen staatlichen Hochschulen werden in Gremien getroffen.	R	
10.	In Deutschland werden staatliche Hochschulen in der Regel „von oben" geführt, ähnlich wie typischerweise Eigentümergeführte Wirtschaftsunternehmen.		F

3. Hinweise zur Lösung

1. **Falsch:** Die kleinste organisatorische Einheit wird als Stelle und nicht als Gremium bezeichnet. Ein Gremium hingegen ist eine Mehrzahl von Personen, die über einen längeren Zeitraum interagieren und über gemeinsame Ziele, Werte und Normen verfügen.
2. **Richtig:** Es werden unterschiedliche Stellentypen (bspw. Linienstellen und unterstützende Stellen) und Gremien (bspw. hauptamtlich und nebenamtlich) unterschieden.
3. **Falsch:** Eine Stelle ist Teil der formalen Organisation und damit offiziell, autorisiert und regelbasiert. Die informelle Organisation hingegen ist nicht offiziell und formal regelbasiert, sondern entsteht aus der Beziehung der Organisationsmitglieder ungeplant untereinander.
4. **Richtig:** In der Regel wird auf das durchschnittliche Leistungspotenzial von Mitarbeiterinnen und Mitarbeitern abgestellt, welches auch unterschiedliche Aktivitäten umfasst.
5. **Richtig:** Stellen als Grundelement der Aufbauorganisation entstehen durch die dauerhafte Zuordnung von Aufgaben bzw. Teilaufgaben zu einer Person oder mehreren Personen.

6. **Falsch:** Ein Merkmal von Stellen in der Organisationslehre ist der Grundsatz der Personenunabhängigkeit. Somit sind Stellen sachbezogen und nicht von einer bzw. mehreren Personen abhängig.
7. **Richtig:** Die Tätigkeit in einem Gremium kann neben- oder hauptamtlich ausgeführt werden.
8. **Richtig:** Als Kompetenzen werden die formalen Rechte und Befugnisse, die einer Stelleninhaberin bzw. einem Stelleninhaber übertragen wurden, bezeichnet. Es werden verschiedenartige Kompetenzen unterschieden. Als Beispiele werden angeführt: Umsetzungskompetenz und Leitungskompetenz. Unter Verantwortung wird verstanden, dass Personen für die Folgen einer Entscheidung einstehen.
9. **Richtig:** Gremienarbeit ist ein typisches Merkmal von Hochschulen.
10. **Falsch:** Die meisten Entscheidungen an Hochschulen werden in Gremien getroffen. Die Hochschulgesetze der jeweiligen Bundesländer und das Hochschulrahmengesetz bilden den gesetzlichen Rahmen innerhalb dessen Gestaltungsspielräume bestehen. Die interessierte Leserschaft sei auf den gut strukturierten und informativen Artikel von Otto Hüther in der Zeitschrift „Forschung und Lehre" verwiesen.

4. Literaturempfehlungen

Bühner, Rolf (2004): Betriebswirtschaftliche Organisationslehre. 10. Aufl., München/Wien, S. 61 ff.

Hüther, Otto (2023): https://www.forschung-und-lehre.de/management/alleinherrscher-oder-halbstarke-275 (Abruf vom 18.03.2024).

Kieser, Alfred/Walgenbach, Peter (2010): Organisation, 6. Aufl., Stuttgart, S. 74.

Schulte-Zurhausen, Manfred (2014): Organisation, 6. Aufl., München, S. 163 ff.

Träger, Thomas (2018): Organisation: Grundlagen der Organisationslehre mit Beispielen, Übungsaufgaben und Musterlösungen, München, S. 31 ff.

Vahs, Dietmar (2023): Organisation: Ein Lehr- und Managementbuch, 11. Aufl., Stuttgart, S. 97 ff.

Aufgabe 3: Das organisatorische Kongruenzprinzip

Wissen, Verstehen
12 Minuten

---

1. Fragestellung

Hanno Schmidt ist Führungskraft bei der Auto AG und kommt nach einem langen und anstrengenden Tag nach Hause. Beim Abendbrot mit seiner Frau regt er sich fürchterlich über die Geschäftsführung der Auto AG auf. Er berichtet seiner Frau davon, dass die Geschäftsführung mit Hilfe von renommierten Unternehmensberatern das Unternehmen umstrukturiert hätte. Die Auto AG müsste zukunftsfähig werden, den Anschluss an die Elektromobilität bekommen und die Präsenz im chinesischen Markt ausbauen. Im Rahmen dieser Umstrukturierung wurden die Kompetenzen von Hanno Schmidt neu geordnet. „Du kannst Dir nicht vorstellen, was ich heute erfahren habe", so Hanno Schmidt zu seiner Frau. „Ich behalte zwar meine Position als Führungskraft, aber ich darf nicht mehr bei den Sitzungen über die Belange im China-Geschäft abstimmen. Und auch die Verantwortung für die Lieferantenauswahl in Europa habe ich nicht mehr. Ich bin quasi nur noch ein „Frühstücksdirektor“, regt sich Herr Schmidt auf. Die Frau von Hanno Schmidt, die in ihrem BWL-Studium sehr gut aufgepasst hat, antwortet kurz und knapp: „Das Kongruenzprinzip ist verletzt.“

Erläutern Sie, was mit dem Kongruenzprinzip in der Organisationslehre gemeint ist.

2. Lösung

Das Kongruenzprinzip ist ein Grundsatz in der Organisationslehre, der besagt, dass bei der Zuweisung von Aufgaben an Stelleninhaberinnen und Stelleninhabern die Aufgaben, die Verantwortung und die Kompetenzen kongruent sein müssen, also übereinstimmen müssen. Als „Frühstücksdirektor“ wird eine Person umgangssprachlich bezeichnet, die zwar Aufgaben einer Führungskraft hat, jedoch über keinerlei Kompetenzen (im Sinne von Rechten bzw. Befugnissen, die zur Erfüllung einer bestimmten Aufgabe erforderlichen Handlungen vornehmen zu dürfen) und Verantwortung (im Sinne einer Eigen- und Fremdverantwortung) verfügt. Kompetenzen aus dem pädagogischen Bereich sind hier von dem juristischen Sprachgebrauch des Wortes „Kompetenz“ zu unterscheiden.

Die Einhaltung des organisatorischen Kongruenzprinzips ist ein wichtiger Grundsatz in der Organisationslehre. Wird dieser Grundsatz nicht eingehalten, kommt es zu Störungen in der Organisation, welche die Effizienz der Leistungserbringung beeinträchtigen wie auch die Motivation der Mitarbeiterinnen und Mitarbeiter negativ beeinflussen können.

3. Hinweise zur Lösung

Nach Vahs (2023, S. 93) lassen sich neben der Bezeichnung des Frühstücksdirektors noch die sogenannten Sündenböcke anführen. Ein Sündenbock muss die Verantwortung tragen, obwohl ihm diese weder durch die Aufgabe vorher explizit übertragen wurde noch er über die nötigen Kompetenzen im Sinne der Weisungsbefugnisse verfügt. Von einer Amtsanmaßung spricht man, wenn eine Person Kompetenzen ausübt, für die sie keine Aufgaben übertragen bekommen haben.

4. Literaturempfehlungen

Träger, Thomas (2018): Organisation: Grundlagen der Organisationslehre mit Beispielen, Übungsaufgaben und Musterlösungen. München, S. 40.

Vahs, Dietmar (2023): Organisation: Ein Lehr- und Managementbuch. 11. Aufl., Stuttgart, S. 89 ff. und S. 93.

Aufgabe 4: Single-Choice-Aufgabe zu Kongruenzprinzip

Wissen, Verstehen
12 Minuten

1. Fragestellung

Bitte tragen Sie bei den folgenden Aussagen ein, ob diese richtig („R“) oder falsch („F“) sind.

Tab. 1.7: Kongruenzprinzip.

Nr.		Richtig	Falsch
1.	Die Abkürzung „AKV“ steht für die Forderung der Deckungsgleichheit von Arbeit, Kurzurlaub und Verantwortung.		
2.	Wenn eine Person Aufgaben übertragen bekommt, jedoch keine Kompetenzen und Verantwortung hat, wird diese umgangssprachlich auch als „Frühstücksdirektor“ bzw. „Frühstücksdirektorin“ bezeichnet.		
3.	Die Nichteinhaltung des organisatorischen Kongruenzprinzips kann bei Mitarbeiterinnen und Mitarbeitern zu Leistungsstörungen und Einbußen in der Arbeitsmotivation führen.		
4.	Hat eine Person Verantwortung übertragen bekommen, aber keine Aufgaben und Kompetenzen, spricht man von Amtsanmaßung.		
5.	Hat eine Person Verantwortung übertragen bekommen, aber keine Aufgaben und Kompetenzen, spricht man von einem „Sündenbock“.		

2. Lösung

Tab. 1.8: Kongruenzprinzip – Lösungen.

Nr.		Richtig	Falsch
1.	Die Abkürzung „AKV“ steht für die Forderung der Deckungsgleichheit von Arbeit, Kurzurlaub und Verantwortung.		F
2.	Wenn eine Person Aufgaben übertragen bekommt, jedoch keine Kompetenzen und Verantwortung hat, wird diese umgangssprachlich auch als „Frühstücksdirektor“ bzw. „Frühstücksdirektorin“ bezeichnet.	R	
3.	Die Nichteinhaltung des organisatorischen Kongruenzprinzips kann bei Mitarbeiterinnen und Mitarbeitern zu Leistungsstörungen und Einbußen in der Arbeitsmotivation führen.	R	
4.	Hat eine Person Verantwortung übertragen bekommen, aber keine Aufgaben und Kompetenzen, spricht man von Amtsanmaßung.		F
5.	Hat eine Person Verantwortung übertragen bekommen, aber keine Aufgaben und Kompetenzen, spricht man von einem „Sündenbock“.	R	

3. Hinweise zur Lösung

1. **Falsch:** Die Abkürzung steht für die Deckungsgleichheit von Aufgabe, Kompetenz und Verantwortung und nicht für Aufgabe, Kurzurlaub und Verantwortung.
2. **Richtig:** Unter Kompetenzen sind nicht die klassischen Kompetenzen wie die Handlungskompetenzen, die Sozialkompetenzen und die Methodenkompetenzen gemeint, sondern vielmehr Pflichten und Rechte, die mit der Aufgabe verbunden sind.
3. **Richtig:** Vgl. dazu die anschaulichen Beispiele in Vahs (2023; S. 93)
4. **Falsch:** Von Amtsanmaßung spricht man, wenn eine Person Aufgaben außerhalb des eigenen Aufgabengebiets ausübt. Dies wäre beispielsweise der Fall, wenn eine Person aus der Geschäftsführungsassistenz Arbeitsanweisungen den Mitarbeiterinnen und Mitarbeitern aus einer Fachabteilung gibt.
5. **Richtig:** Vgl. dazu die anschaulichen Beispiele in Vahs (2023; S. 93).

4. Literaturempfehlungen

Träger, Thomas (2018): Organisation: Grundlagen der Organisationslehre mit Beispielen, Übungsaufgaben und Musterlösungen, München, S. 40.

Vahs, Dietmar (2023): Organisation: Ein Lehr- und Managementbuch, 11. Aufl., Stuttgart, S. 89 ff.

1.2.3 Funktionale Organisation: Strukturierung nach Funktionsbereichen

Fallstudie KaffeeLeben – Aufgabe F7

Wissen, Verstehen, Anwenden, Transfer
20 Minuten

---

1. Fragestellung

Florentine und Roman erachteten es als äußerst sinnvoll, die von ihnen erarbeitete Aufbauorganisation in Form einer funktionalen Organisation mit einer Strukturierung nach Funktionsbereichen grafisch festzuhalten, damit sie besser vorstell- und merkbar ist.

Fertigen Sie eine Skizze der Aufbauorganisation für KaffeeLeben an.

2. Anregungen für Ihre Diskussion der Lösung

Eine noch erweiterbare Skizze für die Aufbauorganisation einer funktionalen Organisation für KaffeeLeben ist die folgende:

Abb. 1.4: Funktionale Organisation für KaffeeLeben, Quelle: Eigene Darstellung.

3. Literaturempfehlungen

Fiedler, Rudolf (2014): Organisation kompakt, 3. Aufl., München, S. 36 ff.
Vahs, Dietmar (2023): Organisation: Ein Lehr- und Managementbuch, 11. Aufl., Stuttgart, S. 180 ff.

Aufgabe 1: Die funktionale Organisationsform

Wissen, Verstehen
15 Minuten

---

1. Fragestellung

Erläutern Sie die funktionale Organisation und nennen Sie die Vor- und Nachteile dieser Organisationsform.

2. Lösung

Bei der funktionalen Organisation werden Abteilungen auf der zweiten Hierarchieebene nach ihren Verrichtungen bzw. Funktionsbereichen untergliedert (Abb. 1.5). Die Bildung von organisationalen Einheiten vollzieht sich durch die Gruppierung von ähnlichen Tätigkeiten. Klassische Funktionsbereiche sind beispielsweise Produktion, Finanzen, Personalwesen, Forschung und Entwicklung sowie Marketing. Welche Funktionsbereiche als Gliederungsdimension gewählt werden, hängt vom Leistungsprogramm des Unternehmens ab und wird in der Praxis sehr unterschiedlich gehandhabt.

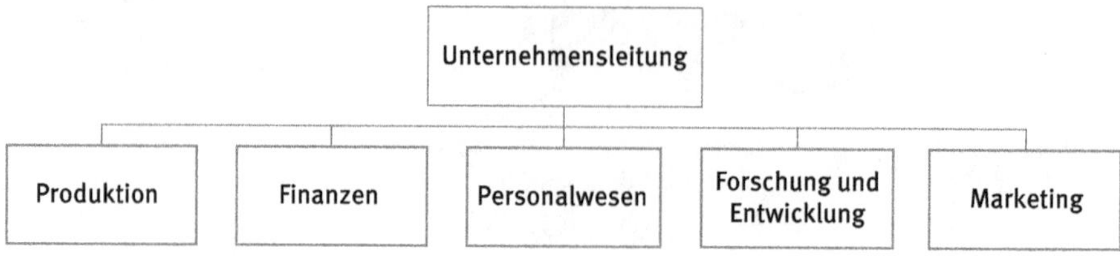

Abb. 1.5: Funktionale Organisationsstruktur, Quelle: Eigene Darstellung.

Wie in Abb. 1.5 dargestellt, werden in der funktionalen Abteilung „Produktion" alle Mitarbeiterinnen und Mitarbeiter eingesetzt, deren Arbeitsinhalt die Produktion betrifft. In der Abteilung „Finanzen" beispielsweise werden alle diejenigen vereint, deren Arbeitsinhalt den Finanzbereich betrifft. Für die übrigen Abteilungen gilt das gleiche Prinzip, nach welchem ähnliche Tätigkeiten zusammengefasst werden. Die Vorteile der funktionalen Organisation liegen in der Wahrnehmung von Spezialisierungsvorteilen. Dadurch, dass Mitarbeiterinnen und Mitarbeiter lediglich in ihrem Funktionsbereich tätig sind, können sie Spezialwissen aufbauen, das zu Lern- und Erfahrungskurveneffekten führt, wodurch Fixkostendegressionseffekte erzielt werden können. Ein weiterer Vorteil liegt in der eindeutigen Definition von Zuständigkeitsbereichen und klarer Kompetenzabgrenzung. Diese klar definierten Zuständigkeiten und das Spezialistentum können sich nachteilig auswirken, wenn durch eine strikte Trennung der Funktionsbereiche der Blick auf das große Ganze, und damit den Hauptzweck der Organisation, verlorengeht. Abstimmungsschwierigkeiten können zunehmen, wenn jeder Funktionsbereich sich als den wichtigsten betrachtet, frei nach dem Motto: „Wir als Vertriebsteam sind die wichtigste Einheit und die Produktion hat dies bestätigt." Abstimmungsschwierigkeiten mindern die Flexibilität und können zu Entscheidungsverzögerungen sowie einer Überlastung der Geschäftsführung führen, da diese als einzige den Gesamtüberblick behält. Die jeweiligen Vor- und Nachteile sind in Tabelle 1.5 komprimiert dargestellt.

Tab. 1.9: Vor- und Nachteile der funktionalen Organisation, Quelle: In Anlehnung an Vahs 2023, S. 184.

Vorteile der funktionalen Organisation	Nachteile der funktionalen Organisation
– Einfache und überschaubare Struktur – Abgegrenzte Funktionsbereiche – Spezialisierungsvorteile erzeugen Economies of Scale und Erfahrungskurveneffekte	– Schnittstellen verursachen Probleme und behindern Koordination – Machtkämpfe zwischen den Funktionsbereichen – Überlastung der Führung – Flexibles Reagieren auf veränderte Marktbedingungen nicht möglich

3. Hinweise zur Lösung

Die funktionale Organisation ist vorrangig für kleine und mittelständische Unternehmen geeignet, die über ein homogenes Leistungsprogramm und ausgereifte Produkttechnologien verfügen, in einer relativ stabilen Umwelt agieren und sich auf einem Verkäufermarkt befinden. Diversifizierte Leistungsprogramme sowie Auslandsaktivitäten sind in der Regel mit einem hohen Koordinationsaufwand verbunden und erfordern flexibles Handeln, das mit der funktionalen Organisationsform nicht zwangsläufig gegeben ist.

Der Gefahr einer Überlastung der Unternehmensführung kann mit der Einrichtung von Stabsstellen entgegengewirkt werden. Diese organisatorischen Einheiten sind unterstützend und beratend für die Unternehmensleitung tätig und tragen damit zu deren Entlastung bei. An dieser Stelle wird auf eine Gemeinschaftsstudie aus den Jahren 2016/17 von Stepstone und Kienbaum verwiesen. Diese Studie, bei der mehr als 14.000 Personen befragt wurden, zeigt, dass die überwiegende Mehrheit der Unternehmen (51 %) funktional organisiert wird.

4. Literaturempfehlungen

Bea, Franz X./Göbel, Elisabeth (2019): Organisation: Theorie und Gestaltung, 5. Aufl., München/Tübingen, S. 360 ff.

Schreyögg, Georg (2016): Grundlagen der Organisation: Basiswissen für Studium und Praxis, 2. Aufl., Wiesbaden, S. 29 ff.

Stepstone/Kienbaum (2017): Organigramm deutscher Unternehmen: In welchen Strukturen Fachkräfte künftig arbeiten wollen. https://media.kienbaum.com/wp-content/uploads/sites/13/2019/05/New_Kienbaum_Studie_Organigramm_deutscher_Unternehmen_2017_1s.pdf (Abruf vom 18.03.2024).

Träger, Thomas (2018): Organisation: Grundlagen der Organisationslehre mit Beispielen, Übungsaufgaben und Musterlösungen, München, S. 94 ff.

Vahs, Dietmar (2023): Organisation: Ein Lehr- und Managementbuch, 11. Aufl., Stuttgart, S. 180 ff.

Aufgabe 2: Single-Choice-Aufgaben zur funktionalen Organisationsform

---

Wissen, Verstehen, Anwenden
5 Minuten

---

1. Fragestellung

Bitte tragen Sie bei den folgenden Aussagen ein, ob diese richtig („R“) oder falsch („F“) sind.

Tab. 1.10: Funktionale Organisationsform Single Choice.

Nr.		Richtig	Falsch
1.	Eine verrichtungsorientierte Gliederung wäre bei einem Automobilunternehmen beispielsweise die Abteilungsbildung nach verschiedenen Baureihen, z. B. Kleinbusse, LKWs, Kleinwagen, Sportwagen etc.		
2.	Die Begriffe „funktionale“ und „verrichtungsorientierte“ Gliederung sind Synonyme.		
3.	Die Begriffe „funktionale“ und „verrichtungsorientierte“ Gliederung sind keine Synonyme, sondern bezeichnen unterschiedliche Tatbestände respektive Organisationsformen.		
4.	Bei der funktionalen Organisationsform werden ähnliche Tätigkeiten zusammengefasst.		
5.	In der funktionalen Organisationsform dominiert das Spezialistentum.		

2. Lösung

Tab. 1.11: Funktionale Organisationsform Single-Choice – Lösungen.

Nr.		Richtig	Falsch
1.	Eine verrichtungsorientierte Gliederung wäre bei einem Automobilunternehmen beispielsweise die Abteilungsbildung nach verschiedenen Baureihen, z. B. Kleinbussen, LKWs, Kleinwagen, Sportwagen etc.		F
2.	Die Begriffe „funktionale“ und „verrichtungsorientierte“ Gliederung sind Synonyme.	R	
3.	Die Begriffe „funktionale“ und „verrichtungsorientierte“ Gliederung sind keine Synonyme, sondern bezeichnen unterschiedliche Tatbestände respektive Organisationsformen.		F
4.	Bei der funktionalen Organisationsform werden ähnliche Tätigkeiten zusammengefasst.	R	
5.	In der funktionalen Organisationsform dominiert das Spezialistentum.	R	

3. Hinweise zur Lösung

1. **Falsch:** Richtig wäre eine objektorientierte Gliederung. Eine verrichtungsorientierte Gliederung wäre beispielsweise die Gliederung in die Bereiche Personal, Marketing, Finanzen, Produktion usw.
2. **Richtig:** Beide Begriffe bezeichnen, dass ähnliche Tätigkeiten zusammengefasst werden.
3. **Falsch:** Es handelt sich hierbei um Synonyme.

4. **Richtig:** Bei der funktionalen Organisationsform werden ähnliche Tätigkeiten zusammengefasst, sodass der Begriff „verrichtungsorientierte Organisationsform" synonym verwendet werden kann.
5. **Richtig:** Spezialisierungsvorteile und damit verbundene Skaleneffekte sind wesentliche Merkmale einer funktionalen Organisation.

4. Literaturempfehlungen

Bea, Franz X./Göbel, Elisabeth (2019): Organisation: Theorie und Gestaltung, 5. Aufl., München/Tübingen, S. 52 ff.

Jones, Gareth R./Bouncken, Ricarda B. (2008): Organisation: Theorie, Design und Wandel, 5. Aufl., München, S. 348 ff.

Vahs, Dietmar (2023): Organisation: Ein Lehr- und Managementbuch, 11. Aufl., Stuttgart, S. 180 ff.

1.2.4 Divisionale Organisation: Strukturierung nach Sparten

Fallstudie KaffeeLeben – Aufgabe F8

Wissen, Verstehen, Anwenden, Transfer
20 Minuten

---

1. Fragestellung

Florentine und Roman waren ganz zufrieden mit ihren Überlegungen zu einer funktionalen Organisation für KaffeeLeben. Jedoch wollten sie noch einmal über Alternativen nachdenken. Roman wusste, dass auch viele Unternehmen divisional organisiert sind und so entschieden sich die beiden Geschäftsführer für das Durchdenken einer solchen Lösung mit einer Strukturierung nach Sparten für KaffeeLeben.

Entwerfen Sie eine mögliche Skizze für KaffeeLeben als divisionale Organisation.

2. Anregungen für Ihre Diskussion der Lösung

Eine mögliche und auch noch zu erweiternde Skizze für die divisionale Organisation von KaffeeLeben ist die folgende:

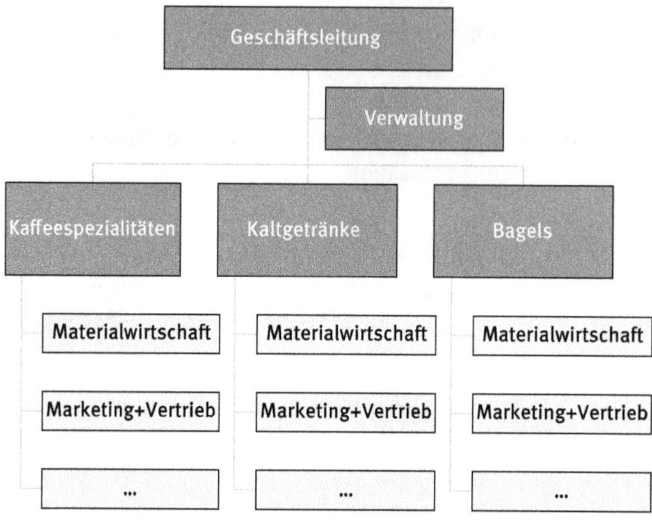

Abb. 1.6: Divisionale Organisation für KaffeeLeben, Quelle: Eigene Darstellung.

Die obige Skizze ist *eine* von mehreren Möglichkeiten für eine divisionale Organisation von KaffeeLeben. Hier ist eine Strukturierung nach Produktgruppen erfolgt. Möglich ist jedoch zum Beispiel auch die Strukturierung nach Regionen (im Fall von KaffeeLeben Hamburg, Hannover, Bremen).

3. Literaturempfehlungen

Fiedler, Rudolf (2014): Organisation kompakt, 3. Aufl., München, S. 35 f.
Vahs, Dietmar (2023): Organisation: Ein Lehr- und Managementbuch, 11. Aufl., Stuttgart, S. 186 ff.

Aufgabe 1: Die divisionale Organisationsform

Wissen, Verstehen
10 Minuten

---

1. Fragestellung

Die divisionale Organisation kann aufgrund ihrer starken Verbreitung als typische Organisationsstruktur der modernen Industrie verstanden werden. Erläutern Sie die Merkmale divisionaler Organisation an einem selbstgewählten Beispiel und zeigen Sie die Vor- und Nachteile dieser Organisationsform auf.

2. Lösung

Charakteristisch für divisionale Organisation ist, dass die Organisationseinheiten auf der zweiten Hierarchieebene, wie der Name schon sagt, in Divisionen gegliedert sind. Diese können nach Kunden, Produkten oder Märkten gebildet werden. Die Begriffe Objektorganisation, Geschäftsbereichsorganisation bzw. Spartenorganisation sind Synonyme für die divisionale Gliederung. Die Divisionen sind in der Regel eigenverantwortliche Bereiche und agieren quasi wie autonome Unternehmen innerhalb des eigentlichen Unternehmens.

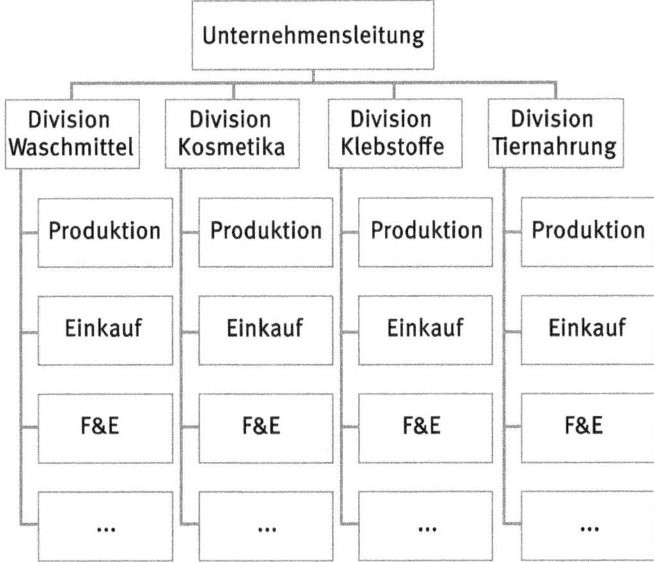

Abb. 1.7: Die divisionale Organisation, Quelle: Eigene Darstellung.

In Abb. 1.7 wird exemplarisch eine divisionale Organisationsstruktur abgebildet. In dem gewählten Beispiel ist zu erkennen, dass das Gesamtunternehmen in produktbezogene Teilbereiche, die Divisionen Waschmittel, Kosmetika, Klebstoffe und Tiernahrung, untergliedert ist. Auf der dritten Hierarchieebene ist die Division funktional gegliedert, d. h. jede Division verfügt über die Funktionsbereiche Forschung und Entwicklung, Einkauf und Vertrieb etc. und damit über entsprechende hierarchische Strukturen. Damit sind alle notwendigen Kompetenzen zur Erstellung eines Produktes in einer Division vertreten.

Die Vorteile einer divisionalen Strukturierung sind kurze Informationswege und ein hohes Maß an Flexibilität. Auf veränderte Marktstrukturen oder Kundenwünsche kann somit schneller reagiert werden. Ebenso wird das Fachwissen einer Division gebündelt. Die Division „Klebstoffe“ innerhalb dieses Beispiels ist beispielsweise über den Vertrieb, den Einkauf und die Produktion der Klebstoffe informiert.

Wesentliche Vorteile der divisionalen Organisation sind ihre Flexibilität, Schnelligkeit sowie das Fachwissen bzw. die Sachkenntnis der Mitarbeiterinnen und Mitarbeiter. Auf Veränderungen des Marktes oder der Kundenwünsche kann schneller reagiert werden, während die Autonomie der Geschäftsbereiche gewährleistet, dass Entscheidungen schneller getroffen werden können.

Der Vorteil einer divisionalen Strukturierung liegt darin, dass den Mitarbeiterinnen und Mitarbeitern eine detailliertere Spezialisierung ermöglicht wird und Fachwissen somit gebündelt werden kann. In dem genannten Beispiel könnten sich die Mitarbeiterinnen und Mitarbeiter aus der Division „Kosmetik" zum Beispiel Kenntnisse über spezifische Marktverhältnisse und regionale Bedürfnisse oder innerhalb der Region unterschiedliche Bedürfnisse der Kunden aneignen und so produktbezogene Anpassungsentscheidungen vornehmen. Gerade im Konsumgüterbereich bzw. Kosmetikbereich ist es wichtig, länderspezifische und kulturell bedingte Präferenzen zu kennen, um adäquat auf Veränderungen reagieren zu können. Ein weiterer Vorteil ergibt sich aus der erhöhten Autonomie für die Divisionsleitung, wodurch die Motivation der Mitarbeiterinnen und Mitarbeiter gesteigert wird.

Bereiche wie „Recht" und „Personal" können in einem Zentralbereich verortet werden. Die Unternehmensleitung übernimmt die strategische Führung, gibt personalpolitische Grundsatzentscheidungen vor, während die Divisionen für die operative Arbeit verantwortlich sind.

Nachteilig an der divisionalen Organisation im Vergleich zur funktionalen Organisation ist die Ineffizienz. Ineffizienzen werden in dem hohen Personalbedarf verortet, der daraus resultiert, dass jede Division ihre eigenen Funktionsbereiche hat. So hat beispielsweise die Division „Waschmittel" ihren eigenen Verkauf und Vertrieb, ebenso die Abteilung „Kosmetika". Arbeiten wie Einkauf, Vertrieb und Marketing werden somit mehrfach, bzw. in jeder Division/Sparte, ausgeführt.

Somit werden Kompetenzen trotz ihrer Übereinstimmung nicht zusammengelegt und vorhandene Synergien werden nicht genutzt. Dies könnte dazu führen, dass einzelne Divisionen einen Egoismus entwickeln, der auf die Abgrenzung von anderen Sparten und damit zur Gesamtstruktur des Unternehmens zurückzuführen sein kann. In der Tab. 1.12 werden die Vor- und Nachteile exemplarisch dargestellt.

Tab. 1.12: Vor- und Nachteile divisionaler Organisationsformen.

Vorteile der divisonalen Organisation	Nachteile der divisionalen Organisation
– Fachwissen der Mitarbeiterinnen und Mitarbeiter – Stärkere Marktorientierung – Flexibilität durch Dezentralisation und kurze Entscheidungswege – Entlastung der Unternehmensspitze – Die Unternehmensleitung kann sich besser strategischen Aufgaben widmen, da die operativen Aufgaben durch die Divisionen ausgeübt werden – Autonomie kann zu einer Motivationssteigerung der Mitarbeiterinnen und Mitarbeiter führen	– Hoher Personalbedarf – Egoismus der Divisionen kann entstehen – Synergien werden nicht genutzt

3. Hinweise zur Lösung

Voraussetzung zur Anwendung der divisionalen Gliederung ist eine gewisse Unternehmensgröße sowie ein heterogenes Leistungsprogramm. Demnach eignet sich diese Organisationsform in erster Linie für diversifizierte Großunternehmen. Sind diese Voraussetzungen nicht gegeben, so ist die divisionale Strukturierung keine adäquate Organisationsform, da ihre Nachteile die Vorteile überwiegen.

4. Literaturempfehlungen

Bea, Franz X./Göbel, Elisabeth (2019): Organisation: Theorie und Gestaltung, 5. Aufl., München/Tübingen, S. 52 ff.

Schreyögg, Georg (2016): Grundlagen der Organisation: Basiswissen für Studium und Praxis, 2. Aufl., Wiesbaden, S. 102.

Vahs, Dietmar (2023): Organisation: Ein Lehr- und Managementbuch, 11. Aufl., Stuttgart, S.186 ff.

Aufgabe 2: Single-Choice-Aufgaben zur divisionalen Organisationsform

Wissen, Verstehen, Anwenden
5 Minuten

1. Fragestellung

Bitte tragen Sie bei den folgenden Aussagen ein, ob diese richtig („R“) oder falsch („F“) sind.

Tab. 1.13: Divisionale Organisationsform.

Nr.		Richtig	Falsch
1.	Ein Nachteil divisionaler Organisation ist die Gefahr der Entstehung des sogenannten Spartenegoismus.		
2.	Divisionale Organisation kann als Synonym für Stablinienorganisation verwendet werden.		
3.	Die Anwendung einer divisionalen Organisation setzt ein diversifiziertes Leistungsprogramm sowie eine bestimmte Unternehmensgröße voraus.		
4.	Divisionale Organisation ist besonders gut für Ein-Produkt-Unternehmen geeignet.		
5.	Mit der divisionalen Organisation können Größen- und Spezialisierungsvorteile erzielt werden.		

2. Lösung

Tab. 1.14: Divisionale Organisationsform Single-Choice – Lösungen.

Nr.		Richtig	Falsch
1.	Ein Nachteil divisionaler Organisation ist die Gefahr der Entstehung des sogenannten Spartenegoismus.	R	
2.	Divisionale Organisation kann als Synonym für Stablinienorganisation verwendet werden.		F
3.	Die Anwendung einer divisionalen Organisation setzt ein diversifiziertes Leistungsprogramm sowie eine bestimmte Unternehmensgröße voraus.	R	
4.	Divisionale Organisation ist besonders gut für Ein-Produkt-Unternehmen geeignet.		F
5.	Mit der divisionalen Organisation können Größen- und Spezialisierungsvorteile erzielt werden.		F

3. Hinweise zur Lösung

1. **Richtig:** Spartenegoismus bzw. Egoismus der Divisionen kann entstehen, wenn die einzelnen Sparten um Ressourcen konkurrieren.
2. **Falsch:** Die divisionale Organisation ist kein Synonym für eine Stablinienorganisation. Eine Stablinienorganisation ist eine funktionale Organisation, die um Stabsstellen erweitert wurde. Stabsstellen dienen der Entlastung der Geschäftsleitung.
3. **Richtig:** Die Anwendung der divisionalen Organisation setzt ein diversifiziertes Leistungsprogramm und eine bestimmte Unternehmensgröße voraus, da ansonsten keine Effizienzvorteile generiert werden können.
4. **Falsch:** Die divisionale Organisation ist für Ein-Produkt-Unternehmen ungeeignet. Die divisionale Organisationsstruktur setzt ein diversifiziertes Leistungsprogramm voraus.

5. **Falsch:** Mit der funktionalen Organisation können Größen- und Spezialisierungsvorteile erzielt werden. Bei der divisionalen Organisationsstruktur kommen eben nicht Größen- und Spezialisierungsvorteile zum Tragen.

4. Literaturempfehlungen

Bea, Franz X./Göbel, Elisabeth (2019): Organisation: Theorie und Gestaltung, 5. Aufl., München/Tübingen, S. 52 ff.

Schreyögg, Georg (2016): Grundlagen der Organisation: Basiswissen für Studium und Praxis, 2. Aufl., Wiesbaden, S. 102.

Vahs, Dietmar (2023): Organisation: Ein Lehr- und Managementbuch, 11. Aufl., Stuttgart, S. 186 ff.

1.2.5 Matrixorganisation: Mischform mit Mehrfachunterstellung

Fallstudie KaffeeLeben – Aufgabe F9

Wissen, Verstehen, Anwenden, Transfer
20 Minuten

---

1. Fragestellung

Florentine erinnerte sich, dass sie im Rahmen ihres BWL-Studiums zur sogenannten Matrixorganisation geprüft worden ist. Sie erklärte Roman, was das Besondere daran ist im Gegensatz zu den von ihnen schon durchdachten Organisationsformen: „Sowohl bei der funktionalen Organisation als auch bei der divisionalen Organisation, haben wir es mit einem Einliniensystem zu tun, d. h. eine Stelle erhält nur von **einer** übergeordneten Instanz Weisungen. Der Matrixorganisation liegt ein Mehrliniensystem zugrunde, d. h. eine Stelle kann Anordnungen von **mehreren** übergeordneten Instanzen erhalten.“

a) Entwickeln Sie für KaffeeLeben eine mögliche Matrixorganisation und fertigen Sie dazu eine Skizze an.
b) Welche der drei betrachteten Organisationsformen eignet sich Ihrer Meinung nach am besten für die KaffeeLeben GmbH? Bitte begründen Sie Ihre Aussage ausführlich.

2. Anregungen für Ihre Diskussion der Lösung

a) Eine mögliche und noch zu erweiternde Skizze für eine Matrixorganisation von KaffeeLeben ist die folgende:

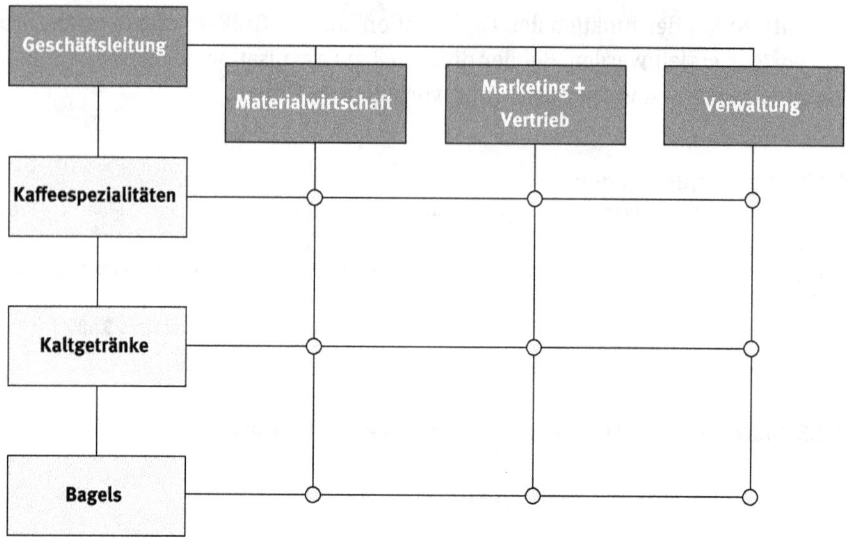

Abb. 1.8: Matrixorganisation für KaffeeLeben, Quelle: Eigene Darstellung.

b) Die Matrixorganisation ist für die KaffeeLeben GmbH nicht zu empfehlen. Sie eignet sich eher für große Mehrproduktunternehmen, die sich in einer dynamischen Unternehmensumwelt befinden. Hier entstehen schwierige und zeitintensive Entscheidungsprozesse, wie sie für KaffeeLeben nicht notwendig sind. Vorzuziehen ist eher ein Einliniensystem.
Die funktionale Organisation eignet sich vor allem für kleinere und mittlere Unternehmen mit einem überschaubaren und homogenen Leistungsprogramm, die sich in einer relativ stabilen Unternehmensumwelt befinden. Dies ist bei KaffeeLeben der Fall und so erscheint diese Organisationsform sehr sinnvoll.
Die divisionale Organisation ist vor allem geeignet für mittlere und große Mehrproduktunternehmen, die sich in einer dynamischen Unternehmensumwelt befinden. Zwar ist die Umwelt von KaffeeLeben eher weniger dynamisch, jedoch könnte eine Organisation nach Regionen auch sinnvoll sein. Hierdurch könnte eine bessere Koordination und schnellere Entscheidung pro Region getroffen werden. Je größer die Unterschiede der Regionen und ihres Umfeldes (z. B. der Kunden), desto eher wird eine solche Organisation sinnvoll. Die Unternehmensgröße spielt hierbei auch eine nicht zu unterschätzende Rolle.
Solange KaffeeLeben noch eher klein ist (10 Filialen) scheint die funktionale Organisation am sinnvollsten.

3. Literaturempfehlungen

Fiedler, Rudolf (2014): Organisation kompakt, 3. Aufl., München, S. 38 ff.

Vahs, Dietmar (2023): Organisation: Ein Lehr- und Managementbuch, 11. Aufl., Stuttgart, S. 202 ff.

Aufgabe 1: Die Vor- und Nachteile der Matrixorganisation

Wissen, Verstehen, Anwenden
10 Minuten

1. Fragestellung

Eine umstrittene Organisationsform ist die Matrixorganisation. Einige zelebrieren sie als Erfolgsfaktor, andere verteufeln sie als Konstrukt des Kompetenzwirrwarrs. Charakterisieren Sie die Matrixorganisation mithilfe eines selbst gewählten Beispiels. Erläutern Sie die Vor- und Nachteile der Matrixorganisation.

2. Lösung

Charakteristisch für die Matrixorganisation ist die Anwendung zweier Gliederungsprinzipien auf der zweiten Hierarchieebene. Im Gegensatz zu der funktionalen oder divisionalen Organisation, bei denen jeweils nur ein Gliederungsprinzip, nämlich die verrichtungsorientierte bzw. objektorientierte Gliederungsdimension angewandt werden, kommen in der Matrixorganisation zwei gleichberechtigte Gliederungsprinzipien für einen Aufgabenbereich zur Anwendung.

In der Praxis findet die Matrix häufig nur in Teilbereichen eines Unternehmens Anwendung, beispielsweise in Marketing, Forschung oder Entwicklung. Folgendes Beispiel illustriert die Matrixorganisation in Reinform:

Das beispielhafte Unternehmen stellt die Produktgruppen (1) Klebstoffe, (2) Waschmittel, (3) Tiernahrung und (4) Kosmetika her und vertreibt diese weltweit. Das Unternehmen will sich zukünftig und als Folge einer Reorganisationsmaßnahme als Matrixorganisation aufstellen. Grund dafür ist der steigende Wettbewerb sowie der Wunsch, effizient und adäquat Produkte entwickeln und auf Kundenwünsche reagieren zu können. Dazu könnte es beispielsweise die klassische Verrichtungsorganisation (Entwicklung, Beschaffung, Produktion und Verkauf) wählen und diese um eine objektorientierte bzw. divisionale Dimension (Klebstoffe, Tiernahrung und Kosmetika) ergänzen (Abb. 1.9). Die verrichtungs-objektorientierte Gliederung ist eine in der Praxis geläufige Strukturierung von Organisationen. Allerdings könnte anstelle der Produktgruppen auch eine Gliederung nach Regionen oder Kunden vorgenommen werden.

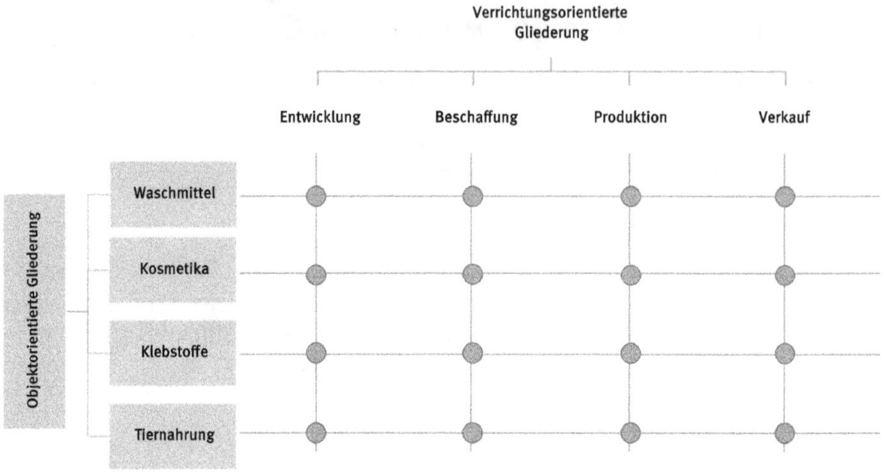

Abb. 1.9: Die Matrixorganisation, Quelle: Eigene Darstellung.

Wie Abb. 1.9 verdeutlicht, unterstehen die Mitarbeiterinnen und Mitarbeiter der Matrixteams den/der Funktionsvorgesetzten und Produktvorgesetzten. Sie unterstehen somit zwei Vorgesetzten, denen sie Bericht erstatten. Damit ist die Matrixorganisation dem Mehrliniensystem zuzuordnen. Dies bedeutet nicht, dass beide Vorgesetzte gleichwertig weisungsbefugt sind, allerdings kann die Ausgestaltung der Weisungsbefugnis stark variieren. Idealerweise findet eine Aufteilung relevanter Kompetenzen auf die Vorgesetzten statt: Dabei wäre eine der beiden Führungspersönlichkeiten fachlich versiert, während die anderen organisatorische Regelungen hinsichtlich Gehaltserhöhungen, Urlaubsgenehmigungen etc. übernimmt. Prinzipiell bleibt jedoch zu beachten, dass die Mitarbeiterinnen und Mitarbeiter nichtsdestotrotz zwei Vorgesetzten unterstehen, wodurch die Gefahr besteht, dass divergierende Ansprüche an sie gestellt werden, denen sie nachkommen müssen. Daher bedarf die Aufteilung fachlicher und verwaltungstechnischer Kompetenzen weiterhin einer geregelten Absprache, um die vielfältigen Interessen adäquat wahrnehmen und dementsprechend reagieren zu können, ohne ein Machtgefälle zu riskieren.

Die Vorteile und Nachteile der Matrixorganisation sind in Tabelle 1.11 aufgelistet.

Tab. 1.15: Vor- und Nachteile der Matrixorganisation.

Vorteile bzw. Chancen der Matrixorganisation	Nachteile bzw. Risiken der Matrixorganisation
– Flexibilität – Direkte Kommunikation und Verbindungswege – Spezialisierung und Sachkenntnis können bessere Lösungen generieren – Innovationsfähigkeit wird gestärkt – Hohe Marktorientierung – Hohe Integrationskraft kann eine umfassende Betrachtung von Aufgaben und somit kreativere Lösungen herbeiführen – Schnelle Anpassung an veränderte Umweltbedingungen – Entlastung der 1. Leitungsebene durch die Delegation von Entscheidungen	– Entstehung von Konflikten durch „Kompetenzwirrwarr" – Machtkämpfe und andere mikropolitische Spiele können zu Produktivitätsverlusten Entscheidungsverzögerungen und Abschiebung von Verantwortung führen – Hohe Anforderungen an die sozialen Kompetenzen von Führungskräften und Mitarbeiterinnen und Mitarbeiter – Konsens auf der geringstmöglichen Kompromissebene, allerdings nicht der beste Konsens – Hohe Transaktionskosten durch Koordination, Kommunikation und Informationssuche, insbesondere durch eine hohe Anzahl an Meetings

Die größte Herausforderung in der Matrix ist das Management der eigenen Person und das der Führungskräfte.

Ob die genannten Vorteile der Matrixorganisation eintreten oder ob ihre Nachteile überwiegen, hängt im Wesentlichen von den Organisationsmitgliedern sowie den vorliegenden Rahmenbedingungen ab.

Die Matrixstruktur erfordert einen kooperativen Führungsstil und eine offene Unternehmenskultur: eine Kultur, in der Mitarbeiterinnen und Mitarbeiter offen kommunizieren können und ermutigt werden, Ideen und Kritik einzubringen, die das Unternehmen bzw. das Team weiterbringen. Mit einer autoritären Führung, bei der Befehle und Gehorsam die Arbeit dominieren und Misstrauen vorherrscht, kann die Matrixorganisation nicht zur Anwendung kommen. Weiterhin stellt sie hohe Anforderungen an die Organisationsmitglieder, sowohl an die Führungskräfte als auch an alle Mitarbeiterinnen und Mitarbeiter. Das Management sollte ein hohes Maß an Führungsqualitäten besitzen, da es beispielsweise die Sitzungsleitung übernimmt. Des Weiteren benötigt es ein hohes Maß an Sozialkompetenz, sollte keine Macht für sich beanspruchen, muss stark ergebnisorientiert sein und darf sich nicht in mikropolitischen Spielen verlieren. Denn Egoismen, Profilierungssucht und Machtkämpfe gehen zulasten der Flexibilität und des Konsenses, dessen Erreichung sehr zeitaufwendig ist. In diesem Fall erzeugt die Matrix nicht mehr Flexibilität, sondern reduziert diese und geht mit Bürokratisierung einher.

Mitarbeiterinnen und Mitarbeiter müssen Konflikte als Chance begreifen und über Sozialkompetenz verfügen, um mit Konflikten, Kompetenzwirrwarr und Rollenunklarheiten konstruktiv umgehen zu können. Weiterhin bedarf es eines guten Selbstmanagements und des Willens Verantwortung zu übernehmen. Anderenfalls kann es durch Verantwortungszurückweisung zu Verzögerungen in der Entscheidungsfindung und des

Aufgabenvollzugs kommen. Auch die Unterstellung zweier Vorgesetzter bedarf ein hohes Maß an Selbstmanagement, um die Aufgaben optimal zu priorisieren und den Überblick zu behalten. Insbesondere wenn zwei Vorgesetzte unterschiedliche Ziele verfolgen, besteht die Gefahr, dass diese Zielverfolgung zulasten der Mitarbeiterinnen und Mitarbeiter geht, da ganz unterschiedliche Erwartungen an die Organisationsmitglieder gestellt werden. Die intensive Kommunikation, die durch die Matrix ermöglicht wird, kann jedoch schnell dazu führen, dass viel geredet wird, aber wenige Ergebnisse erzielt werden, da sich niemand verantwortlich fühlt. Weiterhin bedarf es einer regelmäßigen Abstimmung, was in der Regel mit vielen Meetings einhergeht. Denn wenn Mitarbeiterinnen und Mitarbeiter aus Angst vor Fehlern und starker hierarchischer Orientierung die Verantwortungsübernahme ablehnen und sehr bürokratisch handeln, da sie sich ständig absichern möchten, wird die Führungsaufgabe komplex und führt nicht zu einer Entlastung der Führungsebene.

3. Hinweise zur Lösung

Die Matrixorganisation wird in den einschlägigen Lehrbüchern kontrovers diskutiert und die Standpunkte variieren je nach Autoren- und Adressatenkreis stark. Besonders ihr undifferenzierter Einsatz kann zu Unzufriedenheit führen, denn die wirksame Anwendung der Matrixorganisation ist viel mehr an spezifische Einsatzbedingungen geknüpft. Nur wenn die Einsatzbedingungen, wie beispielsweise das Vorliegen technisch anspruchsvoller Produkte oder ein sehr dynamisches Marktumfeld, erfüllt sind, überwiegen die Vorteile. Dann ist der Einsatz der Matrixstruktur wirtschaftlich zu rechtfertigen. Nimmt die Matrixorganisation auch europa- oder weltweite Dimensionen an, so resultiert eine Reihe von nicht zu unterschätzenden steuerrechtlichen, arbeitsrechtlichen und datenschutzrechtlichen Fragestellungen.

4. Literaturempfehlungen

Adžić, Mihael (2006): Matrixstrukturen in multinationalen Unternehmen: Anwendungsfelder, Informationsfluss und Erfolgsfaktoren, Wiesbaden (gesamtes Werk).

Galbraith, Jay R. (2009): Designing matrix organizations that actually work: how IBM, Procter & Gamble, and others design for success, San Francisco (gesamtes Werk).

Jones, Gareth R./Bouncken, Ricarda B. (2008): Organisation: Theorie, Design und Wandel, 5. Aufl., München, S. 791 ff.

Schreyögg, Georg (2016): Grundlagen der Organisation: Basiswissen für Studium und Praxis, 2. Aufl., Wiesbaden, S. 197 ff.

Schulte-Zurhausen, Manfred (2014): Organisation, 6. Aufl., München, S. 278 ff.

Aufgabe 2: Single-Choice-Aufgaben zur Matrixorganisation

Wissen, Verstehen, Anwenden
6 Minuten

---

1. Fragestellung

Bitte tragen Sie bei den folgenden Aussagen ein, ob diese richtig („R") oder falsch („F") sind.

Tab. 1.16: Matrixorganisation Single Choice.

Nr.		Richtig	Falsch
1.	Die Mitarbeiterinnen und Mitarbeiter wechseln in einer divisionalen Struktur am häufigsten zwischen den Teams.		
2.	Eine Matrixstruktur ist gekennzeichnet von steilen Hierarchien.		
3.	In einer divisionalen Struktur haben die Mitarbeiterinnen und Mitarbeiter zwei Vorgesetzte.		
4.	Ein Merkmal der Matrixstruktur ist das Vorhandensein von unklaren Autoritätsbeziehungen.		
5.	Das Konfliktpotenzial ist im Vergleich zu anderen Organisationsformen in der Matrixstruktur am höchsten.		

2. Lösung

Tab. 1.17: Matrixorganisation Single-Choice – Lösungen.

Nr.		Richtig	Falsch
1.	Die Mitarbeiterinnen und Mitarbeiter wechseln in einer divisionalen Struktur am häufigsten zwischen den Teams.		F
2.	Eine Matrixstruktur ist gekennzeichnet von steilen Hierarchien.		F
3.	In einer divisionalen Struktur haben die Mitarbeiterinnen und Mitarbeiter zwei Vorgesetzte.		F
4.	Ein Merkmal der Matrixstruktur ist das Vorhandensein von unklaren Autoritätsbeziehungen.	R	
5.	Das Konfliktpotenzial ist im Vergleich zu anderen Organisationsformen in der Matrixstruktur am höchsten.	R	

3. Hinweise zur Lösung

1. **Falsch:** Die Mitarbeiterinnen und Mitarbeiter wechseln nicht in einer divisionalen Struktur am häufigsten zwischen den Teams, sondern in einer Matrixstruktur.
2. **Falsch:** Eine Matrixstruktur ist gekennzeichnet durch flache Hierarchien und wenig standardisierte Arbeitsanweisungen. Dadurch entsteht ein erhöhter Koodinationsaufwand.

3. **Falsch:** In einer Matrixstruktur haben die Mitarbeiterinnen und Mitarbeiter zwei Vorgesetzte. Dieser Sachverhalt ist gewollt, kann aber in der Praxis zu großen Problemen führen.
4. **Richtig:** Unklare Autoritätsstrukturen erzeugen bei Mitarbeiterinnen und Mitarbeitern häufig Stresssymptome.
5. **Richtig:** Die Gründe für das hohe Konfliktpotenzial liegen häufig in fehlenden Weisungsbeziehungen, Kompetenzwirrwarr und fehlendem Selbstmanagement und fehlender Führungskompetenz.

4. Literaturempfehlungen

Adžić, Mihael (2006): Matrixstrukturen in multinationalen Unternehmen: Anwendungsfelder, Informationsfluss und Erfolgsfaktoren, Wiesbaden (gesamtes Werk).

Galbraith, Jay R. (2009): Designing matrix organizations that actually work: how IBM, Procter & Gamble, and others design for success, San Francisco (gesamtes Werk).

Jones, Gareth R./Bouncken, Ricarda B. (2008): Organisation: Theorie, Design und Wandel, 5. Aufl., München, S. 791 ff.

Schreyögg, Georg (2016): Grundlagen der Organisation: Basiswissen für Studium und Praxis, 2. Aufl., Wiesbaden, S. 197 ff.

Schulte-Zurhausen, Manfred (2014): Organisation, 6. Aufl., München, S. 278 ff.

1.3 Ablauforganisation: Von der Aufbauorganisation zur Prozesssichtweise

1.3.1 Gründe und Ziele einer Prozessorientierung

Fallstudie KaffeeLeben – Aufgabe F10

Wissen, Verstehen, Anwenden, Transfer
15 Minuten

---

1. Fragestellung

Es gab Kundenfeedback aus verschiedenen KaffeeLeben-Filialen. Die Baristas schienen unkoordiniert und gestresst hinter der Theke, liefen viel herum. Die Wartezeiten waren den Kunden zu lang. Beschwerden diesbezüglich häuften sich. Filialleiter Eisenhart wusste nicht mehr, was noch zu tun sei. So verbrachte Florentine einen ganzen Tag in der Filiale und beobachtete, um das Problem zu eruieren. Sie berichtete Roman von ihrem Ergebnis: „Die Mitarbeiterinnen und Mitarbeiter arbeiten vollkommen uneinheitlich. Prozesse müssten mal definiert werden."

a) Warum reicht es für die KaffeeLeben GmbH nicht aus, sich mit der Aufbauorganisation zu befassen? Warum ist die Ablauforganisation ebenfalls zu betrachten?
b) Nennen Sie Gründe und Ziele einer Prozessorientierung bei KaffeeLeben.

2. Anregungen für Ihre Diskussion der Lösung

a) Wird sich nur mit der Aufbauorganisation beschäftigt, wird vernachlässigt, dass die Abläufe von Geschäftsprozessen in der Regel stellenübergreifend sind. Die Prozesse sollten nicht nachträglich in die bestehende Aufbaustruktur „hineinorganisiert“ werden, sondern es bietet sich an, die Geschäftsprozesse in zahlreiche Arbeitsschritte zu zerlegen, die von verschiedenen Personen und Abteilungen ausgeführt werden. Dies erfordert eine intensive Abstimmung und Kontrolle.

b) Gründe und Ziele einer Prozessorientierung bei KaffeeLeben:
   - Größere Prozesssicherheit führt zu höherer Prozess- und Produktqualität der Kaffeespezialitäten sowie der Bagels.
   - Durchlaufzeiten in Entwicklung und Herstellung der Kaffeespezialitäten und Bagels lassen sich verbessern.
   - Wartezeiten der Kunden lassen sich verkürzen.
   - Schnittstellen werden optimiert. Einige Kunden möchten Kaffee und Bagel bestellen, andere Kunden nur Kaffee. Wie ist ein reibungsloser Ablauf zu gewährleisten, ohne dass der Kunde, der keinen Bagel erwerben möchte, zu lange warten muss? Wie bekommt der Kunde, der eine Beratung in Bezug auf sein Kaffeeerlebnis haben möchte, hier entsprechend dem professionellen Konzept von KaffeeLeben eine ausführliche Beratung, ohne dass der Kunde, der zum reinen Verzehr von Kaffee und Bagel in der Filiale ist, zu lange warten muss? Eine innovative Weiterentwicklung der Abläufe anhand der Prozesskette steigert die Produktivität und trägt zur Optimierung der Unternehmensleistung bei.
   - Eine klare und verbindliche Prozessstruktur mit festgelegten Verantwortlichkeiten wirkt sich positiv auf das Betriebsklima und insbesondere auf die Kultur der schnittstellenbezogenen Zusammenarbeit aus, z. B. Bestellannahme, Beratung, Kaffeezubereitung, Kaffeeausgabe oder auch Koordination der Getränkeausgabe mit der Essensausgabe von Bagels nach ihrer Frischzubereitung.

3. Literaturempfehlungen

Schulte-Zurhausen, Manfred (2014): Organisation, 6. Aufl., München, S. 47 ff.

Vahs, Dietmar (2023): Organisation: Ein Lehr- und Managementbuch, 11. Aufl., Stuttgart, S. 249 ff.

Aufgabe 1: Zusammenhänge zwischen Aufbauorganisation, Ablauforganisation und Prozessorganisation

---

Wissen, Verstehen
10 Minuten

---

1. Fragestellung

Stellen Sie bitte die Zusammenhänge zwischen Aufbauorganisation, Ablauforganisation und Prozessorganisation dar.

2. Lösung

Die Aufbauorganisation in ihren Strukturierungsmöglichkeiten nach Funktionen, nach Divisionen oder in der Matrixform orientiert sich an den organisatorischen Aufgaben und Kompetenzen sowie an der Verteilung der organisatorischen Ressourcen und Potenziale. Nicht zuletzt durch die Weisungsbefugnisse der Akteure (abgebildet in Organigrammen) herrscht eine Hierarchieorientierung vor. Im Fokus steht das strukturhafte ganze sozio-technische Gebilde, d. h. die Struktur.

Die Ablauforganisation orientiert sich hingegen an den operativen Vorgängen. Dabei werden Ressourcen und Potenziale genutzt. Im Fokus stehen Vollzug und Ausübung, d. h. der Prozess.

Die Ablauforganisation kann als Vorläufer einer prozessorientierten Organisation gesehen werden. Dennoch hat sich über eine lange Zeit eine dualistische Betrachtungsweise (Arbeitsgliederung versus. Arbeitsablauf) durchgesetzt, die das Prozesskonzept im Sinne ablauforganisatorischer Strukturierung durch das Korsett der Aufbauorganisation eingeengt hat: „Ablauforganisation folgt Aufbauorganisation", so lautete die Devise, womit ein Primat des Aufbaus geschaffen und prozessorientierte Gesichtspunkte vernachlässigt wurden. Der Zusammenhang von Struktur und Prozess ist in Abbildung 1.10 grafisch dargestellt:

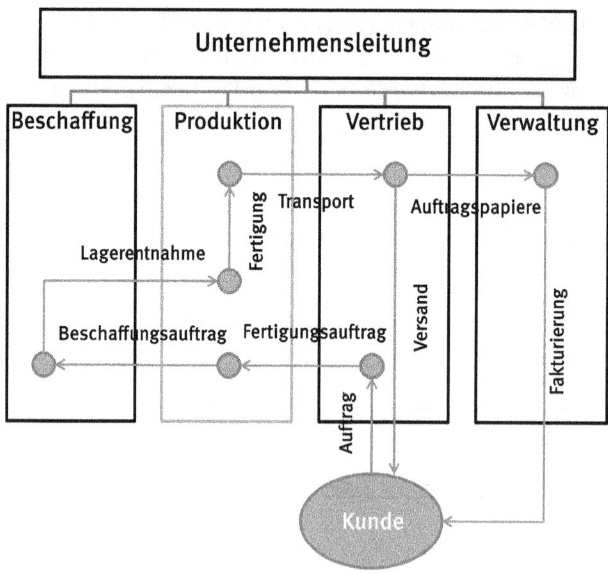

Abb. 1.10: Zusammenhang zwischen Struktur und Prozess, Quelle: Eigene Darstellung.

3. Hinweise zur Lösung

Die Probleme der herkömmlichen Aufbauorganisation sind bekannt. Man denke an die negativen Erfahrungen mit den Auswüchsen bürokratischer Arbeitsteilung: Aufträge werden nicht bearbeitetet, weil sie irgendwo „hängen bleiben“. Kundenbeschwerden wird nicht ernsthaft nachgegangen. Mögliche Ursachen liegen schon in der traditionellen Aufbauorganisation begründet, denn Abteilungs- und Stellenbildung bedeuten immer Abtrennung bzw. Unterbrechung des Betriebsprozesses.

Ohne Zweifel ist die Aufbauorganisation notwendig. Sie verteilt die Aufgaben und trägt wesentlich zu den Handlungs- bzw. Unternehmenszielen bei. Diese funktionale Organisationsform mag in statischen, einfachen Umwelten, bei überschaubarer Unternehmensgröße, bei einem homogenen Produktionsprogramm und bei Massenfertigung effizient sein. In dynamischen, komplexen Umwelten mit großen Unternehmen mit diversifiziertem Leistungsprogramm und individuellen Kundenwünschen sind rein funktionale Organisationsstrukturen eher ungeeignet. Die divisionale Organisationsform (Organisation nach Objekten) und die Matrixorganisation (Mischorganisation nach Funktionen und Objekten) stellen daher ein wichtiges Korrektiv dar.

Unbestritten werden in der Aufbauorganisation (Struktur) die Arbeitsabläufe (Prozesse) eingebunden. Die Ablauforganisation hat somit die Arbeitsverteilung und damit den Handlungsvollzug zum Gegenstand. Insofern gab und gibt es einen eindeutigen Zusammenhang zwischen Struktur und Prozess. Die Prozessorganisation ist aber von der bloßen Ablauforganisation zu unterscheiden.

4. Literaturempfehlungen

Nicolai, Christiana (2023): Betriebliche Organisation, 4. Aufl., Konstanz/München, S. 191 ff.

von der Oelsnitz, Dietrich (2009a): Die innovative Organisation: Eine gestaltungsorientierte Einführung, 2. Aufl., Stuttgart, S. 108 ff.

Aufgabe 2: Unterschiede zwischen Ablauforganisation und Prozessorganisation

---

Wissen, Verstehen
10 Minuten

---

1. Fragestellung

Stellen Sie bitte die wesentlichen Unterschiede zwischen der Ablauforganisation und der Prozessorganisation dar.

2. Lösung

Abgrenzung Ablauforganisation zu Prozessorganisation: Der Unterschied zur Ablauforganisation besteht darin, dass das Vorhandensein einer Aufbauorganisation für die Prozessorganisation nicht notwendig ist. Im Gegenteil: Die Prozessorganisation kann

Grundlage für die Aufbauorganisation sein. „Aufbauorganisation folgt Ablauforganisation“ – das ist die Devise des Prozesskonzepts.

Es geht um die Dominanz des Prozesses über die Struktur, d. h. die funktionale Struktur wird an den Prozessen des Unternehmens ausgerichtet.

Es geht um einen funktionsübergreifenden Charakter, d. h. die Prozessorganisation hat die ganzheitliche Vorgangsbearbeitung zum Ziel.

Die Ablauforganisation richtet sich im Gegensatz zur Prozessorganisation immer nur an einer Aufgabenerfüllung innerhalb einer funktionalen Spezialisierung von Aufgaben.

Tab. 1.18: Unterschiede der Ablauf- und Prozessorganisation, Quelle: In Anlehnung an Fließ 2006, S. 24.

	Ablauforganisation	**Prozessorganisation**
Betrachtungsgegenstand	Isolierte Teilbereiche innerhalb eines Unternehmens	Gesamtunternehmensbezogen oder unternehmensübergreifend
Verhältnis zur Aufbauorganisation	Basiert auf vorhandener Aufbauorganisation (entspricht dem klassischen Analyse-Synthese-Konzept)	Ist der Aufbauorganisation vorgelagert (Umkehrung des Analyse-Synthese-Konzepts)
Orientierung	Operativ-ausführend	Strategisch und operativ
Zielsetzung	Optimierung im Hinblick auf teilprozessbezogene Zielgrößen (Durchlaufzeiten, Kapazitätsauslastung etc.)	Verbesserung/Neugestaltung bereichsübergreifender Prozesse. Optimierung im Hinblick auf bereichsübergreifende Zielgrößen (Kundenzufriedenheit, Qualität etc.)

3. Hinweise zur Lösung

Signifikant für die Prozessorganisation ist die ganzheitlich-strategische Sichtweise. Unternehmensbezogen (z. B. Geschäftsprozessmanagement, Business Reengineering) und unternehmensübergreifend (z. B. Supply-Chain-Management), werden gleichermaßen die strategische Perspektive (z. B. Wertkette, Supply Chain) und der operative Bereich (Workflow) berührt.

4. Literaturempfehlungen

Fließ, Sabine (2006): Prozessorganisation in Dienstleistungsunternehmen, Stuttgart, S. 23 f.

Nicolai, Christiana (2023): Betriebliche Organisation, 4. Aufl., Konstanz/München, S. 191 ff.

Aufgabe 3: Geschäftsprozessmanagement

Wissen, Verstehen
12 Minuten

1. Fragestellung

Stellen Sie bitte anhand von fünf betrieblichen Handlungsfeldern die Bedeutung des Managements von Geschäftsprozessen heraus. Beziehen Sie dabei Beispiele mit ein.

2. Lösung

- Prozessoptimierung/Business Reengineering: Hier geht es um die Verbesserung der Geschäftsprozesse, insbesondere bzgl. Kosten, Zeit, Qualität und Kundennutzen.
- Prozessautomatisierung/Workflow-Management: Hier geht es um die Steuerung der Prozessabläufe über die automatische Bereitstellung relevanter Informationen mit Einsatz von Anwendungssystemen. Reminiszenzen an das traditionelle Fließband sind zu sehen.
- Qualitätsmanagement: Ansprüchen der Stakeholder an eine „exzellente Organisation" wird das Geschäftsprozessmanagement über transparente und leicht zu kommunizierende Prozesse gerecht, die auch Interventionsmöglichkeiten bieten, d. h. man bezieht Kunden, Zulieferer und weitere Partner des Unternehmens mit ein.
- Betriebliche Informationssysteme: Daten und Informationen sollen (nicht zuletzt aus Gründen der Prozessverbesserung) über entsprechende Hard- und Softwarelösungen integriert werden.
- Unternehmensführung: Erfolgsfaktoren sollten über Kennzahlen bzw. Kennzahlensysteme definiert werden. Nicht mehr wegzudenken sind sogenannte „Key Performance Indicators" (KPIs), welche den Fortschritt und den Erfüllungsgrad von Prozesszielen messen sollen.

3. Hinweise zur Lösung

Zur Ausbeutung und Weiterentwicklung von Wettbewerbsvorteilen ist ein ausgefeiltes Geschäftsprozessmanagement mittlerweile unverzichtbar. Der Unternehmenserfolg wird stark am Funktionieren und womöglich an Alleinstellungsmerkmalen von Prozessen gemessen.

Gesetzliche Vorgaben (z. B. Risikomanagement, Datenschutz, Umweltschutz) stellen zudem hohe Anforderungen an das Management von Geschäftsprozessen.

Schließlich können unternehmerische Selbstverpflichtungen (z. B. Corporate Governance Code, Unternehmensethik) über ein anspruchsvolles Geschäftsprozessmanagement transparent gemacht werden, sodass nicht nur die Shareholder, sondern auch die Stakeholder einen Einblick in die Unternehmensleistungen haben.

4. Literaturempfehlungen

Binner, Hartmut F. (2016): Methoden-Baukasten für ganzheitliches Prozessmanagement: Systematische Problemlösungen zur Organisationsentwicklung und -gestaltung, Wiesbaden, S. 1 ff.

Gaitanides, Michael (2012): Prozessorganisation: Entwicklung, Ansätze und Programme des Managements von Geschäftsprozessen, 3. Aufl., München, S. 9 ff. sowie S. 47 ff.

1.3.2 Zentrale Prozesse in Unternehmen: Eine Übersicht

Fallstudie KaffeeLeben – Aufgabe F11

Wissen, Verstehen, Anwenden, Transfer
15 Minuten

1. Fragestellung

Florentine und Roman organisierten ein längeres Meeting mit dem Filialleiter, Herrn Eisenhart, sowie den Mitarbeiterinnen und Mitarbeitern der Filiale, um die zentralen Prozesse zusammenzutragen. Dabei zählte beim Sammeln von Aufgaben bzw. Prozessschritten jeder noch so kleine Arbeitsschritt, damit nach dem Zusammentragen eine Prozessabfolge so abgebildet werden konnte, dass eine optimale Gestaltung der Schnittstellen erfolgte. Roman gab den Mitarbeiterinnen und Mitarbeitern ein anschauliches Beispiel: „Wir wollen nicht, dass einige Mitarbeiterinnen und Mitarbeiter für den Kunden sichtbar gelangweilt rumstehen, während andere sich vor Stress umrennen." Sein Blick wanderte vorsichtig von Frau Klein zu Frau Schnell. Frau Klein ließ nie eine Gelegenheit aus, zu erwähnen, was denn nun *nicht* ihre Aufgabe sei. Frau Schnell hingegen war schnell im Lernen von neuen Dingen, wirkte jedoch auch immer etwas hektisch.

Sammeln und benennen Sie zunächst die Kernprozesse von KaffeeLeben.

2. Anregungen für Ihre Diskussion der Lösung

Kernprozesse von KaffeeLeben können sein:

- Produktentwicklung
- Wareneinkauf
- Marketing
- Kaffeezubereitung
- Beratung der Kunden
- Verkauf des Kaffees
- Verkauf von Bagels als Zusatzprodukte
- Reinigung der Kaffeemaschinen
- Wartung der Maschinen
- Reinigung der Filiale
- Qualitätsmanagement

- Strategieplanung
- Personalbeschaffung
- Personaldisposition
- Kassieren
- Buchhaltung
- ...

3. Literaturempfehlungen

Schulte-Zurhausen, Manfred (2014): Organisation, 6. Aufl., München, S. 51 ff.

Aufgabe 1: Prozessverständnis

Wissen, Verstehen
3 Minuten

1. Fragestellung

Was verstehen Sie unter einem Prozess?

2. Lösung

Unter einem Prozess wird eine Folge sach- und zeitlogisch zusammenhängender Aktivitäten, die der zielgerichteten Erstellung einer Leistung dienen, verstanden. In Abgrenzung zu einem Projekt, welches nur einmal stattfindet, zeichnet sich ein Prozess dadurch aus, dass er (bei gleichbleibender Qualität) mehrfach wiederholt wird.

3. Hinweise zur Lösung

Ergänzend zur oben ausgeführten Definition lassen sich Prozesse auch dahingehend verstehen, dass diese – je nach Fokus – eine starke Kundenorientierung aufweisen. Insbesondere bei Dienstleistungsunternehmen steht der Kundennutzen im Vordergrund. Analog zur Ablauforganisation lassen sich gewerblich-technische und betriebswirtschaftliche bzw. kaufmännische Prozesse identifizieren, die stets personenunabhängig und über mehrere Organisationseinheiten hinweg durchgeführt werden können. Von besonderer Bedeutung sind schließlich Prozesse in der Informationstechnologie. Diese IT-Prozesse ermöglichen und verbessern die Automatisierung der gesamten Wertschöpfungskette (vgl. hierzu auch Kap. 1.3.5).

4. Literaturempfehlungen

Gadatsch, Andreas (2023): Grundkurs Geschäftsprozess-Management: Analyse, Modellierung, Optimierung und Controlling von Prozessen, 10. Aufl., Wiesbaden, S. 7 ff.

Nicolai, Christiana (2023): Betriebliche Organisation, 4. Aufl., Konstanz/München, S. 195 ff.
Vahs, Dietmar (2023): Organisation: Ein Lehr- und Managementbuch, 11. Aufl., Stuttgart, S. 249 ff.

Aufgabe 2: Prozessbeispiele

Wissen, Verstehen
5 Minuten

---

1. Fragestellung

Nennen Sie bitte zehn Beispiele für typische Prozesse in einem Unternehmen.

2. Lösung

- Auftragsabwicklung (von Angebot bis Auslieferung)
- Produktentwicklung (von Idee bis Produktionsbeginn)
- Materialfluss (vom Lieferanten bis zum Kunden)
- Beschaffung von Rohstoffen (von der Lieferantenauswahl bis zum Eintreffen im Lager)
- Arbeitsvorbereitung in einer Traktorenfabrik
- Bearbeitung von Kreditanträgen in einer Bank
- Einkauf, Lagerung und Verkauf von Motorsägen in einem Baumarkt
- Produktion von glutenfreien Broten in einer Bio-Bäckerei
- Regulierung von Schadensmeldungen im Front Office einer Versicherung
- Bearbeitung von Kundenbeschwerden bei einem Reiseveranstalter

3. Hinweise zur Lösung

Unabhängig von Sektor, Branche, Betriebstyp und Betriebsgröße stellen Prozesse die Aktivitäten im System Unternehmen dar, welche dessen Erfolg bestimmen. Konkret handelt es sich um güterwirtschaftliche bzw. um materielle, um finanzwirtschaftliche (immateriell) und um informationswirtschaftliche (immateriell) Prozesse. Letztlich trägt die Kombination materieller und immaterieller Prozesse zum Systemerhalt bei.

4. Literaturempfehlungen

Gadatsch, Andreas (2023): Grundkurs Geschäftsprozess-Management: Analyse, Modellierung, Optimierung und Controlling von Prozessen, 10. Aufl., Wiesbaden, S. 7 ff.
Gaitanides, Michael (2012): Prozessorganisation: Entwicklung, Ansätze und Programme des Managements von Geschäftsprozessen, 3. Aufl., München, S. 147 ff.

Aufgabe 3: Management-, Geschäfts- und unterstützende Prozesse

Wissen, Verstehen
9 Minuten

1. Fragestellung

Grenzen Sie bitte Management-, Geschäfts- und Supportprozesse voneinander ab und ordnen Sie jeweils zwei Prozessbeispiele zu.

2. Lösung

Managementprozesse sind Prozesse zur Festlegung von Unternehmenszielen und zur Steuerung/Kontrolle der Zielerreichung. Beispiele: die Geschäftsführung einer Bankfiliale oder die Leitung der Abteilung Schadensregulierung einer Versicherung.

Geschäftsprozesse sind Prozesse, die im besonderen Maße erfolgskritisch sind. Sie werden auch als Kernprozesse bezeichnet. Sie stiften einen unmittelbaren Kundennutzen. Beispiele: Modellentwicklung in der Automobilindustrie oder Anlageberatung bei Banken.

Unterstützende Prozesse sind die Prozesse, die den reibungslosen Ablauf von Management- und Geschäftsprozessen sichern. Sie werden auch als Supportprozesse bezeichnet. Beispiele: Fakturierung von Ausgangsrechnungen bei einem Elektronikgroßhandelsunternehmen oder Maßnahmen des betrieblichen Gesundheitsmanagements.

3. Hinweise zur Lösung

Geschäfts- bzw. Kernprozesse werden auch als Primärprozesse bezeichnet, da sie unmittelbar an der Wertschöpfung beteiligt sind. Unterstützende- bzw. Supportprozesse werden auch als Sekundärprozesse bezeichnet, da sie keinen unmittelbaren Marktbezug aufweisen. Es sind indirekte Leistungsprozesse (vgl. hierzu auch Kap. 1.3.3 Prozessarten).

4. Literaturempfehlungen

Nicolai, Christiana (2023): Betriebliche Organisation, 4. Aufl., Konstanz/München, S. 197 ff.
Vahs, Dietmar (2023): Organisation: Ein Lehr- und Managementbuch, 11. Aufl., Stuttgart, S. 249 ff.

1.3.3 Prozessmerkmale, Prozessketten und Prozessarten

Fallstudie KaffeeLeben – Aufgabe F12

Wissen, Verstehen, Anwenden, Transfer
20 Minuten

1. Fragestellung

Florentine war mit den Ergebnissen der Mitarbeiterinnen und Mitarbeiter zwar sehr zufrieden, sprach sich jedoch dafür aus, noch mal genau zu überlegen, was denn einen Prozess ausmacht, welche Prozessketten und welche Prozessarten es bei KaffeeLeben gibt, damit sie möglichst nichts vergaßen. Eine Prozesskette lässt sich mit Abb. 1.11 erläutern.

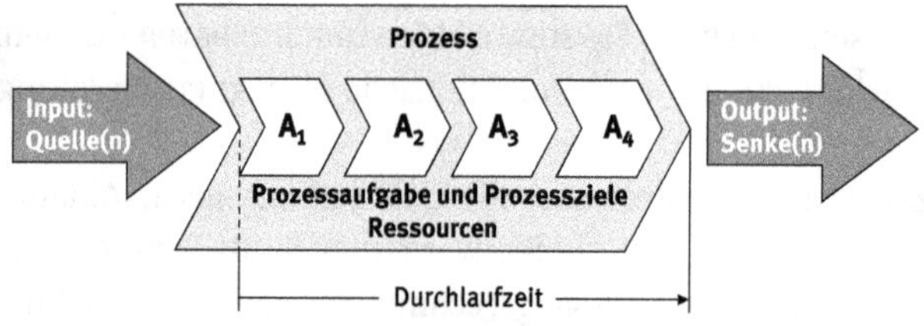

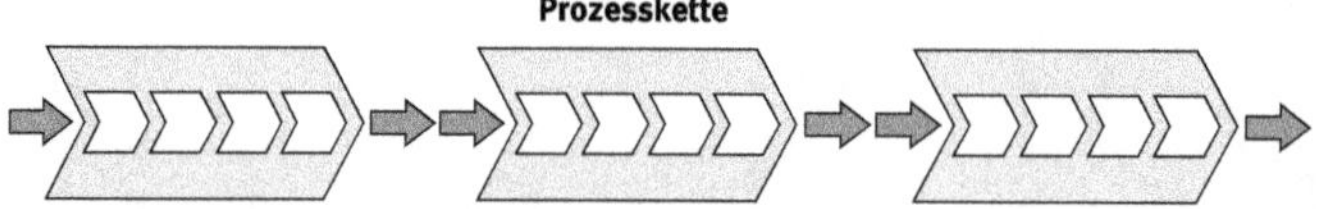

Abb. 1.11: Prozessmerkmale und Prozesskette, Quelle: Eigene Darstellung in Anlehnung an Vahs 2023, 11. Aufl., S. 263.

a) Ein Prozess hat immer eine bestimmte Aufgabe und ist auf die Erreichung von Zielen ausgerichtet. Finden Sie hierfür ein einfaches Beispiel für die KaffeeLeben GmbH.
b) Zeichnen Sie eine Prozesskette von KaffeeLeben exemplarisch auf.
c) Bitte ordnen Sie die in F11 gesammelten Kernprozesse in folgende Matrix (Abb. 1.12) ein:

Abb. 1.12: Kritische Prozesse, Quelle: Eigene Darstellung in Anlehnung an Vahs 2023, 11. Aufl., S. 267.

d) Ordnen Sie die Prozesse noch einmal nach Managementprozessen, Geschäftsprozessen und Supportprozessen.

2. Anregungen für Ihre Diskussion der Lösung

a) Ein einfaches Beispiel für einen Prozess bei KaffeeLeben ist die Zubereitung eines Latte Macchiatos.

b) Die Prozesskette zur Zubereitung eines Latte Macchiatos könnte wie folgt aussehen:

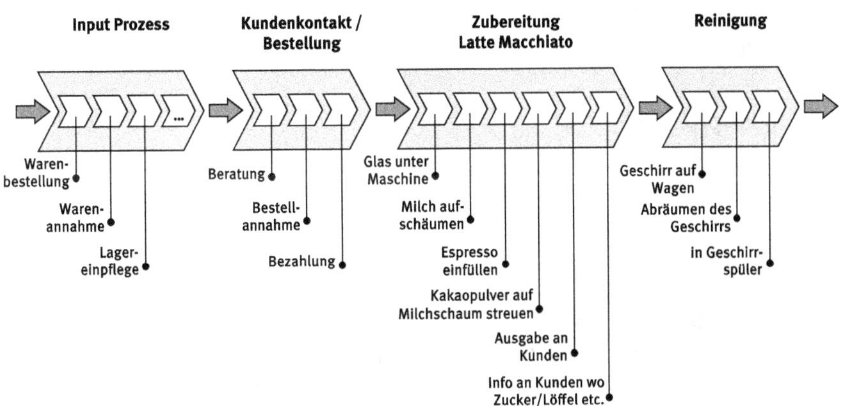

Abb. 1.13: Prozesskette „Zubereitung Latte Macchiato“, Quelle: Eigene Darstellung.

c) Eine Zuordnung der zuvor genannten Prozesse könnte wie folgt aussehen:

Einfluss auf den Unternehmenserfolg	niedrig (Bedeutung für externe Kunden)	hoch (Bedeutung für externe Kunden)
hoch	Marketing Wareneinkauf von Kaffee	Beratung Kaffeezubereitung zusätzliche Produkte (wie Bagels) Produktentwicklung
niedrig	Personaldisposition Beschaffung Wareneinkauf von Bechern und Zubehör ...	Kassieren ...

Abb. 1.14: Kritische Prozesse der KaffeeLeben GmbH, Quelle: Eigene Darstellung.

d) Managementprozesse:
   - Strategieplanung
   - ...

   Geschäftsprozesse:
   - Auftragsannahme
   - Kaffeezubereitung
   - Beratung der Kunden
   - ...

   Supportprozesse:
   - Personalbeschaffung
   - Wartung der Maschinen
   - ...

3. Literaturempfehlungen

Schulte-Zurhausen, Manfred (2014): Organisation, 6. Aufl., München, S. 52 ff.
Vahs, Dietmar (2023): Organisation: Ein Lehr- und Managementbuch, 11. Aufl., Stuttgart, S. 261 ff.

Aufgabe 1: Prozessmerkmale

Wissen, Verstehen
8 Minuten

1. Fragestellung
Beschreiben Sie mit Einbezug von Beispielen die Merkmale von Prozessen.

2. Lösung
Ein Prozess wird durch ein Startereignis (z. B. Eingang einer Kundenanfrage) ausgelöst und durch ein Endereignis (z. B. Buchung einer Rechnung) beendet.

Ein Prozess transformiert einen Input (z. B. Werkstoffe, Kundenaufträge) in einen Output (z. B. materielle Erzeugnisse, Problemlösungen für Kunden).

Ein Prozess hat eine Aufgabe (z. B. Auftragsabwicklung) und ist auf die Erreichung bestimmter Ziele (z. B. Kundenzufriedenheit) gerichtet.

Ein Prozess besteht aus einer Abfolge von inhaltlich miteinander verknüpften und zweckgerichteten Arbeitsgängen (z. B. Auftragsannahme, Auftragsbestätigung, Durchführung von Produktion, Qualitätsprüfung und Transport).

Prozesse sind zeitlich befristet. Der Zeitraum vom Start bis zum Ende des Prozesses wird als dessen Durchlaufzeit bezeichnet.

Zur Durchführung von Prozessen werden Ressourcen in Form von menschlicher Arbeitskraft und Sachmitteln (z. B. Datenverarbeitungs- und Kommunikationssysteme) benötigt.

An der Durchführung eines Prozesses sind typischerweise mehrere Organisationseinheiten (z. B. Vertrieb, Produktion, Verwaltung) beteiligt.

3. Hinweise zur Lösung
Die Merkmale von Prozessen lassen sich grafisch darstellen.

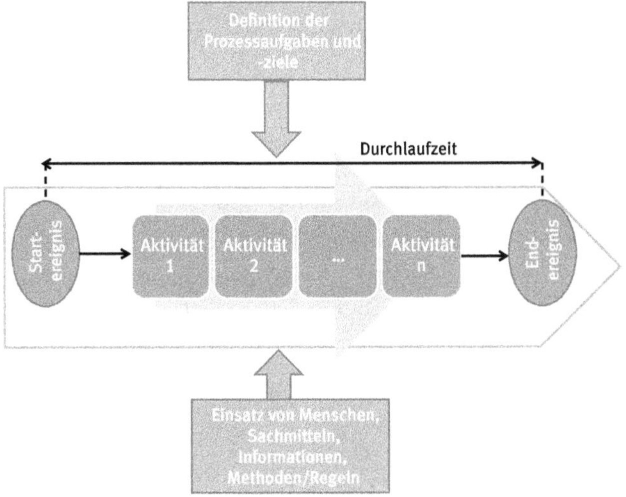

Abb. 1.15: Merkmale von Prozessen, Quelle: Eigene Darstellung.

4. Literaturempfehlungen

Nicolai, Christiana (2023): Betriebliche Organisation, 4. Aufl., Konstanz/München, S. 196 ff.
Vahs, Dietmar (2023): Organisation: Ein Lehr- und Managementbuch, 11. Aufl., Stuttgart, S. 261 ff.

Aufgabe 2: Prozessarten

Wissen, Verstehen
10 Minuten

---

1. Fragestellung

Differenzieren Sie bitte zwischen den Prozessarten nach Marktbezug, nach Art der Tätigkeit und nach Prozessgegenstand. Geben Sie dazu Beispiele an.

2. Lösung

Nach Marktbezug gibt es Primärprozesse. Das sind solche Prozesse, die unmittelbar an der Wertschöpfung beteiligt sind (z. B. Bearbeitung von Kundenaufträgen). Des Weiteren gibt es Sekundärprozesse (indirekte Leistungsprozesse). Das sind Prozesse ohne unmittelbaren Marktbezug (z. B. Wartung maschineller Anlagen).

Nach Art der Tätigkeit gibt es Kernprozesse (= Geschäftsprozesse). Das sind Prozesse, die im besonderen Maße erfolgskritisch sind (z. B. Modellentwicklung in der Automobilindustrie, Kreditvergabe in Banken, Anlageberatung in Finanzdienstleistungsunternehmen). Des Weiteren gibt es Managementprozesse. Das sind Prozesse zur Festlegung von Unternehmenszielen und zur Steuerung/Kontrolle der Zielerreichung (z. B. die Leitung einer Abteilung). Schließlich gibt es unterstützende Prozesse (= Supportprozesse). Das sind Prozesse, die den reibungslosen Ablauf von Kern- und Managementprozessen sichern. Zum Beispiel werden Callcenter-Aktivitäten als Supportprozesse gesehen und sogar ausgelagert.

Nach dem Prozessgegenstand gibt es materielle Prozesse. Diese beziehen sich auf Aktivitäten, die an oder mit physisch greifbaren Objekten (Rohstoffe, Halb- und Fertigfabrikate, Hilfs- und Betriebsstoffe) vorgenommen werden. Der Bezug von Erzen für ein Stahlwerk kann als materieller Prozess gesehen werden. Informationsprozesse beziehen sich auf den Austausch und die Verarbeitung von Informationen. So ist die Entwicklung und Anwendung einer Software-Applikation („App“) ein typischer Informationsprozess.

3. Hinweise zur Lösung

Die folgende Abbildung gibt einen Überblick zu den Prozessarten.

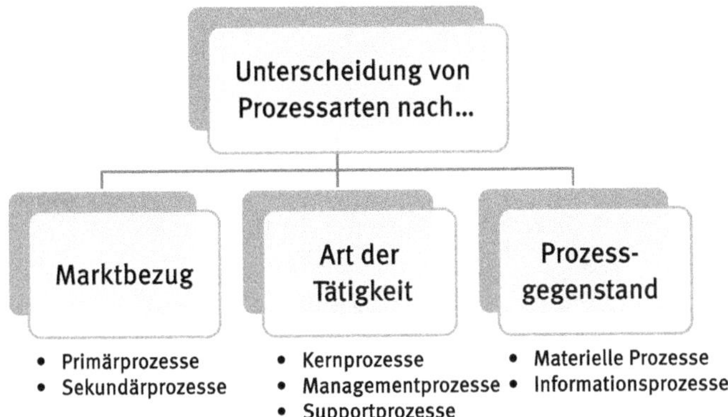

Abb. 1.16: Unterscheidung von Prozessarten, Quelle: In Anlehnung an Vahs 2023, 11. Aufl., S. 264.

4. Literaturempfehlungen

Nicolai, Christiana (2023): Betriebliche Organisation, 4. Aufl., Konstanz/München, S. 197 ff.
Vahs, Dietmar (2023): Organisation: Ein Lehr- und Managementbuch, 11. Aufl., Stuttgart, S. 263 ff.

Aufgabe 3: Prozessketten

Wissen, Verstehen
10 Minuten

1. Fragestellung

Wie lassen sich Prozessketten darstellen? Verwenden Sie die Darstellungsweise des Flussdiagramms.

2. Lösung

Die folgende Abbildung gibt ein Beispiel für ein Flussdiagramm. Abgebildet ist die Verkettung von Start, Aktivitäten, Verzweigungen, Sprungstellen und dem Ende des Prozesses.

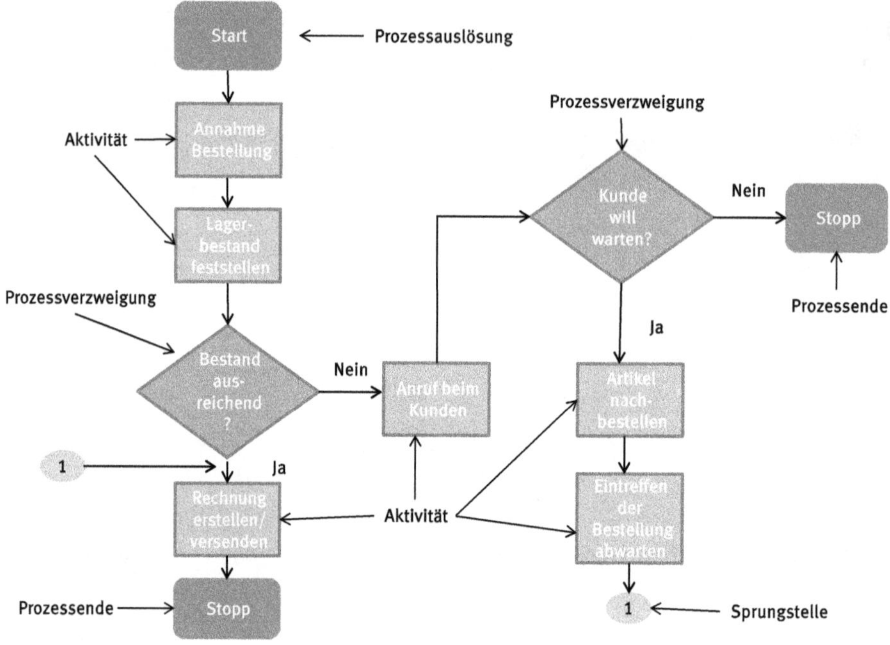

Abb. 1.17: Beispiel einer Prozessdarstellung durch ein Flussdiagramm, Quelle: Eigene Darstellung.

3. Hinweise zur Lösung

Der Prozess kann zum Beispiel durch einen Kunden ausgelöst werden, was zum Start des Prozesses führt. Es folgen Aktivitäten – in diesem Beispiel die Annahme der Bestellung und die Feststellung des Lagerbestandes. Prozessverzweigungen sind binär ausgerichtet („Ja" oder „Nein"). Diese führen zu weiteren Aktivitäten. Ist, wie in dem Beispiel, der Bestand ausreichend, so kann der Kunde beliefert werden und zugleich eine Rechnung erstellt werden. Damit ist der Prozess beendet. Sprungstellen verweisen auf weitere Ereignisse, die an das Flussdiagramm anschließen. Sie werden auch als Anschlusspunkte oder als Konnektoren bezeichnet. Hat sich, wie in dem Beispiel, der Kunde entschlossen, auf seine Bestellung zu warten, so wartet auch der Auftragnehmer auf das Eintreffen der Bestellung durch seinen Lieferanten. Dieses Warten schließt an einen Zuliefererprozess an, der in dem Flussdiagramm nicht abgebildet ist.

Die Darstellung von Prozessketten, hier über ein Flussdiagramm, dient der Dokumentation ausgewählter Teile der betrieblichen Wertschöpfung. Die Prozessdokumentation ist wiederum die Arbeitsgrundlage zur Optimierung von Prozessabläufen. Es gibt einige Möglichkeiten, diese Prozesse zu optimieren (vgl. hierzu Kap. 1.3.4).

4. Literaturempfehlungen

Nagel, Michael/Mieke, Christian (2014): BWL-Methoden: Handbuch für Studium und Praxis, Konstanz/München, S. 310 ff.

Nicolai, Christiana (2023): Betriebliche Organisation, 4. Aufl., Konstanz/München, S. 199 ff.

1.3.4 Geschäftsprozessmanagement zur Gestaltung der Ablauforganisation

Fallstudie KaffeeLeben – Aufgabe F13

Wissen, Verstehen, Anwenden, Transfer
20 Minuten

---

1. Fragestellung

Florentine beobachtete lange Wartezeiten der Kunden. Auch Beschwerden gingen schon ein. Das wollten Roman und sie auf jeden Fall vermeiden. Eine innovative Lösung musste gefunden werden. Roman überlegte laut: „Na ja, eine Möglichkeit bei der Bestellung ist, dass du am Tresen wartest, bis das Produkt fertig gestellt ist. Wenn dann noch beraten wird, so wie wir es anpreisen, dann kann ein Kunde, der es eilig hat und „nur" guten Kaffee trinken möchte, davon ziemlich genervt sein. Bei einigen Schnellrestaurants bestellen die Kunden am Eingang mittels Touch Screen und bezahlen dort auch gleich. Der Kunde bekommt dann eine Nummer und geht erst zum Tresen, wenn er sein fertiges Produkt abholen kann."

a) Was halten Sie von Romans Vorschlag für die KaffeeLeben GmbH?
b) Was könnte eine Alternative sein, die auch die Wartezeiten verkürzt?

2. Anregungen für Ihre Diskussion der Lösung

a) Der Vorschlag von Roman würde zwar die Wartezeit am Tresen der Kunden extrem verkürzen, passt jedoch nicht zur Philosophie von KaffeeLeben. Hier soll kein Fließbandcharakter signalisiert werden, sondern hohe Qualität der Produkte und Zeit für den Kunden, verbunden mit einer professionellen Beratung, wenn dies gewünscht ist.
b) Eine mögliche Alternative zur Verkürzung der Wartezeiten am Tresen ist die dortige Bestellung und das Warten am Tisch, wo der Kaffee dann nach Fertigstellung serviert wird. Die Beratung könnte an einem separaten Stand neben dem Tresen stattfinden, so dass Kunden, die dies nicht wünschen, diese Möglichkeit einfach auslassen können. Noch besser wäre jedoch, wenn jeder Kunde bei Bedarf die Beratung erhielte. Der nächste Kunde würde sofort von einem anderen Barista bedient werden, weil keine Personalknappheit herrsche.

3. Literaturempfehlungen

Schulte-Zurhausen, Manfred (2014): Organisation, 6. Aufl., München, S. 81 ff.
Vahs, Dietmar (2023): Organisation: Ein Lehr- und Managementbuch, 11. Aufl., Stuttgart, S. 268 ff.

Aufgabe 1: Optimierung von Geschäftsprozessen

Wissen, Verstehen
18 Minuten

---

1. Fragestellung

Die Optimierung der Ablaufstruktur orientiert sich an Zeit-, Kosten- und Qualitätsgesichtspunkten. Dabei ist die Minimierung des Ressourceneinsatzes zu berücksichtigen. Entwickeln Sie anhand von Beispielen entsprechende Optimierungsmöglichkeiten.

2. Lösung

Es gibt sechs Möglichkeiten der Prozessoptimierung:

- Eliminieren nicht erforderlicher Aktivitäten
- Zusammenfassen von Aktivitäten
- Parallelisieren von Aktivitäten
- Beschleunigung der Aktivitäten
- Veränderung der Reihenfolge von Aktivitäten
- Hinzufügen einzelner Aktivitäten

Beim **Eliminieren** werden Tätigkeiten, die nicht primär wertschöpfend sind, weggelassen. Faktisch geht es um die Auslagerung von Prozessen. Dies können Doppelarbeiten oder Prüfschritte sein. Möglich ist aber auch, dass unterstützende Prozesse (vgl. Kap. 1.3.2), wie z. B. der Betrieb des Callcenters eines Versicherungsunternehmens, ausgelagert werden.

Beim **Zusammenfassen** erfolgt die sachliche und stellenbezogene Bündelung von Teilprozessen. Faktisch geht es um dessen Anreicherung (vgl. Job Enlargement). Zum Beispiel kann die Bestandspflege von Leasingverträgen mit der Erstellung von Neuangeboten für die Leasingnehmer zusammengefasst werden. Ein weiteres Beispiel: Die Fakturierung kann mit der Belieferung von Kunden in einem Prozess erfolgen, wobei es Ähnlichkeiten zum Parallelisieren gibt.

Beim **Parallelisieren** erfolgt die simultane Durchführung von sachlich unterschiedlichen Prozessen. Beispiel: Im Rahmen eines Kreditvergabeprozesses kann die Auszahlung an den Kreditnehmer parallel zum Risikocontrolling-Prozess erfolgen, im Rahmen dessen Ausfallrisiken in einem Risikoportfolio für die Bank erfasst werden. Durch das Parallelisieren verkürzen sich die Durchlaufzeiten.

Beim **Beschleunigen** von Aktivitäten geht es einmal mehr um die Verkürzung von Durchlaufzeiten. Dies wird in erster Linie durch die Automatisierung der Beschaffungs-, Produktions- und Absatzprozesse gewährleistet. Aber auch im Dienstleistungssektor schreitet die Automatisierung fort: Der Einsatz von Algorithmen bei Finanzdienstleistern ermöglicht beispielsweise höhere Grade der sogenannten Dunkelverarbeitungsquote. Die vollautomatisierte Vertragsabwicklung, von der Beitragsberechnung, über die Berechnung des Leistungsumfangs, bis hin zur Schadenregulierung, beispielsweise in der Kfz-Versicherung, reduziert Kosten und trägt zur Kundenzufriedenheit bei.

Die **Veränderung der Reihenfolge** von Aktivitäten ist insbesondere im Rahmen der Qualitätsverbesserung von Nutzen. Im Rahmen eines Personalauswahlprozesses von hochqualifizierten Bewerbern könnte sich beispielsweise herausstellen, dass die Personalverantwortlichen Persönlichkeitsmerkmale differenzierter beurteilen könnten, wenn sie bereits vor dem Assessmentcenter das Vorstellungsgespräch führen würden und nicht, wie bisher, danach.

Auch das **Hinzufügen** einzelner Aktivitäten kann zur Verbesserung der Prozessqualität beitragen. Im Rahmen der Selbstverpflichtung gegenüber den Stakeholdern des Unternehmens, aber auch bedingt durch gesetzliche Vorgaben (vgl. Kap. 1.3.1), ergibt sich die Notwendigkeit des Implementierens von zusätzlichen Prozessen zu den Geschäftsprozessen. Hierzu zwei Beispiele: Textilhersteller und Textilhändler haben im Rahmen ihres Qualitätsmanagements zusätzliche Audits zur Sicherstellung von Arbeitsschutz, ökologiegerechter Produktion und fairen Handels eingeführt und entsprechende Prozesse implementiert. Im Rahmen der Datenschutzgrundverordnung (DSGVO), die mit Wirkung vom 25. Mai 2018 zur verbindlichen EU-Richtlinie geworden ist, müssen die Unternehmen aller Branchen ab einer Mindestgröße Prozesse implementiert haben, die zusätzlich und explizit die Belange des Datenschutzes berücksichtigen.

3. Hinweise zur Lösung

In der folgenden Abbildung sind ausgewählte Möglichkeiten der Prozessoptimierung dargestellt.

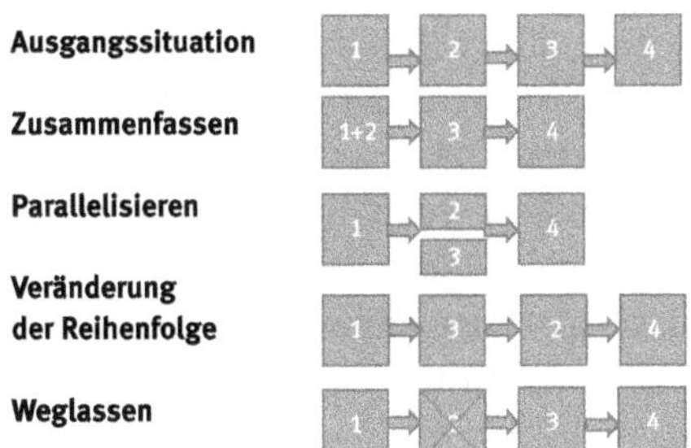

Abb. 1.18: Möglichkeiten der Prozessoptimierung, Quelle: In Anlehnung an Vahs 2023, 11. Aufl. S. 296.

4. Literaturempfehlungen

Fließ, Sabine (2006): Prozessorganisation in Dienstleistungsunternehmen, Stuttgart, S. 17 ff.
Vahs, Dietmar (2023): Organisation: Ein Lehr- und Managementbuch, 11. Aufl., Stuttgart, S. 291 ff.

Aufgabe 2: Revolutionäre und inkrementelle Geschäftsprozessoptimierung

---

Wissen, Verstehen
20 Minuten

---

1. Fragestellung

Die Graf Yoster Versicherung ist ein historisch gewachsener und etablierter Anbieter von Versicherungsdienstleistungen (u. a. Kfz, Haftpflicht, Hausrat, Wohngebäude, Leben, Betriebsausfall). In der Region hatte dieses Versicherungsunternehmen bis vor wenigen Jahren stabile Marktanteile und in manchen Sparten sogar hohe Wachstumsraten. Der demografische Wandel und der Trend zu Online-Versicherungsangeboten führten jedoch dazu, dass der Kundenstamm stagnierte und junge Kunden abwanderten. Es müssen, so der Vorstand, nun erhebliche Anstrengungen gemacht werden, um Bestandskunden zu halten sowie neue Kunden zu gewinnen. Deshalb wird auf der Vorstandsitzung die Notwendigkeit der Optimierung der Geschäftsprozesse diskutiert. Es gibt zwei Vorstandsmitglieder, die unterschiedliche Optimierungsansätze vertreten. Die Strategie-Vorständin, Frau Hurtig, studierte Informatikerin, ist der Ansicht, dass es einer radikalen Umwälzung und Neuausrichtung der Prozesse bedarf, um die Existenz der Graf Yoster Versicherung zu sichern. Sie selbst hatte in ihrer früheren Position als Chief Process Officier (CPO) eines am DAX 30 notierten Handelskonzern ein Business-Reengineering-Programm erfolgreich nach vorne gebracht. Es bedürfe eines „Bombenwurfes" seitens des Vorstandes, um Kosten-, Zeit-, Service- und schließlich Qualitätsvorteile zu realisieren. Selbstbewusst und energisch tritt Frau Hurtig auf. Sie sagt: „40 % der Filialen sollte man schließen. Die Verwaltung der Versicherungsbestände könnte an Kooperationspartner ausgelagert werden. Die Neukundengewinnung kann nur über ein eiligst aufzubauendes Internetportal funktionieren." Der Arbeitsdirektor und gelernter Versicherungskaufmann, Herr Dr. Igel, hat eine ganz andere Meinung: Es bedürfe einer eher evolutionären Anpassung der Prozesse an das sich verändernde Unternehmensumfeld. Er entgegnet ruhig: „Liebe Frau Kollegin Hurtig. Ich bin von der Notwendigkeit der Veränderung in unserem Hause überzeugt. Wir müssen jedoch unsere Bestandskunden und Mitarbeiterinnen und Mitarbeiter bei diesem Wandel mitnehmen."

Sie sind Assistent/Assistentin des Vorstandsvorsitzenden und werden gebeten, die gemachten Vorschläge zur Prozessoptimierung zu bewerten. Der Vorstand erwartet Ihre Einschätzung.

2. Lösung

Anhand von drei Charakteristika lässt sich beurteilen, welche Vorschläge für das regionale Versicherungsunternehmen erfolgsversprechend sind.

Die **Prozessphilosophie** ist in dem Beispiel mitunter geprägt von den Vorstellungen der Personen, die für den Wandel hauptverantwortlich sind. Es ist offensichtlich, dass Frau Hurtig von der Profession und von ihren bisherigen beruflichen Erfahrungen her von der schnellen „Machbarkeit" des Wandels überzeugt ist. Auch wenn ihr sicher bewusst ist, dass die organisationalen Bedingungen in der Assekuranz andere sind als in der Handelsbranche, glaubt sie an die schnelle und komplette Neugestaltung der Prozesse. Herr Dr. Igel hingegen kommt aus der Branche. Er weiß, wie wichtig es ist, die Besonderheiten der einzelnen Versicherungssparten in Bezug auf Policen-Entwicklung, Beitragsberechnung, Leistungsumfangsbestimmung und Regulierung zu berücksichtigen.

Die **Konsequenzen** des Business Reengineering und der inkrementellen Prozessoptimierung können unterschiedlicher nicht sein: Während ersteres die gesamte Prozesslandschaft neu prägt und funktionierende Strukturen möglicherweise zerstört, versucht die zweite die Prozesse schrittweise zu verbessern. Letzteres ist evolutionär ausgeprägt, was die ständige und stetige Wandelbereitschaft der Mitarbeiterinnen und Mitarbeiter notwendig macht.

Schließlich ist einzuschätzen, welcher der beiden diskutierten Wandelansätze **geeigneter und sinnhafter** ist. Bei hohem Wandlungsdruck scheint das Business Reengineering besser zu passen, als in einer Lage, die mit vorhandenen Zeitressourcen auskommt.

3. Hinweise zur Lösung

Die drei wesentlichen Charakteristika des Business Reengineering sowie der Philosophie der evolutionären, kontinuierlichen Verbesserung von Geschäftsprozessen sind in der folgenden Tabelle dargestellt.

Tab. 1.19: Charakteristika Business Reengineering und inkrementelle Prozessverbesserung, Quelle: Eigene Darstellung.

	Business Reengineering	Inkrementelle Prozessverbesserung
Prozessphilosophie	– Radikale Infragestellung der bisherigen Prozesse – Schnelle und komplette Neugestaltung der Prozesse	– Kontinuierliche Verbesserung der Prozessstruktur
Konsequenzen	– Design der Prozesse wird rasch verändert – Funktionierende Strukturen werden möglicherweise zerstört	– Vorhandene Prozesse werden verfeinert – Permanente Wandelbereitschaft erzeugt möglicherweise Unruhe
Sinnhaftigkeit und Eignung	– Unternehmen befindet sich in einer Krise und es besteht schneller Wandelbedarf	– Zeitfenster für den Wandel sind nicht zu kurz – Wandel ist in kleinen Lernschritten zu bewältigen

4. Literaturempfehlungen

Vahs, Dietmar (2023): Organisation: Ein Lehr- und Managementbuch, 11. Aufl., Stuttgart, S. 439 ff.

von der Oelsnitz, Dietrich (2009a): Die innovative Organisation: Eine gestaltungsorientierte Einführung, 2. Aufl., Stuttgart, S. 201 ff.

1.3.5 Wertschöpfungskette

Fallstudie KaffeeLeben – Aufgabe F14

Wissen, Verstehen, Anwenden, Transfer
20 Minuten

1. Fragestellung

Roman fand es zwar großartig, dass die Gründer für ihr Unternehmen so viel Wissen aus Florentines BWL-Studium nutzen konnten, aber irgendwie wollte er auch mal etwas einbringen. Und so brachte er an, dass sie noch eine Wertschöpfungskette aufstellen sollten. Die Analyse und Darstellung der Wertschöpfungskette vermittle einen guten Überblick über die Aktivitäten eines Unternehmens, so habe Roman gehört. Florentine fand es zunächst etwas schwierig, die allgemeine Wertschöpfungskette nach Porter aus ihren Lehrbüchern auf KaffeeLeben zu übertragen, aber war der Meinung, dass sie das im Austausch sicher hinbekämen und schließlich wäre es ja ganz gut zu wissen, wann bzw. wo im Unternehmen Wert generiert werde.

Entwickeln und zeichnen Sie die Wertschöpfungskette für KaffeeLeben.

2. Anregungen für Ihre Diskussion der Lösung

Ansätze einer Wertschöpfungskette von KaffeeLeben können wie folgt skizziert werden:

Abb. 1.19: Wertschöpfungskette von KaffeeLeben, Quelle: Eigene Darstellung.

3. Literaturempfehlungen

Schulte-Zurhausen, Manfred (2014): Organisation, 6. Aufl., München, S. 58 ff.

Vahs, Dietmar (2023): Organisation: Ein Lehr- und Managementbuch, 11. Aufl., Stuttgart, S. 260 ff.

Aufgabe 1: Wertschöpfende Aktivitäten und Wettbewerbsvorteile

---

Wissen, Verstehen
8 Minuten

---

1. Fragestellung

Im Konzept der Wertschöpfungskette von Porter wird von „wertschöpfenden Aktivitätsbereichen" gesprochen. Was verstehen Sie darunter? Beziehen Sie bei Ihren Ausführungen zwei Beispiele mit ein.

2. Lösung
„Wertschöpfende Aktivitätsbereiche“ beziehen sich auf Wettbewerbsvorteile (Kosten- oder Differenzierungsvorteile), deren Ressourcen in ausgewählten betrieblichen Funktionen (z. B. Logistik, Beschaffung, Produktion) zu lokalisieren sind. Wettbewerbsvorteile erhöhen die Gewinnspanne des Unternehmens. So kann beispielsweise ein Kostenvorteil darin begründet liegen, dass ein Unternehmen über eine Logistik verfügt, die einen geringeren Wertverzehr aufweist als der der Konkurrenz. Ebenso ist es möglich, dass kostengünstige Beschaffungsquellen existieren, die es dem Unternehmen in ihrer Verkaufspreiskalkulation erlauben, eine Preispolitik zu fahren, die unter dem Branchendurschnitt liegt. Wertschöpfend kann auch die Funktion des Marketings sein. Gelingt dem Unternehmen den Aufbau einer Marke (das ist ein Differenzierungsvorteil), so ist der Kunde eher bereit, höhere Verkaufspreise zu akzeptieren. Damit trägt die Marke zur Erzielung höherer Margen bei.

3. Hinweise zur Lösung
In der Wertschöpfungskette werden primäre und sekundäre Aktivitäten unterschieden. In der Wertschöpfungskette nach Porter wird davon ausgegangen, dass Eingangslogistik, Operationen (z. B. die Produktion), Marketing und Vertrieb, Ausgangslogistik und Kundendienst in erster Linie den Mehrwert bzw. die Wertschöpfung ermöglichen. Deshalb werden diese unter die primären Aktivitäten subsumiert. Es ist offensichtlich, dass eine hohe Kundenorientierung (vgl. Kundendienst) als erfolgskritischer Wettbewerbsvorteil zu sehen ist. Unterstützende Aktivitäten, wie z. B. Technologieentwicklung, Personalwirtschaft oder Infrastruktur, werden hingegen als sekundäre Aktivitäten verstanden. Nichtdestotrotz können auch diese Aktivitäten einen Mehrwert generieren. Letztlich sollte bei der Unternehmensanalyse sehr präzise ermittelt werden, welche Prozesse mehr und welche weniger erfolgskritisch sind (vgl. hierzu auch die Prozessarten).

4. Literaturempfehlungen
Macharzina, Klaus/Wolf, Joachim (2023): Unternehmensführung: Das internationale Managementwissen; Konzepte – Methoden – Praxis, 12. Aufl., Wiesbaden, S. 340 ff.

Welge, Martin K./Al-Laham, Andreas/Eulerich, Marc (2017): Strategisches Management: Grundlagen – Prozess – Implementierung, 7. Aufl., Wiesbaden, S. 364 ff.

Aufgabe 2: Wertschöpfende Aktivitäten in Dienstleistungsunternehmen

---

Wissen, Verstehen
15 Minuten

---

1. Fragestellung

Sie haben im Rahmen einer Geschäftsreise in einem Hotel übernachtet und gefrühstückt. Dabei haben Sie am Vorabend auch im dortigen Hotelrestaurant gespeist, die Bar besucht und vor dem Frühstück den Fitness- und Saunabereich genutzt. Legen Sie nun die Wertschöpfungskette nach Porter aus Abb. 1.19 zugrunde. Lässt sich die Wertschöpfungskette mit ihren primären und sekundären Aktivitäten auf ein Hotel- bzw. auf eine Hotelkette übertragen? Modifizieren Sie die wertschöpfenden Aktivitätsbereiche sinnvoll und erklären Sie, welche Aktivitäten im besonderen Maße die Gewinnspanne verbessern.

2. Lösung

Eine Übertragung der Wertschöpfungskette auf Hotelbetriebe ist indirekt möglich. Vor die Eingangslogistik sollte die Kundenakquise gestellt werden. Zur primären Aktivität eines Hotelbetriebes gehört die Akquise von Bestands- und Neukunden über Reiseveranstalter, Fremdenverkehrsämter, Verkehrsbetriebe, Kreditkartenanbieter etc. – also ein umfassendes Beziehungsmarketing, inklusive Werbung. Die Eingangslogistik umfasst vielfältige Aufgabenfelder, wie z. B. Lagerung von Lebensmitteln, Bereitstellung von Fitness- und Wellnessausstattungen sowie entsprechender Dienstleistungsangebote (Massage, Yoga u. a.) und bestimmt auch eine kundenfreundliche Rezeption. Während des Hotelaufenthalts geht es um die konkreten „Operationen", wie insbesondere die Beherbergung, Verpflegung respektive des gesamten Serviceprogramms in der Kontaktphase mit den Hotelbesuchern. Die Nachkontaktphase kann ebenfalls als primäre Aktivität verstanden werden. Diese knüpft einmal mehr an das umfassende Beziehungsmarketing an, so z. B. die Pflege einer Kundenkontaktdatenbank und des Beschwerdemanagements.

3. Hinweise zur Lösung

In der Grundstruktur der Wertschöpfungskette werden primäre und sekundäre Aktivitäten unterschieden. Diese Struktur ist jedoch „nicht in Stein gemeißelt". Schauen Sie sich doch die Branche an, in der Sie – sofern Sie dual oder berufsbegleitend studieren – tätig sind. Sehr schnell werden Sie primäre und sekundäre Aktivitäten identifizieren können, um anschließend zu analysieren, welche dieser Tätigkeiten die Wettbewerbsfähigkeit des Unternehmens ausmachen.

4. Literaturempfehlungen

Fließ, Sabine (2006): Prozessorganisation in Dienstleistungsunternehmen, Stuttgart, S. 50 ff.
von Freyberg, Burkhard/Zeugfang, Sabrina (2014): Strategisches Hotelmanagement, München, S. 48 ff.

Aufgabe 3: Outsourcing wertschöpfender Aktivitäten: Selbstherstellung oder Fremdbezug?

Wissen, Verstehen
15 Minuten

1. Fragestellung

Die XY GmbH, ein Hersteller von Elektroartikeln, ist ein mittelständisches, international agierendes Unternehmen mit hohen Produktstandards. Die Branche entwickelt sich positiv und der Markt wächst.

Es treffen sich der Produktionsleiter, der Beschaffungsleiter und die Assistentin der Geschäftsführung. Es geht dabei um eine elektronische Baugruppe zur Systemsteuerung. Diese Baugruppe ist eine wichtige Produktkomponente. Aufgrund der aktuellen Entwicklungen macht der Beschaffungsleiter den Vorschlag, die Fertigung dieser Baugruppe einem sogenannten Original Equipment Manufacturer (OEM) zu übertragen. Der Produktionsleiter läuft rot an und protestiert vehement. Die Assistentin der Geschäftsführung weiß noch nicht, wie sie ihrem Chef die Situation erklären soll.

Um bei dieser sogenannten Make-or-buy-Entscheidung das Für und Wider abzuwägen, sortiert die Assistentin der Geschäftsführung ihre Gedanken und überlegt sich, welche Kriterien in diese Entscheidung einfließen. Sie bereitet eine Präsentation vor, für die sie drei Kriterien zusammenstellt. Versetzen Sie sich nun in die Situation der Assistentin der Geschäftsführung. Sammeln Sie Argumente für die Fremdherstellung der Baugruppe zur Systemsteuerung und Argumente dagegen. Wägen Sie abschließend die Argumente gegeneinander ab und kommen Sie zu einer Entscheidungshilfe für die Geschäftsführung.

2. Lösung

Von Bedeutung sind die Kriterien Kosten, der Stellenwert der Abnehmer-Zulieferer-Beziehung und die Wissensperspektive. Diese drei Kriterien sind in der folgenden Tabelle angeführt.

Tab. 1.20: Vor- und Nachteile des Outsourcing, Quelle: Eigene Darstellung.

	Vorteile des Outsourcing	Nachteile des Outsourcing
Kosten	– Skalenvorteile von Original Equipment Manufacturer (OEMs) führen zu Kostenvorteilen, die weitergegeben werden können	– Berücksichtigung von Transaktionskosten, also Kosten der Anbahnung, Durchführung und Kontrolle von Verträgen
Abnehmer-Zulieferer-Beziehung	– Chance einer stabilen Wertschöpfungspartnerschaft	– Risiko der Abhängigkeit vom OEM
Wettbewerbsfaktor Wissen	– Partizipation am Systemwissen des OEM	– Wissens- und Kompetenzverlust, insbesondere, was Kernprozesse betrifft

3. Hinweise zur Lösung

Die Auslagerung eines Kernprozesses an einen OEM, in dem Fall an einen Hersteller für eine elektronische Baugruppe, erweist sich unter Kostenaspekten als vorteilhaft. Im Investitionsgütergeschäft liefern OEMs ihre Bauteile oft an (fast) alle Markenhersteller, ohne dass der Name des OEM faktisch auftaucht. Der OEM hat meist hohe Marktanteile, produziert daher hohe Stückzahlen mit entsprechenden Kostendegressionseffekten (Skalenvorteile). Die XY GmbH partizipiert an den Skaleneffekten und reduziert durch den Fremdbezug ihre Produktionskosten. Die Zusammenarbeit mit einem OEM ist jedoch mit Transaktionskosten verbunden. Diese lassen sich nicht im Detail beziffern. Die Kosten für die Prozesse der Anbahnung, Durchführung und Kontrolle des Zulieferervertrags können bis zu einem gewissen Grad kalkuliert werden (z. B. Qualitätskontrollen, Lieferantenbewertungen), sind aber eng mit dem Vertrauen gegenüber dem OEM verbunden. Dieses Vertrauen ist zugleich die Grundlage für eine stabile Wertschöpfungspartnerschaft zwischen Abnehmer und Zulieferer mit Erfolgschancen für beide Partner. Nicht selten spricht man von einer Win-win-Konstellation.

Ein wesentlicher Nachteil einer solchen Wertschöpfungspartnerschaft seitens des Abnehmers ist die mögliche Abhängigkeit vom OEM. Beispielsweise lassen sich führende Hersteller von Kopier- und Druckgeräten ihre Laseraggregate von OEM liefern, die faktisch wesentliche Kernprozesse des Abnehmers beherrschen. Kernprozesse basieren auf Wissen und Kompetenzen, die zunehmend in die Hand des OEM geraten. Durch die Zusammenarbeit gibt das abnehmende Unternehmen, z. B. im Rahmen der Produktentwicklung, Wissen und Kompetenzen an den OEM ab. Der OEM partizipiert immer mehr an der Wissens- und Kompetenzbasis des Abnehmers. Von daher ist, wie in dem Fall der XY GmbH geschildert, sehr gut nachzuvollziehen, dass der Produktionsleiter erhebliche Bedenken hat; nicht zuletzt im Bewusstsein der möglichen starken Abhängigkeit vom OEM.

Nichtsdestotrotz – und nun kommt die Assistentin der Geschäftsführung zu ihrer Bewertung – muss zur Kenntnis genommen werden, dass sich Wertketten, gerade im

Investitionsgütergeschäft, insbesondere durch Arbeitsteilung und Spezialisierung optimieren lassen. In dem Falle partizipiert die XY GmbH am Systemwissen des Zulieferers. Mögliche und faktische Abhängigkeiten sowie das strategische Risiko des Wissensverlustes sollten über vertragliche Regelungen zwischen der XY GmbH und dem OEM gestaltet werden.

4. Literaturempfehlungen

Gaitanides, Michael (2012): Prozessorganisation: Entwicklung, Ansätze und Programme des Managements von Geschäftsprozessen, 3. Aufl., München, S. 259 ff.

Molter, Bernd/Voigt, Stefan (2016): Kristronics – Wissensmanagement als Kompass in stürmischer See; in: Mertins, Kai/Seidel, Holger (Hrsg.), Wissensmanagement im Mittelstand, 2. Aufl., Berlin/Heidelberg, S. 281 ff.

1.3.6 Sinnstiftende Geschäftsprozesse

Aufgabe 1: Sinnbezug von Geschäftsprozessen

Wissen, Verstehen
15 Minuten

---

1. Fragestellung

Warum sollten Geschäftsprozesse nicht nur die betriebswirtschaftliche Wertschöpfung gestalten, sondern auch Sinn ergeben?

2. Lösung

Bezugnehmend auf die Anforderungen interner und externer Anspruchsgruppen sowie unternehmerischer Selbstverpflichtungen (vgl. Aufgabe 1 zum Geschäftsprozessmanagement im Kapitel 1.3.4) ist jedes Unternehmen an der Optimierung seiner Geschäftsprozesse interessiert. Hierbei bilden die wertschöpfungsrelevanten Faktoren Kosten, Qualität und Zeit die notwendigen Voraussetzungen für die Wettbewerbsfähigkeit. Die normative Einbindung wertschöpfender Aktivitäten über Sinn wird seit geraumer Zeit im Zusammenhang sogenannter Purpose-Driven-Organisations gefordert. Mitarbeiterinnen und Mitarbeiter, Kunden und Lieferanten als die zentralen Akteure entlang der Wertschöpfungskette erbringen nur dann Höchstleistungen respektive kaufen die Produkte und Dienstleistungen, wenn sie darin einen Sinn sehen.

3. Hinweise zur Lösung

Schon der Soziologe und Systemtheoretiker Niklas Luhmann konstatierte, dass wir als Menschen über unser Bewusstsein (psychisches System) mit unserem Handeln in Organisationen (soziales System) unweigerlich in einem Sinnbezug stehen. Was in der sozialwissenschaftlichen Reflexion sozusagen die „Nicht-Hintergehbarkeit" von Sinn betrifft, deckt sich mit unserem unmittelbaren Erleben und Handeln in der Unternehmenswirklichkeit. Aktivitäten, die wir als „sinnlos" erfahren und bewerten, werden nur halbherzig vollzogen bzw. früher oder später aufgegeben. Dies schlägt sich insbesondere in Bezug auf die Motivation im Arbeitsgeschehen nieder. Der Zweck, der „Purpose", bietet darüber hinaus die Sinnstiftung und Orientierung, die sich auch andere Anspruchsgruppen wünschen. Der Global Purpose Index 2022 zeigt, dass in Deutschland mehr als die Hälfte der Arbeitnehmenden den Zweck bzw. den Purpose als ihre vorrangige Quelle der Motivation in ihrer Arbeit sehen. Aus dem Index lassen sich weitere Performance-Vorteile ablesen, die gerade für die Organisation von Geschäftsprozessen von Bedeutung sind: die Gewinnung von Neukunden und die Bindung von Stammkunden sowie der wertschätzende Umgang mit Zulieferern.

4. Literaturempfehlungen

Imperative Group Inc./LinkedIn Inc. (Hrsg.) (2022): Workforce Purpose Index, New York 2022 PDF online unter https://www.imperative.com/2022-workforce-purpose-index (Abruf am 18.03.2024)

Luhmann, Niklas (2018): Soziale Systeme: Grundriß einer allgemeinen Theorie, 18. Aufl., Frankfurt am Main, S. 92 ff.

Möller, Michael/Fink, Franziska (2020): Sinnstiftend und komplexitätsgerecht. Die fünf Disziplinen der Purpose Driven Organisations, in: zfo-Zeitschrift Führung+Organisation, 89. Jg., H. 4, S. 212 ff.

Aufgabe 2: Purpose in der Unternehmenspraxis

Anwenden, Transfer
30 Minuten

---

1. Fragestellung

Folgendes Praxisbeispiel dient als Grundlage für die Fragestellung: Das Unternehmen Starbucks wurde vor über 50 Jahren in den USA gegründet und entwickelte sich von einer kleinen Kaffeerösterei zu einem Weltkonzern mit 17.000 Standorten in über 50 Ländern der Erde. Dem Leitbild von Starbucks ist folgender Zweck zu entnehmen: „Wir möchten Menschen Tasse für Tasse und in jeder Umgebung inspirieren und fördern." Starbucks stellt sich in seinem Leitbild als „verantwortungsbewusstes Unternehmen" dar, wobei drei Aspekte besonders hervorgehoben werden: „ethisch einwandfreier Handel", „Förderung von Umweltbewusstsein" und „Engagement in unseren Gemeinden". Der zuletzt genannte Aspekt konkretisiert sich über das Programm „Feeding America", welches 2016 ins Leben gerufen wurde. Unverkaufte Lebensmittel aus tausenden von US-amerikanischen Starbucksfilialen werden seitdem an lokale Lebensmittelbanken und -ausgaben („Tafeln") gespendet.

Wenn Sie dual studieren, recherchieren Sie, ob Ihr Kooperationsunternehmen vergleichbaren Gemeinsinn aktiviert. Sollte das nicht der Fall sein, so ist die Recherche auch auf ein beliebiges Unternehmen in der eigenen Branche oder auf prominente Unternehmensbeispiele zu beziehen.

2. Lösung

Unabhängig von Branche und Unternehmensgröße gibt es eine Vielzahl von Unternehmen, die den Gemeinsinn in die normative Managementebene integriert haben. Gelebte Unternehmensphilosophien und -kulturen sowie explizite Unternehmenspolitiken – man denke an Unternehmensleitbilder – zeugen davon. Auf der strategischen Managementebene erzeugt Gemeinsinn ein mögliches Alleinstellungsmerkmal im Sinne eines Reputationsvorteils, der auch zum Wettbewerbsvorteil gegenüber der Konkurrenz werden kann. Schließlich bezeugen entsprechende Aktivitäten auf der operativen Managementebene die Glaubwürdigkeit gelebten Gemeinsinns. Das obige Beispiel von Starbucks untermauert dies auf exemplarische Weise: Lebensmittel werden nicht vernichtet, sondern Bedürftigen zur Verfügung gestellt.

3. Hinweise zur Lösung

Wer das Thema Purpose in der Unternehmenspraxis vertiefen möchte, dem sei das Buch von Frederick Laloux empfohlen. Der Autor lokalisiert „green organizations", welche die pluralen Stakeholderinteressen in ihren Unternehmensprozessen im Spannungsfeld von ökonomischen, sozialen und ökologischen Zielen besonders zu berücksichtigen versuchen. In diesem Buch werden auch viele Beispiele internationaler Unternehmen angegeben.

4. Literaturempfehlungen

Kuhrcke, Tim/Jahn, Jens/Rusinek, Hans (2020): Purpose statt Aktionismus. Schafft Mut zu Neuem in Krisenzeiten, in: zfo-Zeitschrift Führung+Organisation, 89. Jg., H. 4, S. 225 ff.

Laloux, Frederic (2014): Reinventing Organzisations. A Guide to Creating Organisations Inspired the Next Stage of Human Consciousness, Brüssel, S. 30 ff. bzw. gesamtes Werk.

Starbucks (2024): https://starbucksjobs.de/de/arbeiten-bei-starbucks/#:~:text=Wir%20m%C3%B6chten%20Menschen%20Tasse%20f%C3%BCr,jeder%20Umgebung%20inspirieren%20und%20f%C3%B6rdern.&text=Wir%20schaffen%20ein%20Gef%C3%BChl%20von,die%20Ergebnisse%20unserer%20Handlungen%20ein (Abruf am 10.5.24).

Aufgabe 3: Unternehmensleitbilder zur normativen Gestaltung von Geschäftsprozessen

Wissen, Verstehen
15 Minuten

1. Fragestellung

Was ist ein Unternehmensleitbild? Welche Ziele und Funktionen müssen erfüllt sein, um Geschäftsprozesse sinnhaft zu gestalten?

2. Lösung

Ein Unternehmensleitbild beinhaltet Vision, Mission und Ziele eines Unternehmens. Oft wird vom „Grundgesetz“ eines Unternehmens gesprochen. Die Vision gibt vor, wohin sich das Unternehmen bewegen möchte, z. B. in Richtung eines nachhaltigen Finanzdienstleistungsunternehmens oder es ist das Zukunftsbild eines globalen Lebensmitteleinzelhändlers, der die Lebenshaltungskosten der Weltbevölkerung senken möchte. Mit der Vision versucht ein Unternehmen die positiv gewünschten Aspekte von der Zukunft her zu denken. Die Mission beschreibt, was das Unternehmen faktisch schon tut, umreißt daher den konkreten Auftrag, wie z. B. die Tätigkeit als Absatzmittler für Privat- und Nutzfahrzeuge. Sach- und Formalziele umreißen die Zielebene eines Unternehmens. Erstere sind ökonomische, soziale und ökologische Ziele, die sich in den zweiteren konkretisieren, z. B. Renditeziele, Ziele zur Reduzierung des ökologischen Fußabdrucks, Beschäftigungsgarantien für die Mitarbeiterinnen und Mitarbeiter.

Auch wenn ein Leitbild die Geschäftsprozesse noch nicht vollends konkretisiert, formuliert es die Verhaltensgrundlagen, die sich auf die Organisation, auf deren Mitglieder und auf das Organisationsumfeld beziehen. Für die drei genannten Bereiche übernehmen Unternehmensleitbilder folgende Funktionen: Orientierung, Zusammenhalt, Koordination, Prioritätensetzung, Stabilisierung und Verfahrensvereinfachung. Insbesondere der Aspekt der Verfahrensvereinfachung bietet einen Handlungsrahmen für Geschäftsprozesse, in dem z. B. alltägliche Abläufe besser, schneller und vor allem verantwortungsvoll gestaltet werden können.

3. Hinweise zur Lösung

Sinnstiftende Geschäftsprozesse sind dann effektiv, wenn diese bereits auf der normativen Managementebene – also im Leitbild – formuliert sind. Beispielsweise möchte ein mittelständisches Lebensmittelproduktionsunternehmen gesundheitsbewusste Produkte herstellen. Damit korrespondierende Grundwerte sind vom Unternehmensgründer über eine Unternehmensphilosophie geprägt worden und werden auch in der Unternehmenskultur von den Mitarbeiterinnen und Mitarbeitern gelebt. Im Fokus stehen Kunden, die sich bewusst ernähren möchten oder aus gesundheitlichen Gründen dazu angehalten sind. Das Unternehmen sucht sich gezielt nur solche Lieferanten aus, die entsprechende hoch qualitative Rohstoffe dauerhaft anbieten können. Es wählt Produktionsprogramme und -systeme, die eine besonders hochwertige Verarbeitung der bezogenen Zutaten garantieren. Ein entsprechend ausgefeiltes Qualitätsmanagementsystem wird hierzu entwickelt. In den letzten Jahren hat das Unternehmen den Markt für glutenfreie Lebensmittel für sich entdeckt, entsprechende Zielgruppen ausgemacht und erkannt, dass die Kundenwünsche durch die vorhandenen Produktionsprogramme gut abgedeckt werden. Eine entsprechende Produktpolitik mit preispolitischen Instrumenten wurde festgelegt: Man möchte ernährungsbewusste aber auch unter Lebensmittelallergien leidende Kunden ansprechen, die bereit sind, einen höheren Preis für die glutenfreien Lebensmittel zu zahlen. Dazu wird eine Differenzierungsstrategie gewählt. Hiermit ist auch die strategische Managementebene umrissen, die gleichermaßen klare Vorgaben für das operative Tagesgeschäft macht.

4. Literaturempfehlungen

Scharmer, C. Otto (2020): Theorie U – Von der Zukunft her führen. Presencing als soziale Technik, 5. Aufl., Heidelberg, S. 327 ff.

von der Oelsnitz, Dietrich/Becker, Jelena, K. (2017): Sinnerfülltes Arbeiten. Die Basis von Initiative und Wohlbefinden; in: Zeitschrift für Führung und Organisation (ZfO), 86. Jg., Nr. 1, S. 4 ff.

1.4 Organisationsentwicklung

1.4.1 Grundlagen der Organisationsentwicklung

Fallstudie KaffeeLeben – Aufgabe F15

Wissen, Verstehen, Anwenden, Transfer
20 Minuten

---

1. Fragestellung

„Na, da bin ich aber froh, dass wir die Organisation nun erledigt haben“, gab Roman zum Besten. „Mein Lieber, da täuschst du dich gewaltig“, säuselte Florentine, „denn nichts ist so beständig wie der Wandel.“ Florentine war ja immer ein wenig übermotiviert, fand Roman, den Spruch hatte er allerdings auch schon des Öfteren gehört. „Naja, wir sind ja nicht in der IT“, dachte Roman laut. Florentine zog die Augenbrauen hoch.

Überlegen Sie sich, inwieweit KaffeeLeben in Bezug auf eine Organisationsentwicklung mit einem IT-Unternehmen vergleichbar ist und inwiefern nicht.

2. Anregungen für Ihre Diskussion der Lösung

IT-Unternehmen sind sicher in einem dynamischeren Unternehmensumfeld tätig als KaffeeLeben. IT-Entwicklungen sind extrem schnelllebig. Insofern ist der Spruch für ein IT-Unternehmen selbstverständlich sehr passend. Jedoch trifft er auch auf KaffeeLeben zu, denn auch hier gibt es sehr viele Aspekte, die einen Anstoß für Veränderungen mit sich bringen können: einige offensichtliche, wie Konkurrenz, sowie einige nicht sofort erkennbare, wie schleichende Veränderungen in der Personalstruktur.

3. Literaturempfehlungen

Schulte-Zurhausen, Manfred (2014): Organisation, 6. Aufl., München, S. 347 ff.
Vahs, Dietmar (2023): Organisation: Ein Lehr- und Managementbuch, 11. Aufl., Stuttgart, S. 309 ff.

Aufgabe 1: Begriffliche Klärung

Wissen, Verstehen
10 Minuten

---

1. Fragestellung

Beschreiben Sie kurz das Wesen der beiden Begriffe Organisationsentwicklung und Change-Management.

Sowohl die Organisationsentwicklung als auch das Change-Management haben sich in der Organisationsrealität als gängige Phänomene etabliert. Gelegentlich kommt es zu einer gewissen Begriffsverwirrung, die geklärt werden sollte, um mit den hinter den Begriffen stehenden Prozessen umgehen zu können.

2. Lösung

Organisationsentwicklung (OE) ist meistens mittel- und langfristig angelegt (engl. Organization Development, Planned Change). Sie versucht optimale Voraussetzungen für einen Wandel bzw. Entwicklungen von Organisationen herzustellen. Entwicklung wird zum Veränderungsprinzip (mit den Bestandteilen Strukturen, Menschen und Führung). Sie befasst sich gleichermaßen mit harten Faktoren (z. B. Strukturen und Finanzen) als auch mit sogenannten weichen Faktoren (z. B. Kommunikation und Zusammenarbeit).

OE postuliert die sachgerechte Einbeziehung von den im Prozess betroffenen Menschen einer Organisation (Partizipation als Prinzip). Widerstände und Konflikte werden als konstruktiv in Lösungsansätze einbezogen (Postulat der prozessorientierten Steuerung). Die Maßnahmen, die einen OE-Prozess kennzeichnen, dienen vor allem der Hilfe zur Selbsthilfe (z. B. Coaching, Moderation und Training).

Change-Management (engl. Strategic Change, Organizational Change) ist demgegenüber in der Praxis nicht so scharf abgegrenzt und eher ein Sammelbegriff für alle Formen von Veränderungsprozessen. Oft wurde und wird der Ansatz von Change-Management funktional-technisch gesehen. Im Vordergrund stehen dann z. B. Restrukturierungen, Kostensenkungsprogramme oder Geschäftsprozessoptimierungen. Der zeitliche Ansatz ist eher kurz- bis mittelfristig.

Gleichwohl werden Vorhaben im Change-Management nicht auf die Elemente verzichten können, die OE in der Vergangenheit und in der Gegenwart erfolgreich gemacht haben, nämlich vor allem die oben genannten Prinzipien eines ganzheitlichen Organisationverständnisses sowie die Partizipation der vom Wandel Betroffenen im Prozess.

3. Übung und Reflexion

Überlegen Sie, wo Sie in letzter Zeit einen Veränderungsprozess erlebt haben, die eine Gemeinschaft betraf, der Sie selbst angehören oder angehörten. Das kann zum Beispiel ein Unternehmen sein, in dem Sie gearbeitet haben, oder ein Sportverein, in dem Sie Mitglied sind. Versuchen Sie nachzuvollziehen, ob bei dem entsprechenden Prozess tatsächlich die Betroffenen zu Beteiligten gemacht worden sind und beschreiben Sie einen, bei dem das nicht der Fall war. Vergleichen Sie die Erfolge der Prozesse.

Es ist nicht zwingend so, dass nur die Prozesse erfolgreich sind, in denen der genannte Grundsatz der Partizipation verfolgt wurde. Die Wirkung von Partizipation hängt davon ab, ob die Menschen, um die es geht, mündig sind und beteiligt werden wollen. Wo nur Befehl und Gehorsam zum Grundprinzip erhoben werden, sind Partizipationsprozesse für die Entscheider eher hinderlich, weil die Geführten in der Regel „die Hacken zusammenschlagen" und ausführen, was man ihnen vorgibt. Diese Gemeinschaften werden (zum Glück) immer seltener.

4. Literaturempfehlungen

Doppler, Klaus/Lauterburg, Christoph (2019): Change Management: Den Unternehmenswandel gestalten, Frankfurt/New York, S. 89 ff. (insbesondere S. 99 f).

Gairing, Fritz (2017): Organisationsentwicklung: Geschichte – Konzepte – Praxis, Stuttgart, S. 15.

Schiersmann, Christiane/Thiel, Heinz-Ulrich (2014): Organisationsentwicklung: Prinzipien und Strategien von Veränderungsprozessen, 4. Aufl., Wiesbaden, S. 3 ff.

Vahs, Dietmar (2023): Organisation: Ein Lehr- und Managementbuch, 11. Aufl., Stuttgart, S. 416.

Aufgabe 2: Das Drei-Phasen-Modell von Kurt Lewin

Wissen, Verstehen
15 Minuten

---

1. Fragestellung

Was beinhaltet das sogenannte Drei-Phasen-Modell von Kurt Lewin im Zusammenhang mit der Organisationsentwicklung?

Bis heute beziehen sich viele Organisationsentwicklungsprozesse auf das grundlegende Modell von Kurt Lewin. Die Klärung seiner Ansätze für die Organisationsentwicklung, die ihre Gültigkeit nicht verloren haben, sind deshalb zunächst in den Blick zu nehmen.

2. Lösung

Kurt Lewin geht in seinen Überlegungen davon aus, dass Organisationen dadurch gekennzeichnet sind, dass es Kräfte gibt, die einen Wandel vorantreiben, und solche, die ihn verhindern. Er nennt diese die Driving Forces und die Restraining Forces. In der Vorstellung von Lewin befinden sich diese beiden Kräfte normalerweise im Gleichgewicht. Wer in einer Organisation einen Wandel herbeiführen will, muss deshalb entweder in der Vorstellung von Lewin die Driving Forces stärken oder die Restraining Forces reduzieren.

Aus dem, was er auch aus seiner sozialpsychologischen Forschungsarbeit ableitete, hat er ein Drei-Phasen-Modell entwickelt, das bis heute überaus viele OE-Ansätze dominiert.

Tab. 1.21: Drei-Phasen-Modell von Kurt Levin, Quelle: In Anlehnung an Vahs 2023, 11. Aufl., S. 436.

Drei-Phasen-Modell von Kurt Lewin	
Phase	**Überlegungen**
Auftauen (Unfreezing)	Planung, Befunde, Einbindung
Ändern (Moving)	Strategien, Ziele, Konzepte, Realisierungspläne
Wiedereinfrieren (Refreezing)	Stabilisierung, Institutionalisierung

In der Phase des **Unfreezing** geht es um die Planung von Veränderungsprozessen, Ermittlung von Befunden, die die Situation der Organisation beschreiben, und das Einbeziehen der von den Veränderungen Betroffenen. Es geht also um die sehr profunde Überzeugung, dass Betroffene zu Beteiligten gemacht werden sollten, wenn die Wahrscheinlichkeit der Veränderung steigen soll.

In der Phase des **Moving** sind die Entwicklung von Strategien und Zielen, die Ausarbeitung von detaillierteren Konzepten und die Aufstellung von Realisierungsplänen wichtig und Gegenstand der Überlegungen. Am Ende der Phase steht dann die Umsetzung der geplanten Maßnahmen.

In der **Refreezing-Phase** ist die Stabilisierung der neuen Struktur oder Kultur Gegenstand der Bemühungen. Die neuen Prozesse gilt es dann zu institutionalisieren. Am Ende steht das Controlling der Veränderung.

3. Hinweis zur Lösung

Unstrittig ist in der Literatur, dass Kurt Lewin (1890–1947) als der Begründer der Organisationsentwicklung gelten kann. Lewin selbst hat noch nicht von Organisationsentwicklung gesprochen. Die Schüler des relativ früh verstorbenen Lewin haben die OE als angewandte Sozialwissenschaft vorangetrieben. Dabei sind zum Beispiel die von Lewin entwickelten forschungsmethodischen Grundlagen, die Aktionsforschung oder die Konstrukte der Gestalttheorie bedeutsam. Hinzu kommen sozialpsychologische Analysen und Erkenntnisse der Gruppenforschung.

Die bereits erwähnte Grundhaltung, Betroffene zu Beteiligten zu machen, spiegelt sich in der Anwendung der sogenannten Survey-Feedback-Methode wider. Im Rahmen der Methode werden zunächst Daten erhoben (in der Regel durch eine Befragung, „Survey“). In einem zweiten Schritt werden die Daten an die Befragten zurückgegeben (Feedback). Neben dem Effekt, dass durch diese Methode die Akzeptanz der geplanten Maßnahmen erhöht wird, ist es wichtig, darauf hinzuweisen, dass durch die Methode Lernerfahrungen initiiert werden und die Problemlösungsfähigkeit der Beteiligten gesteigert wird. Letzteres lässt im günstigen Fall eine Erhöhung der Veränderungsfähigkeit der beteiligten Menschen sowie der Veränderungsfähigkeit in der gesamten Organisation erwarten. Dass diese Fähigkeit aktuell und in Zukunft von größter Bedeutung ist, wird in den Folgefragen noch ein Thema sein.

Das Drei-Phasen-Modell von Lewin ist im Laufe der Zeit durch viele andere Modelle ergänzt worden. Dazu gehören u. a. die Modelle von Senge, Kotter und Krüger, die an dieser Stelle nicht weiter behandelt werden, jedoch weiterführende Ideen beinhalten.

4. Literaturempfehlungen

Gairing, Fritz (2017): Organisationsentwicklung: Geschichte – Konzepte – Praxis, Stuttgart, S. 46 ff.

Kotter, John P. (2012): Leading Change, Boston (gesamtes Werk).

Krüger, Wilfried (2014): Excellence in Change: Wege zur strategischen Erneuerung, 5. Aufl., Wiesbaden (gesamtes Werk).

Schulte-Zurhausen, Manfred (2014): Organisation, 6. Aufl., München, S. 358 ff.

Senge, Peter M. (2011): Die fünfte Disziplin: Kunst und Praxis der lernenden Organisation (Systemisches Management), Stuttgart (gesamtes Werk).

Vahs, Dietmar (2023): Organisation: Ein Lehr- und Managementbuch, 11. Aufl., Stuttgart, S. 430 ff.

1.4.2 Gründe für Organisationsentwicklungsprozesse

Fallstudie KaffeeLeben – Aufgabe F16

Wissen, Verstehen, Anwenden, Transfer
20 Minuten

---

1. Fragestellung

Roman ahnte schnell, dass ein Überdenken aller Prozesse und Strukturen nie vorbei sein würde und lauschte Florentines Erklärungen: „Markt- und Wettbewerbsbedingungen verändern sich und darauf müssen wir reagieren. Das kann unsere strategische Ausrichtung, unser Leistungsprogramm, die Unternehmenskultur, die Prozessabläufe, die eingesetzten Technologien und noch vieles mehr betreffen. Alle diese Veränderungen tangieren mehr oder weniger die Organisationsstrukturen von KaffeeLeben. Unternehmen, die nachhaltig erfolgreich sein wollen – so wie wir, Roman, – sind in der Lage, ihre Organisationsstrukturen immer wieder schnell und flexibel an entstehende Herausforderungen anzupassen. Das ist sogar ein entscheidender Erfolgsfaktor.“ Roman merkte, dass er die Tätigkeit als Geschäftsführer ganz schön unterschätzt hatte. Aber selbstverständlich sah er das ein. Und schließlich machte es ja auch Spaß, wenn man Erfolg hatte.

Überlegen Sie sich Beispiele für einen Organisationsentwicklungsprozess bei KaffeeLeben.

2. Anregungen für Ihre Diskussion der Lösung

Einige mögliche Beispiele für den Anstoß eines notwendigen Organisationsentwicklungsprozesses sind:

- Eröffnung einer neuen konkurrierenden Kaffee-Kette
- Veränderung der Rohstoffpreise für Kaffee
- Auswahl neuer Lieferanten aufgrund von Qualitätseinbußen bei den Kaffeebohnen aus den bisherigen Bezugsquellen
- Änderungen in den Gewohnheiten der „Lauf-Kundschaft“ durch regionale Strukturveränderungen in den Vororten der Großstädte, wo die KaffeeLeben GmbH ihre Filialen betreibt
- Wertewandel in der Gesellschaft
- Arbeitsmarktveränderungen
- ...

3. Literaturempfehlungen

Schulte-Zurhausen, Manfred (2014): Organisation, 6. Aufl., München, S. 347 ff.

Vahs, Dietmar (2023): Organisation: Ein Lehr- und Managementbuch, 11. Aufl., Stuttgart, S. 309 ff.

Aufgabe 1: Die VUCA-World

Wissen, Verstehen
15 Minuten

---

1. Fragestellung

Beschreiben Sie das Phänomen der sogenannten VUCA-World.

Organisationsentwicklungsprozesse werden nicht aus dem „luftleeren“ Raum heraus initiiert, sondern sind rational begründbar. Sie sind das Ergebnis von Phänomenen aus der Organisationsumwelt. Diese ergeben sich aktuell und schon seit längerer Zeit aus der beobachtbaren Beschleunigung wirtschaftlicher Prozesse und Veränderungen, einer globalisierungsinduzierten Wettbewerbsverschärfung und einer zunehmenden Ressourcenknappheit mit den daraus ableitbaren Auseinandersetzungen. Diesen veränderten und sich ständig verändernden Bedingungen müssen sich Organisationen stellen, wenn sie überlebensfähig bleiben wollen.

In vielen Fällen geht es dabei nicht um mehr oder weniger überschaubare Veränderungen, sondern um massive Transformationen in einer Welt, die sich verändert. Die aktuell beobachtbaren Bemühungen, die sich aus der Digitalisierung ergeben, sind sicher in ihrem gesamten Ausmaß noch nicht klar, gehören allerdings zu dem Kontext, dem sich Unternehmen heute stellen müssen. Die Zusammenhänge werden schlagwortartig in dem Begriff VUCA-World umschrieben, der erklärungsbedürftig ist und deshalb zunächst dargestellt werden sollte.

2. Lösung

Bei dem Begriff VUCA handelt es sich um ein Akronym (Kürzung und Zusammenfassung von Wörtern auf ihre Anfangsbuchstaben). VUCA beschreibt vier zentrale Begriffe, die sich in der Unternehmenswirklichkeit als wesentlicher Rahmen ergeben haben. Als VUCA-*World* wird eine Unternehmensumwelt bezeichnet, die das gleichzeitige Auftreten der vier Phänomene thematisiert und auf die Schwierigkeiten verweist, die sich mit den Bestandteilen der VUCA-World verbinden lassen.

Tab. 1.22: Die vier Dimensionen der VUCA-World, Quelle: In Anlehnung an Gairing 2017, S. 175 und der dort angegebenen Quelle.

Dimension	Erläuterung
Volatility (Volatilität)	Es lassen sich sowohl eine signifikante Erhöhung der Veränderungsgeschwindigkeit als auch Unbeständigkeiten von Rahmenbedingungen der Organisationen feststellen.
Uncertainty (Unsicherheit)	Die Unkenntnis der kausalen Beziehungen der Akteure und Rahmenbedingungen innerhalb und außerhalb von Organisationen hat zugenommen; Wahrscheinlichkeit disruptiver (zerstörerischer) Entwicklungen und daraus ableitbarer Wegfall ganzer Geschäftsmodelle ist gestiegen.
Ambiguity (Ambiguität)	Die Mehrdeutigkeit von Informationen und Sachverhalten ist vielfältig beobachtbar und führt dazu, dass eindeutige Interpretationen vielfach nicht mehr möglich sind.
Complexity (Komplexität)	Die vielen Komponenten von Organisationen sind miteinander vielfältig verflochten und lassen sich in ihren Wechselwirkungen zunehmend nicht mehr berechnen oder planen.

3. Übung

Suchen Sie bitte anschauliche Phänomene aus Ihrem eigenen Lebensumfeld, um sich die Begriffe und das damit verbundene Phänomen der VUCA-World zu veranschaulichen und einzuprägen.

4. Literaturempfehlungen

Gairing, Fritz (2017): Organisationsentwicklung: Geschichte – Konzepte – Praxis, Stuttgart, S. 173 ff.

Aufgabe 2: Die Boiling-Frog-Parabel

Wissen, Verstehen
15 Minuten

---

1. Fragestellung

Was macht den Organisationswandel so schwer? Beschreiben Sie, wenn Sie sie kennen, die Boiling-Frog-Parabel (vgl. Senge, P. 2011, zitiert in Gairing, F. 2017, S. 173).

Generationen von Organisationsentwicklern sind in den vergangenen Jahrzehnten durch Unternehmen gezogen und haben die Ideen einer OE fast schon missionarisch in das jeweilige Umfeld getragen. So schön, wie sich der Begriff vielleicht anhört und manches Konzept zur Organisationsentwicklung aussieht, so schwer ist es in vielen Fällen, Organisationsentwicklungsprozesse einzuleiten und umzusetzen. Woran liegt das? Dies zu verdeutlichen, dient die Parabel des Boiling-Frog von Peter Senge.

2. Lösung

Setzt man einen Frosch in einen Topf mit heißem Wasser, springt er sofort wieder aus dem Wasser heraus. Setzt man ihn hingegen in kaltes Wasser, das nach und nach erwärmt wird, bleibt er sitzen, fühlt sich vielleicht sogar wohl, wird allerdings am Ende lethargisch und unfähig, den Topf zu verlassen.

Die Moral der Geschichte ist, dass wir uns in einer Umgebung, die warm und wohlig ist, auch tatsächlich wohlfühlen. Veränderungen, deren Wirkung letztlich nicht positiv ist, werden für uns nicht deutlich spürbar. Eine existenzielle Bedrohung nicht wahrzunehmen, ist dann hochproblematisch. Am Ende besteht die Gefahr, dass ein Entkommen aus einer Situation, die überlebensbedrohlich ist, unmöglich wird. Unternehmen und die Menschen in den Unternehmen, die maßgebliche Veränderungen nicht wahrnehmen und in ihrer Wirkung nicht realistisch einschätzen, gehen im schlimmsten Fall zugrunde.

3. Übung

Versuchen Sie, Unternehmen zu identifizieren, die in den letzten Jahren in existenzielle Schwierigkeiten geraten sind, weil sie wesentliche Veränderungen nicht oder nicht ausreichend wahrgenommen haben und am Ende tatsächlich an ihrem Geschäftsmodell gescheitert sind.

Ein Unternehmen, das gerade noch den endgültigen Untergang vermieden hat, ist die Firma Revox. Die ursprünglich weitgehend auf die Herstellung von Tonbandgeräten spezialisierte Firma wurde durch die Entwicklung neuer (digitaler) Techniken zur Tonaufzeichnung in ihrem Kern und für die Unternehmensleitung überraschend getroffen, was dazu führte, dass das Überleben nur durch eine dramatische Veränderung im Produktsortiment und durch externe Unterstützung gelang.

4. Literaturempfehlungen

Gairing, Fritz (2017): Organisationsentwicklung: Geschichte – Konzepte – Praxis, Stuttgart, S. 173.

Senge, Peter M. (2011): Die fünfte Disziplin: Kunst und Praxis der lernenden Organisation (Systemisches Management), Stuttgart, S. 40–72.

1.4.3 Phasen eines Organisationsentwicklungsprozesses

Fallstudie KaffeeLeben – Aufgabe F17

Wissen, Verstehen, Anwenden, Transfer
20 Minuten

---

1. Fragestellung

Nachdem Florentine und Roman einige mögliche Entwicklungsszenarien durchgegangen waren, fiel Florentine ein, dass es auch einige Ansätze gibt, um Organisationsdynamik mit dem Wachstum eines Unternehmens zu erklären. Sie zeigte Roman das Wachstumsmodell von Greiner, nach dem man fünf Wachstumsphasen unterscheidet, die sequenziell durchlaufen werden und sowohl mit dem Alter als auch mit der Größe eines Unternehmens zusammenhängen. Jede Phase ist charakterisiert durch bestimmte Strukturmerkmale und ein typisches Führungskonzept. Auf evolutionsbedingte Wachstumsphasen folgen revolutionäre Krisen, die durch Managementprobleme ausgelöst werden und die zu einem hohen Veränderungsdruck führen:

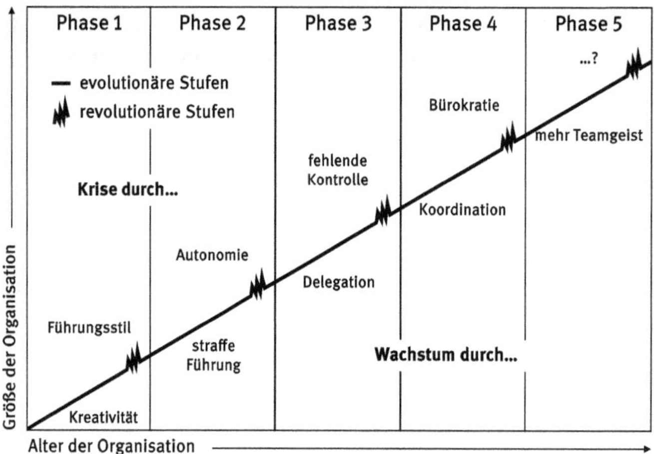

Abb. 1.20: Wachstumsmodell nach Greiner, Quelle: Eigene Darstellung in Anlehnung an Vahs 2023, S. 374 sowie Schulte-Zurhausen 2014, S. 349 ff.

Entwickeln Sie ein auf dem Modell von Greiner basierendes Wachstumsmodell für KaffeeLeben, in dem Sie die Phasen, mit ihren Krisen und dem daraus hervorgehenden Wachstum auf das Kaffeehaus beziehen.

2. Anregungen für Ihre Diskussion der Lösung

Phase 1: Wachstum durch Kreativität – Krise durch Führungsstil

- Direkt nach der Gründung von KaffeeLeben mit einer Filiale.
- Kommunikation und Führung sind informell.
- Eröffnung mehrerer Filialen, ohne dass Kommunikation und Führung geändert werden.
- Überlastung von Florentine und Roman.
- Führungsstilkrise mit Koordinationsproblemen, uneinheitlichen Prozessen in den Filialen, Abstimmungsschwierigkeiten.
- ...

Phase 2: Wachstum durch straffe Führung – Krise durch fehlende Autonomie

- Florentine und Roman überlegen sich, wie sie die Führung straffer gestalten können, kontrollieren die Filialleiter mehr, vereinbaren mehr Jour fixes und Regelungen.
- Sie strukturieren KaffeeLeben nach Funktionsbereichen, um eine Übersicht zu erhalten, haben aber weiter alle Befugnisse.
- Die Leistungsmotivation der Filialleiter nimmt ab. Sie sind Filialleiter, weil sie gerne Führung übernehmen wollen, dürfen es aber nicht.
- Die Filialleiter wollen autonomer handeln.
- Eine zentralistische Steuerung aus der Hauptfiliale heraus wird immer schwieriger.
- Bestimmte Entscheidungs- und Weisungsbefugnisse werden daraufhin von Florentine und Roman delegiert.
- ...

Phase 3: Wachstum durch Delegation – Krise durch fehlende Kontrolle

- Verantwortung und Kompetenzen werden delegiert, auch über den Filialleiter hinaus. Barista arbeiten in mehr Eigenverantwortung.
- Vertretungsregelungen dürfen selbstständig erarbeitet werden.
- Mit mehr und mehr Filialen von KaffeeLeben verlieren Florentine und Roman die Übersicht und die Kontrolle über die Aktivitäten in den einzelnen Filialen.
- Die Gesamtkoordination des Kaffeemarktes und der Technologien zur Herstellung bereitet zunehmend Schwierigkeiten.
- In den einzelnen Filialen werden teilweise eigene Zielsetzungen verfolgt, z. B. durch Veränderungen in der Kundschaft, wobei übergeordnete Ziele von KaffeeLeben, z. B. Professionalität und Zeit für Beratung, vernachlässigt werden.

- Der eigentlich erwünschte Wettbewerb zwischen den Filialen führt aus Sicht des Gesamtunternehmens zu suboptimalen Ergebnissen.
- Der Koordinationsbedarf nimmt zu.
- ...

Phase 4: Wachstum durch Koordination – Krise durch zunehmende Bürokratie
- Einführung neuer Instrumente zur Koordination, z. B. Treffen aller Filialleiter oder virtuelles Treffen auf Basis einer Führung auf Distanz.
- KaffeeLeben soll wieder mehr Einheit erlangen.
- Marketingaktivitäten werden wieder mehr abgestimmt.
- Das Berichtswesen wird verbessert, damit Florentine und Roman als Geschäftsleitung die erforderlichen Steuerungsinformationen erhalten.
- Ein Controlling-Stab wird errichtet.
- Ein Stab für Qualitätsprüfung und -sicherung wird errichtet.
- Bürokratie behindert Innovation von KaffeeLeben. Es bleibt weniger Raum für neue Produktkreationen oder Projekte, wie z. B. Veranstaltungen in den Räumen um neue Kunden und Kundengruppen anzuziehen.
- Zusammenarbeit mit mehr Kreativität wird notwendig. Mitarbeiterinnen und Mitarbeiter sollen eigene Ideen einbringen können und zwar nicht nur in ihrer Filiale, sondern über Filialgrenzen hinaus.
- ...

Phase 5: Wachstum durch mehr Teamgeist – Krise danach ... ?
- Mehr Teamgeist unter den Mitarbeiterinnen und Mitarbeitern.
- Partizipative Führung durch die Filialleiter sowie durch die Geschäftsleitung.
- Filialübergreifende gemeinsame Erarbeitung von Problemlösungen, wie z. B. Umgang mit Änderung des Lebensstils der Kunden.
- Projektmanagement-Strukturen entstehen.
- ...

3. Literaturempfehlungen

Schreyögg, Georg/Geiger, Daniel (2016): Organisation: Grundlagen moderner Organisationsgestaltung, 6. Aufl., Wiesbaden, S. 374 ff.

Schulte-Zurhausen, Manfred (2014): Organisation, 6. Aufl., München, S. 314 ff.

Vahs, Dietmar (2023): Organisation: Ein Lehr- und Managementbuch, 11. Aufl., Stuttgart, S. 268 ff.

Aufgabe 1: Top-down-Strategie und Bottom-up-Strategie

Wissen, Verstehen
15 Minuten

---

1. Fragestellung

Vor dem Hintergrund des hierarchischen Aufbaus von Organisationen wird das Kriterium der Interventionsebene in der Hierarchie als Vorgehen in Organisationsprozessen diskutiert. Beschreiben Sie jeweils die sogenannte Top-down-Strategie und Bottom-up-Strategie und exemplarische Probleme, die im Zusammenhang mit den beiden Vorgehensweisen auftreten können.

Ab einer bestimmten Größe von Organisationen wird es mitunter überaus schwer, gleichzeitig alle Mitglieder in einen Veränderungsprozess einzubeziehen. Es ergibt sich also gelegentlich die Notwendigkeit, auf der Führungsebene Entscheidungen zu treffen, die anschließend in geeigneter Weise umgesetzt werden.

Kommt der Impuls für Veränderungen aus der untersten Hierarchieebene oder aus der operativen Ebene, kehrt sich die Vorgehensweise um. In der Praxis wird diese nur äußerst selten in seiner reinen Form der Fall sein, was nicht ausschließt, das Prinzip, soweit dies möglich ist, auch tatsächlich anzuwenden.

2. Lösung

Eine **Top-down-Strategie** setzt beim obersten Management an. Erfolgt dies auf der Basis einer Macht- oder Zwangsstrategie, bei der Veränderungen durch Verordnungen ohne Rücksicht auf Bedürfnisse und Vorstellungen durchgesetzt werden sollen, gleicht die Vorgehensweise einem „Bombenabwurf". Ergebnis sind in vielen Fällen Beharrungsreaktionen der Betroffenen und mehr oder weniger offener Widerstand.

Zwangsläufig ist dies nicht. Wenn die neuen Ideen aktiv und nachvollziehbar begründet werden, ergibt sich die Chance, dass sie mitgetragen werden. Die dabei eingesetzten Visionen und Leitbilder können durchaus, wenn sie anschaulich und verständlich formuliert sind, Orientierung geben und Veränderung ermöglichen. Entscheidend ist, dass die Führungsebene, wenn das möglich ist, die Veränderungen selbst vorlebt und so glaubwürdig bleibt. Daran scheitert die Realisierung nicht selten in der Praxis.

Bei der **Bottom-up-Strategie** wird ein wichtiges und gängiges Leitbild von Organisationsentwicklungsprozessen, nämlich die Betroffenen zu Beteiligten zu machen, umgesetzt. Das impliziert, dass diese Strategie natürlich dann am besten funktioniert, wenn sich Veränderungen vor allem auf den unteren Ebenen zeigen sollen. Die Logik des Ansatzes liegt u. a. darin, dass diejenigen, die auf den unteren Ebenen Veränderungen umsetzen sollen, die Sachverhalte, um die es geht, am besten kennen werden.

Probleme können dann auftreten, wenn zum Beispiel die methodischen Kompetenzen auf der unteren Ebene fehlen, die Veränderungen erfolgreich angehen zu können. Aus diesem Grunde werden nicht selten externe Berater hinzugezogen, die die Prozesse begleiten und methodische Kompetenzen nachweisen müssen.

Auch ein Bottom-Up-Prozess bedarf der Unterstützung durch die Unternehmensleitung, damit er überhaupt realisiert werden kann. Dies betrifft nicht zuletzt die materielle Unterstützung (z. B. in Form externer Berater).

3. Hinweise zur Lösung

Um Probleme bei den beiden Strategien zu vermeiden, ist eine bipolare Strategie naheliegend. Alle in der Organisation betroffenen Menschen werden so an der Entwicklung eines Organisationsentwicklungsprozesses beteiligt. Durch dieses Vorgehen entsteht im günstigen Fall ein Leitbild, das von der Unternehmensleitung überzeugend getragen und gefördert wird und von den vielfältigen Kompetenzen der Menschen auf den unteren Ebenen gestützt wird.

Über diese Ansätze von Organisationsentwicklungsprozessen können in der Praxis weitere Formen beobachtet werden. Dazu gehört die sogenannte Center-out-Strategie und die Multiple-Nucleus-Strategie, auf die in der angegebenen Literatur eingegangen wird (siehe dazu vor allem Vahs, D. 2023).

4. Literaturempfehlungen

Schiersmann, Christiane/Thiel, Heinz-Ulrich (2014): Organisationsentwicklung: Prinzipien und Strategien von Veränderungsprozessen, 4. Aufl., Wiesbaden, S. 20 ff.

Vahs, Dietmar (2023): Organisation: Ein Lehr- und Managementbuch, 11. Aufl., Stuttgart, S. 441 ff.

Aufgabe 2: Motivation und Aufmerksamkeit im Organisationsentwicklungsprozess

---

Wissen, Verstehen
20 Minuten

---

1. Fragestellung

Beschreiben Sie, wie Motivation und Aufmerksamkeit für Organisationsentwicklungsprozesse gefördert werden können. Nehmen Sie Bezug auf allgemeine Lernprozesse und die Ergebnisse der aktuelleren Hirnforschung (Lernforschung).

Organisationsentwicklungsprozesse und allgemeiner formuliert Change-Management-Prozesse verlaufen mitnichten immer erfolgreich. Berichte aus der Praxis sind eher kritisch zu betrachten, weil natürlich der Hinweis auf Misserfolge für die Unternehmensleitungen und die anderen Mitglieder einer Organisation das Unternehmensimage nicht unbedingt positiv beeinflussen.

Der Erfolg und das Scheitern haben durchaus typische Muster, die man sich klar machen sollte, um sie zu vermeiden und die Wahrscheinlichkeit für einen Erfolg der Maßnahmen zu erhöhen. Es liegt auf der Hand, dass eine Grundmotivation und ein gewisses Maß an Aufmerksamkeit, für das vorhanden sein muss, was im Rahmen eines Organisationsentwicklungsprozesses angegangen werden soll.

2. Lösung

Aus der Lernforschung ist bekannt, dass Lernen (und damit auch das Lernen in Organisationen) grundlegend davon abhängt, ob sich die Betroffenen für das motiviert fühlen, was als Ziel einer Maßnahme formuliert ist.

Allgemein kann davon ausgegangen werden, dass es gilt, zunächst die Einsicht über den Sinn der Maßnahmen durch nachvollziehbare Argumente oder Beispiele zu fördern. Es lässt sich in der Praxis zunehmend beobachten, dass es nicht mehr ausreicht, Menschen lediglich zu sagen, was sie tun sollen. Menschen brauchen einen Sinn, wofür etwas gut ist, für das sie sich engagieren sollen. Es liegt auf der Hand, dass das einige Mühe bereiten kann. Wer Betroffene zu Beteiligten machen will, kann allerdings auf diesen Ansatz kaum verzichten. Dabei ist es übrigens außerordentlich nützlich, wenn in einer Organisation klar ist, welche die gemeinsamen Anliegen sind, die die Menschen in Unternehmen verbinden. Das scheint in vielen Fällen in einer VUCA-World auf der Strecke zu bleiben.

Die Einsicht alleine wird jedoch nicht genügen. Die Betroffenen sollten „Licht am Ende des Tunnels" sehen können. Mit anderen Worten geht es darum, deutlich zu machen, dass eine realistische Chance besteht, das Vorhaben erfolgreich abzuschließen. Das kann dadurch unterstützt werden, dass eine angemessene Hilfestellung für Veränderungen angeboten wird (z. B. Coachings oder Seminare) und/oder klar ist, dass die notwendigen materiellen Ressourcen (z. B. technische Hilfsmittel) zur Verfügung stehen.

Alles das nützt nichts, wenn dem Vorhaben nur schwer oder gar keine Aufmerksamkeit geschenkt werden kann, weil der Arbeitsalltag bereits sämtliche Kräfte bindet. Wer Organisationsentwicklung als Belastung empfindet, weil das Tagesgeschäft bereits die Leistungskraft aufbraucht, kann sich nicht um Veränderungen kümmern.

Organisationen sollten also auch Freiräume schaffen, um den Wandel zu begünstigen bzw. zu ermöglichen. Anderenfalls droht eine Überforderung, die den Erfolg des Prozesses angesichts der ohnehin gestiegenen Belastungen verschiedenster Art nachhaltig gefährdet.

Bei all dem dürfte es wichtig sein, das richtige Tempo für Veränderungen zu finden. Komplexe Organisationsentwicklung ist normalerweise keine Frage von Wochen oder Monaten, sondern der zeitliche Horizont geht in vielen Fällen weit darüber hinaus. Gelegentlich braucht Entwicklung schlicht und einfach Pausen, damit das, was bereits verändert wurde, sich etablieren, festigen oder stabilisieren kann. Dieser Sachverhalt, der aus der Lernforschung bekannt ist, wird nicht selten in der Praxis missachtet und ist dann bedauerlicherweise ein Misserfolgsfaktor ersten Grades.

Wer lediglich auf der Ebene von Verhaltensänderungen denkt und nicht die unter dem Verhalten liegenden Haltungen in den Blick nimmt, ist zudem schlecht beraten. Verhaltenstrainings ohne Rücksicht auf Haltungen ist lediglich Dressur, die in dem Moment aufhört, in dem das Seminar, Coaching oder irgendeine andere Einflussnahme beendet ist und die Freiheit besteht, das zu tun, was der Haltung der betreffenden Menschen entspricht.

3. Übung

Überprüfen Sie Ihre eigenen Grundhaltungen, die Sie antreiben und versuchen Sie, diese bei den Veränderungen, die Sie in Zukunft anstreben, in den Blick zu nehmen. Versuchen Sie das, was Sie verändern wollen, mit dem zu vergleichen, was Sie fundamental antreibt. Das sind Ihre Haltungen. Falls das für Sie nicht schlüssig zusammenpasst, prüfen Sie, ob Sie die Ziele verändern müssen oder Ihre Haltungen überdenken sollten.

Das Reflektieren von Haltungen wird von Ihrer expliziten oder impliziten ethischen Einstellung beeinflusst. Hinter dieser verbirgt sich auf tieferer Ebene der Sinn, der Sie trägt und den Sie für sich definieren. So wird die Reflexion von Verhalten, Haltung, Ethik und Sinn zu einer zentralen Aufgabe für grundlegende Veränderungen. Organisationsentwicklungsprozesse, die sich lediglich auf Verhalten beziehen, sind in der Regel mäßig erfolgreich und im Ergebnis vor allem labil. Verhalten droht so, in alte Muster zu verfallen, die überwunden werden sollten. Andererseits markieren Haltungen, positiv formuliert, natürlich auch in anderen Situationen sinnvolle Grenzen für Veränderungen.

4. Literaturempfehlungen

Stelzer-Rothe, Thomas et al. (2016): Projekte systemisch managen! Wie Sie soziale und rationale Prozesse in Projekten achtsam steuern, Berlin, S. 57 ff.

Aufgabe 3: Hierarchie und Macht im Gefüge von Organisationsentwicklungsprozessen

---

Wissen, Verstehen
20 Minuten

---

1. Fragestellung

Wer Veränderungen in bestehenden Systemen thematisieren, einleiten oder umsetzen will, wird sehr schnell feststellen, dass es nicht nur vorbehaltlose Zustimmung dafür gibt. Das ist ganz natürlich, weil Veränderung immer auch die Aufgabe von liebgewordenen Gewohnheiten und damit verbundener Sicherheit darstellen kann. Das wird sogar der Regelfall sein und nicht die Ausnahme. In Organisationen, in denen sich über lange Jahre Macht etabliert hat und vielleicht auch damit einhergehende Intransparenzen, Schwachstellen, Ungerechtigkeiten und Privilegien, wird Organisationsentwicklung zu einem sehr herausfordernden und manchmal auch überfordernden Geschehen, wenn die Eigenheiten und das Beharrungsvermögen von Machtsystemen oder auch der mächtigen Akteure außer Acht gelassen werden.

Wie einfach wäre in Organisationsentwicklungsprozessen das folgende Vorgehen: Man könnte sich zusammenraufen und in einem konstruktiven Dialog zu einem ausgewogenen Konsens gelangen, der mithilfe von partnerschaftlichen Verhandlungen zu tragfähigen Lösungen führt.

Dieser Sozialutopie steht allerdings das richtige Leben gegenüber. Egoismen vielfältiger Art, streng nach dem Grundprinzip, dass sich jeder selbst der Nächste ist, und ausgeprägte Machtspiele sind an der Tagesordnung und es stellt sich die Frage, wie die Menschen im System damit umgehen sollen.

Zunächst sind zwei Fragen wichtig. Die eine ist die nach den Gründen: Warum ist das so und nicht anders? Und die zweite Frage lautet: Warum ist es so schwer, die Dinge, die nicht gefallen, zu verändern? Klärungsbedürftig ist, wer aus welchen Motiven daran interessiert ist, nichts zu verändern. Darüber hinaus ist es überaus wichtig, zu konkretisieren, welche Macht denjenigen zur Verfügung steht, die nichts verändern wollen und wie diese Macht ausgeübt wird. Das Schlüsselthema, das bei Organisationsentwicklungsprozessen und natürlich generell in Organisationen immer zu berücksichtigen ist, heißt Macht. Wer die Spielregeln von Macht nicht beherrscht, wird entweder immer wieder gegen Wände laufen oder wie Don Quichotte gegen Windmühlenflügel kämpfen. Damit beides weitgehend vermieden wird, werden im Folgenden drei Fragen beantwortet:

- Welche Probleme treten in traditionell-hierarchischen Organisationen auf?
- Welche Kernelemente der Machtbildung gibt es?
- Welche Strategien zur Machtveränderung sind erfolgversprechend?

2. Lösung

Die in Unternehmen tendenziell vorherrschende Arbeitsteilung und der damit verbundene Kult der Konzentration auf die Eigenverantwortung führt sowohl bei den einzelnen Beteiligten wie auch bei kleineren oder größeren Gruppen nicht primär zu Kooperationsprozessen, sondern zu Konkurrenz. Obwohl Konkurrenz „das Geschäft belebt", wie man sagt, führt sie doch auch zu destruktiven Prozessen und zu Egoismen, die tendenziell nicht im Sinne der Gesamtorganisation sind.

Arbeitsteilung führt im Übrigen dazu, dass Information, Überblick, Einfluss und persönliches Engagement nach oben zunehmen und nach unten hingegen abnehmen. Man wird im Zweifel zu einem bloßen Rad im Getriebe der Organisation, bei dem nicht mehr klar ist, welche Funktion es hat. Unternehmerisches Denken und Handeln wird so praktisch systemisch reduziert oder sogar völlig ausgeschlossen.

Wer seine Aktivität auf die eigene Position lenkt, statt auf die Aufgaben und Funktionen, die bewältigt werden sollten, um die Organisation zu beflügeln, verhindert das übergreifende Denken und Handeln im Gesamtgeschehen. Ein Blick auf das Ganze mit den dazugehörigen Prozessketten, die zu optimieren sind, bleibt dann fast automatisch aus. Darüber hinaus sind die Wege, die beschritten werden müssen, um sinnvolle Entscheidungen in überschaubarer Zeit voranzutreiben, häufig zu lang und undurchsichtig.

Die Strukturen, die sich in diesen Systemen herausbilden, sind häufig durch eine Vielzahl von komplizierten Regelungen zur Absicherung der Macht gekennzeichnet. Diese haben darüber hinaus nicht den Sinn, das System in geeigneter Weise abzusichern. Die Regelungsdichte wird genutzt, um Stellen in Stab und Linie zu schaffen und/oder abzusichern, die ihrerseits dazu dienen, den dafür zuständigen Führungskräften Macht durch Befugnisse über Mitarbeiterinnen und Mitarbeiter zu ermöglichen. Schwachstellen in Organisationen, die in diesen Strukturen auftreten, werden so mitunter zu kaum kalkulierbaren Risiken für das Gesamtsystem.

Die Schwachstellen von traditionellen Organisationen sind im Grunde bekannt. Die Notwendigkeit, sie zu verändern, wird mittlerweile nicht mehr grundsätzlich in Frage gestellt, weil evident ist, dass Organisationen, die sich in der beschriebenen Weise verkrusten, kaum noch marktfähig sind. Das schlanke, kollaborative und offene Unternehmen, das für einen Ausgleich der berechtigen Interessen sorgt, wird befürwortet, allerdings häufig durch die Mächtigen selbst behindert.

Machtverhältnisse sind schwer zu verändern, weil diejenigen, die durch die Übergabe formeller und hierarchischer Macht mächtig sind, in der Regel ihre Haltungen verändern müssen, um neue Ideen der Machtverteilung anzunehmen. Macht hat aber Komponenten, die von ihren Nutznießern schwer aufzugeben sind, weil sie subjektiv sehr angenehm sind.

Zum Beispiel sind die meisten Führungskräfte daran interessiert, bewusst zu steuern und nicht unbedingt nur umzusetzen, was andere ihnen vorgeben. Macht neigt zum Selbsterhalt und sogar zum Ausbau, sie hat eine besondere Anziehungskraft für Menschen und stellt einen wesentlichen Motivator dar.

Damit das System funktioniert und aufrechterhalten werden kann, werden Machtstrukturen von denjenigen gerne aufrechterhalten, die Macht innehaben. Die Macht des einen wird durch die Macht des anderen unterstützt und wird zum gemeinsam verstandenen und vertretenen Recht. Hinzu kommt, dass Macht durchaus gerne zur Schau gestellt wird. Die Insignien der Macht, wie zum Beispiel der etwas größere Dienstwagen, das größere Büro oder die Möglichkeit, exklusiv in Machtzirkeln zu agieren, werden gerne angenommen und geschätzt.

Wenn diese Verhaltensweisen auf Untergebene treffen, die ihrerseitstendenziell pflichterfüllt agieren, wird Macht bestätigt. Die Wahrnehmung dieser Zusammenhänge durch die Mächtigen stützt dann wiederum ihr Gefühl, die privilegierte Stellung also zu Recht genauso auszufüllen.

Gleichzeitig bietet der Status-quo im Machtgefüge für die Geführten eine gewisse Form der Sicherheit, die sie nicht infrage stellen. Dies wird dadurch gefördert, dass gezielt belohnt wird, um die Akzeptanz bei den Untergebenen zu sichern. Diese Umarmungsstrategie und die anderen hier dargestellten Zusammenhänge des Systems eines traditionell-hierarchischen Machtgefüges in Organisationen sind der Grund, warum

Veränderung der Machtverhältnisse im Rahmen von Organisationsentwicklungsprozessen so schwer ist.

Trotzdem gibt es Ansatzpunkte für Veränderungen, die Macht neu zu verteilen, um damit Unternehmen leistungsfähiger zu machen. So überraschend das nach der oben dargestellten schonungslosen Analyse der Macht klingt, so deutlich muss man betonen, dass Veränderung den Aufbau einer Gegenmacht erfordert. Alles andere wäre naiv und zum Scheitern verurteilt. Deswegen lautet die Antwort auf die dritte oben gestellte Frage, dass die Handlungsmaximen für diejenigen, die etwas verändern wollen, die gleichen sind. Wichtig wäre, dass das, was passiert, immer auf eine begründbare und vertretbare Basis gestellt wird. Es kann nicht darum gehen, Macht durch unlautere Methoden der Macht einzuschränken. Die hier vertretene Ansicht zur Veränderung von Machtverhältnissen soll durch die folgenden Anregungen deutlich werden:

- Klärung der eigenen Risikobereitschaft für einen durchaus langen Weg zur Veränderung
- Klärung der eigenen Position und keine Vereinnahmung für ungeklärte Interessen anderer Akteure im System
- Macht und die Machtträger nicht verteufeln, sondern gezielt Macht einsetzen, um Verhältnisse zu verändern
- Infragestellung aller Machtprivilegien und Statussymbole
- Kritik offen äußern und Widerstand leisten
- Die Notwendigkeit von Kritik, Widerspruch und Widerstand in der Organisation deutlich machen
- Konsequenter Auf- und Ausbau von Netzwerken für Verbündete, um Aktionen gemeinsam zu planen
- Bei ausreichender „Hausmacht“ solidarisches Vorgehen zur Durchsetzung der Ziele einleiten.

Gelegentlich ist der letzte Schritt überflüssig, weil sich durch einen Aufbau von Netzwerken für die gemeinsam getragenen Ideen die Einstellungen und Verhaltensweisen bereits verändert haben und das angestrebte Ziel verwirklicht werden. Das wäre dann insgesamt eine Variante, die in besonderer Weise einer verträglichen und evolutionären Organisationsentwicklung entsprechen würde.

3. Lösungshinweise

Die Thematik von Macht in Organisationen wird intensiv diskutiert. Damit im Zusammenhang steht die Frage, warum in Organisationen das Phänomen von „bBad Leadership“ auftritt. Wie oben beschrieben, neigt Führung und auch schlechte Führung dazu, sich zu verselbstständigen und zu verstärken.

Woran erkennt man schlechte Führung eigentlich, weshalb entsteht sie und wie können Menschen schlechter Führung begegnen?

Kuhn und Weibler (2020) geben darauf Antworten. Die erste Frage ist wahrscheinlich recht einfach aus der eigenen Erfahrung jedes Einzelnen zu beantworten. Schlechte Führungskräfte sind unhöflich, verbal aggressiv, verweigern Anerkennung, bestrafen willkürlich und machen Mitarbeiterinnen und Mitarbeiter für die eigenen Fehler verantwortlich. Die Liste ließe sich umfassend fortsetzen. Die Folgen sind klar: innere Kündigung, kontraproduktives Arbeitsverhalten und Stress. Auch diese Liste lässt sich beliebig erweitern.

Die Antwort auf die Frage, warum schlechte Führung entsteht, liegt zunächst bei der Führungskraft selbst. Die Bestandteile der dunklen Triade der Persönlichkeit besteht aus negativen Persönlichkeitsprägungen. Dazu gehören der Machiavellismus, der Narzissmus und die Psychopathie. Gelegentlich wird diese schon recht furchterregende Triade zu einer Tetrade erweitert, wobei die zusätzliche Prägung die einer sadistischen Persönlichkeit ist.

An dieser Stelle kann nicht weiter auf diese Phänomene eingegangen werden, jedoch sollte darauf hingewiesen werden, dass es weitere und vielleicht überraschende Gründe für das Phänomen Bad Leadership gibt. Dazu ist der Fall des Ex-Managers Middelhoff erhellend, der aus seinen Erfahrungen abgeleitet hat, dass diejenigen Menschen, die Macht zu haben, glauben und auch darin noch von ihrem Umfeld bestärkt werden, sich in ihrem Wesen und sicher sehr häufig nicht zum Guten verändern. Auf die Dynamik von der Übernahme formeller Macht wurde oben bereits im Zusammenhang mit dem Machterhalt von Mächtigen hingewiesen.

Wie dem Phänomen von Bad Leadership zu begegnen ist, wurde oben mit der Frage beantwortet, in welcher Form man die Macht der Mächtigen neu verteilt. Bad Leadership wird systemisch nach all dem Gesagten begünstigt, wenn überzogener Erfolgs- und Leistungsdruck aufgebaut wird, der zu dunklen Aktionen verführt. Anzuraten ist auch, dass die Reflexion der eigenen gesellschaftlichen Verantwortung auf der Führungsebene thematisiert wird. Es wurde an anderer Stelle darauf hingewiesen, dass erfülltes Führungshandeln zutiefst etwas mit Beziehungsgestaltung zu tun hat. Das ist im Letzten der Ersatz der unersättlichen, verheerenden und verführerischen extrinsischen Belohnungsspirale durch eine persönlichkeitsstabilisierende intrinsische Motivation und damit der Möglichkeit, Menschlichkeit zu erfahren.

4. Literaturempfehlungen

Doppler, Klaus und Lauterburg, Christoph (2019): Change Management. Den Unternehmenswandel gestalten. Frankfurt am M, S. 185–206.

Kuhn, Thomas und Weibler, Jürgen (2020): Bad Leadership. Warum uns schlechte Führung oftmals gut erscheint und es guter Führung häufig schlecht geht. München, S. 129–132.

Aufgabe 4: Umgang mit Konflikten in Organisationsentwicklungsprozessen

Wissen, Verstehen, Anwenden
20 Minuten

1. Fragestellung

Organisationsentwicklungsprozesse sind, wie schon aufgezeigt wurde, in vielen Organisationen ein notwendiger und ein im 21. Jahrhundert mit all seiner Dynamik fast schon alltäglicher Prozess. Umgebungsbedingungen ändern sich und das bedingt, darüber nachzudenken, ob und gegebenenfalls welche Konsequenzen für die Strukturen und Funktionen in Unternehmen abzuleiten sind, wenn die Wettbewerbsfähigkeit erhalten bleiben soll. Die aus nicht erfolgten oder verzögerten Veränderungen ableitbaren Konsequenzen können erheblich sein und das Unternehmensgeschehen existenziell beeinflussen.

Leicht nachvollziehbar ist, dass bei den Veränderungsprozessen genauso wie bei allen anderen Prozessen Konflikte auftreten können. Vor allem, wenn es um sehr grundsätzliche und umfangreiche Veränderungen geht, kommt es mitunter zu heftigen Konflikten, wenn die Beteiligten realisieren, dass die angestrebten Veränderungen ihre bisherige Tätigkeit oder Stellung im Unternehmen betreffen. Der Organisationsentwicklungsprozess wird sich verlangsamen oder im schlimmsten Fall scheitern, wenn die betroffenen Mitarbeiterinnen und Mitarbeiter über entsprechende Macht im Unternehmen verfügen. In jedem Fall ist von allen ein hoher Grad an Konfliktfähigkeit gefordert, wenn das Projekt nicht scheitern soll.

Wie können also in Organisationsentwicklungsprozessen vor allem bereits zu Beginn einer Veränderung Konflikte erkannt und proaktiv oder im Falle eines bereits manifesten Konfliktes bewältigt werden?

2. Lösung

Wer im Konfliktfall einfach nur durchgreift, wird wahrscheinlich in vielen Fällen genauso wenig weiterkommen wie der, der alles auf sich beruhen lässt, konfliktscheu ist und/oder die Dinge verdrängt. Wer Kollegen oder Kolleginnen hat, mit denen man im Prozess der Veränderung irgendwie nicht klarkommt, könnte sich die Frage stellen, ob in dem Protest oder Widerstand der anderen nicht auch eine besondere Chance liegt. Das klingt zunächst nach einer Art Schönfärberei, beinhaltet allerdings, dass man nicht von vorneherein einen bestimmten Standpunkt als den richtigen erachtet, um ihn im Zweifel mit einiger Gewalt umzusetzen. Eine wichtige Frage ist, was den anderen Menschen dazu bewegen kann, gerade den Standpunkt einzunehmen, der vielleicht konfliktträchtig ist.

Völlige Gleichförmigkeit in Teams ist sicherlich in vielen Fällen hinderlich und verdeckt, dass die meisten Probleme, die sich durch Veränderungsprozessen ergeben, eben gerade nicht banal sind. Sie betreffen u. U. sehr grundsätzliche Zusammenhänge eines Arbeitsplatzes und die damit verbundenen Kompetenzen, die Menschen bisher zur Bewältigung von konkreten Aufgaben einsetzen konnten. Wer seine für den einzelnen Arbeitsplatz notwendigen Kompetenzen durch Veränderungsprozesse entwertet oder infrage gestellt sieht, wird Vorbehalte gegenüber den Veränderungen haben oder sogar Ängste entwickeln, die zu Blockaden von Ideen führen können.

Perspektivwechsel sind also in vielen Fällen gefordert. Wer widerspricht, zeigt zunächst, dass er engagiert ist. Viel schlimmer wäre es, wenn keine Reaktion beobachtet werden kann, obwohl sich Ängste, Konflikte oder unterschiedliche Sichtweisen anbahnen oder bereits manifest sind. Es empfiehlt sich deshalb, von Anfang an ein adäquates Konfliktmanagement zu praktizieren.

In einem Team braucht es manchmal tatsächlich jemanden, der die Dinge auf den Punkt bringt und polarisiert. Nicht ganz unwichtig ist sicher auch, welche Persönlichkeitseigenschaften, die sich im Laufe des Lebens herausgebildet haben, in Konflikten wirksam werden. Die im Projekt Verantwortlichen aber auch alle anderen sollten deshalb einen hohen Grad an Konfliktkompetenz aufweisen, um den Prozess schon von Anfang an sinnvoll zu steuern. Wer Konflikte tendenziell als Bedrohung empfindet, wird sich in den Projekten kaum als Leiter oder Leiterin eines derartigen Projektes eignen. Es geht darum, Klärung herbeiführen zu können, ohne die Zusammenarbeit zwischen den Beteiligten zu gefährden. Wer immer nur Konflikte sieht, wo gar keine vorhanden sind, wird es dabei genauso schwer haben, wie der, der sie nie spürt und sich in einem paradiesähnlichen Zustand wähnt. Beides ist für ein gedeihliches Miteinander nicht förderlich. Konflikte können bei angemessener Justierung der Wahrnehmung besser erkannt, vielleicht im Vorfeld entschärft, besser abgegrenzt, einfach nur besser behandelt oder gelöst werden.

3. Übung

Wer für sich selbst entscheiden möchte, welche Einstellung er bezogen auf Konflikte hat, kann sich die folgenden Fragen durch den Kopf gehen lassen.

Fragen zum eigenen Konfliktverhalten:

- Welche Konflikte habe ich in der Vergangenheit erlebt und wie haben diese mich geprägt?
- Was war der schlimmste Konflikt, den ich erlebt habe und was ist mir dabei widerfahren?
- Was war das Beste, was ich im Zusammenhang mit Konflikten erlebt habe?
- Wie sind wir damals in meiner Familie mit Konflikten umgegangen?
- Was ist mir dabei rückblickend in Erinnerung geblieben?
- Was habe ich bis heute zum Thema Konflikt aus meinen Erfahrungen mit Konflikten gelernt?
- Wie sieht das Konfliktverhalten an meinem Arbeitsplatz aus?

- Warum arbeite ich gerade in diesem Unternehmen?
- Auf wen oder auf welche Situation reagiere ich besonders empfindlich?
- Wie passen mein familiäres Konflikterleben und das Verhalten, das ich in meinem Unternehmen erlebe, zusammen?
- Was wünsche ich mir für die Zukunft für mein eigenes Konfliktverhalten?
- Wie merke ich, dass ich meine Wünsche zu meinem Konfliktverhalten umgesetzt habe?

Wer sich Zeit nimmt, die Antworten ehrlich zu notieren, wird Tendenzen in seinem Umgang mit Konflikten erkennen und Ansätze finden, mit Konflikten produktiver umzugehen. Manches wird aus der Erfahrung heraus erst in dem Moment klarer, in dem der Gedanke oder das Erlebnis schriftlich fixiert wird. Wer seine Trigger findet, an denen sich Konflikte besonders leicht entzünden, kann darüber nachdenken, wie er oder sie damit umgeht. Sich die Dinge einfach nur klarzumachen, ist ein erster Schritt. Wer sich selbst beobachtet oder beobachten lässt, wird in vielen Fällen körperliche Signale registrieren, die auftreten, bevor sich ein Konflikt verbal manifestiert.

Wer die Beobachtungen auswertet und sich darüber klar wird, ob sich ein Konflikt anbahnt, kann sich entscheiden, ob er oder sie sich weiter darauf einlässt oder ob er oder sie sich selbst kontrolliert und die Situation überdenkt. Das sollte natürlich nicht automatisch dazu führen, dass man den Konflikt anschließend verdrängt. Im günstigen Fall kann aber zunächst darüber nachgedacht werden, was genau zu tun wäre, um einen Konflikt nicht auf die nächste Eskalationsstufe zu befördern, was mitunter sehr schnell passieren kann. Je höher dann die Stufe auf der Konfliktskala ist, umso schwieriger wird es, den Konflikt noch konstruktiv zu bewältigen. Konflikte lassen sich lösen, wenn sich die Beteiligten aufeinander einlassen und versuchen, sich zu verstehen. Das ist die Zusammenfügung aus non-verbalen und verbalen Elementen.

Wenn die verbale Seite von Konflikten betrachtet wird, ist es hilfreich, sich den Sinn eines *echten* Dialogs klarzumachen. Das Wort Dialog hat von seinem Ursprung her nicht zum Inhalt, dass sich zwei Menschen unterhalten. Der Begriff Dialog setzt sich aus den beiden Teilen *dia* und *logos* zusammen. Dia meint nicht *zwei* sondern *durch* und Logos ist das *Wort* oder der *Wortsinn*. Ein echter Dialog in diesem Sinn lässt sich durch die im Folgenden genannten Eigenschaften charakterisieren.

Eigenschaften eines „echten" Dialogs:
- Das Ergebnis steht vorher nicht fest.
- Die Grundhaltung im Dialog entspricht der eines Lernenden.
- Das Verhältnis der Dialogpartner ist so ähnlich wie das eines willkommenen Gastes und eines höflichen Gastgebers.
- Es wird eine Vielfalt der Sichtweisen entwickelt.
- Eigene Ansichten werden nicht dogmatisiert.
- Andere Meinungen werden nicht bewertet.

– Die Gesprächspartner hören sich aufmerksam zu und unterbrechen sich nicht.
– Alle Beteiligten achten auf in etwa gleiche Redeanteile.
– Alle Beteiligten beobachten sich selbst im Prozess des Dialogs.
– Alle Beteiligten versuchen, ehrlich und aufrichtig zu sein.

4. Literaturempfehlungen

Glasl, Friedrich (2022): Selbsthilfe in Konflikten. Konzepte – Übungen – Praktische Methoden. Stuttgart., S. 123–140.

2 Projektmanagement

2.1 Projekte und Projektmanagement

2.1.1 Projekte und Projektarten

Fallstudie KaffeeLeben – Aufgabe F18

Wissen, Verstehen, Anwenden, Transfer
20 Minuten

---

1. Fragestellung

An einem regnerischen Montagmorgen betrat Roman Fertig sein Büro von KaffeeLeben in Hamburg. Er kam gerade zurück von einer Kurzreise nach Singapur. Ein Studienfreund, der mittlerweile für eine Bank in Singapur arbeitete, hatte ihn eingeladen. Roman war sofort völlig begeistert von der Moderne der Stadt, den vielen Kulturen und dem tollen Essen. Insbesondere Letzteres war für ihn von Interesse, da die Gastronomiebranche vielen aktuellen Ernährungstrends und sich verändernden Kundenansprüchen ausgesetzt ist bzw. von diesen lebt. Aber nicht nur das exotische Essen selbst, sondern auch die Art, wie es beispielsweise bestellt wurde, inspirierte Roman schon während der Reise. Zum Mittagessen besuchten er und sein Bankerfreund bei „Meiko-Sushi" in einem großen Einkaufszentrum, die Gäste standen sogar in Warteschlangen, um hereinzukommen! Was ihn neben dem hervorragenden Sushi noch begeisterte: Bei „Meiko-Sushi" gab es an jedem Platz Tablet-PCs, auf denen alle Speisen und Getränke mit Fotos abgebildet waren und man konnte direkt über das Tablet bestellen. Zur Überraschung wurde dann das Essen noch mit einem Zug direkt an den Platz geliefert.

Das brachte ihn auf dem Rückflug auf eine Idee, die er mit seiner Geschäftspartnerin Florentine Gutmann unbedingt besprechen musste: „Florentine, ich muss Dir unbedingt etwas berichten. . . " begann er gleich nach Betreten des Büros und schwärmte von „Meiko-Sushi"! Nachdem Roman fertig mit dem Schwärmen war, hatte Florentine noch nicht ganz verstanden, worum es eigentlich ging. „Wollte Roman nun einen Zug in jedes KaffeeLeben bauen? Das wäre ja verrückt", dachte sie sich. „Typisch Männer und ihre Spielsachen", wollte sie fast sagen, behielt das aber für sich. Roman erklärte weiter: „Nein, natürlich kein Zug. Aber wir könnten etwas mit Tablets machen. Zum Beispiel könnten die Kunden dort etwas über die Kaffeesorten, den Anbau, die Ernte und die Röstung erfahren – mit Videos und tollen Bildern. Da ließe sich der Bezug zum Kaffeeprodukt noch verstärken und erfahrbarer machen. Die Kunden könnten auch darüber bestellen und es wird ihnen dann zum Tisch gebracht. So genau weiß ich es auch noch nicht, aber da könnte man was draus machen!"

a) Wenden Sie eine gängige Definition des Begriffs „Projekt" auf das skizzierte Vorhaben an und beurteilen Sie, inwiefern es sich hierbei um ein „Projekt" handelt.

https://doi.org/10.1515/9783111199818-003

b) Was für eine Projektart verbirgt sich hinter dem Vorhaben?

2. Anregungen für Ihre Diskussion der Lösung

a) In der Literatur und auch in den gängigen Projektmanagementstandards finden sich eine Vielzahl an Definitionen für ein Projekt. Das Project Management Institute (PMI) versteht unter einem Projekt ein „... zeitlich befristetes Vorhaben, um ein spezifisches Produkt, Dienstleistung oder Ergebnis zu erschaffen" und betont dabei, dass dies in interdisziplinärer Zusammenarbeit entsteht. Laut der GPM Deutsche Gesellschaft für Projektmanagement (GPM) und der International Project Management Association (IPMA) ist ein Projekt „... ein Vorhaben, das im Wesentlichen durch Einmaligkeit der Bedingungen in ihrer Gesamtheit gekennzeichnet ist, wie z. B. Zielvorgabe, zeitliche, finanzielle, personelle oder andere Begrenzungen, projektspezifische Organisation." Die genannten Merkmale sind für das von Roman Fertig skizzierte Vorhaben zutreffend: Die Einführung von Tablets zur Kundeninteraktion ist ein für KaffeeLeben neuartiges Vorhaben, welches seine „einmaligen" Rahmenbedingungen in der spezifischen Unternehmenssituation von KaffeeLeben vorfindet. Es wird ebenfalls ein Projektteam aus den verschiedenen Unternehmensbereichen von KaffeeLeben erfordern, die Idee Wirklichkeit werden zu lassen. Gleichzeitig weist das Vorhaben eine gewisse Komplexität auf, da technische Aspekte, vertriebliche Ideen, Kundenbedürfnisse und Kosten/-Umsatzerwartungen „unter einen Hut" gebracht werden müssen.

b) Projektarten lassen sich anhand verschiedener Dimensionen differenzieren. Die GPM unterscheidet folgende: Projektauftraggeber, Business Value, Projektinhalt, relative Neuartigkeit, Komplexität, Projektorganisation, Projektsteuerung. Zum gegenwärtigen Zeitpunkt in der Fallsituation können für folgende Dimensionen Aussagen getroffen werden:

Projektauftraggeber: Die Auftraggeber werden die Geschäftsführer Roman und Florentine sein, insofern handelt es sich um ein internes Projekt.

Business Value: Mit diesem Projekt soll die strategische Position von KaffeeLeben als Qualitätsanbieter mit hoher Betonung der Nachhaltigkeit und ausgeprägter Kundenorientierung verstärkt werden. Idealerweise können die Umsätze gesteigert werden (z. B. Bestellung eines zusätzlichen Kaffees nach dem Stöbern auf dem Tablet oder durch Bestellung höherwertiger und damit teurerer Kaffeeprodukte aufgrund des edukativen Mehrwerts der präsentierten Inhalte). Es handelt sich also um ein strategisches Projekt.

Projektinhalt: Es handelt sich um ein Investitionsprojekt, da in die technische Infrastruktur sowie Prozesse und Personalkapazitäten zur Contentbereitstellung investiert werden muss.

Relative Neuartigkeit: für KaffeeLeben wäre dies der erste Schritt zur Digitalisierung des Kundenkontakts. Andere Unternehmen aus der Gastronomiebranche setzen – wenn bisher auch nur vereinzelt – ähnliche Technologien ein, wie z. B.

eine amerikanische Schnellrestaurantkette zur Bestellung durch den Kunden. Flächendeckend gehört der Einsatz von Tablets zur Kundeninteraktion noch nicht zum Standard in der Gastronomiebranche. Lediglich auf Seiten der Kellner in Restaurants haben sich Tablets bereits etabliert. Es handelt sich daher um ein Innovationsprojekt.

Komplexität: es handelt sich um eine neuartige und offene Aufgabenstellung, die verschiedene Lösungsmöglichkeiten zulässt. Die inhaltliche Komplexität ist höher zu bewerten als die soziale Komplexität. Es handelt sich somit um ein Potenzialprojekt, wodurch insbesondere die Bestimmung der Projektziele und des Projektumfangs (Scope) wesentlich sind.

Zu den Dimensionen Projektorganisation und Projektsteuerung kann jetzt noch keine Aussage zur Einordnung getroffen werden.

3. Literaturempfehlungen

Gessler, Michael/Deutsche Gesellschaft für Projektmanagement (GPM) (2016): Kompetenzbasiertes Projektmanagement (PM3): Handbuch für die Projektarbeit, Qualifizierung und Zertifizierung auf Basis der IPMA Competence Baseline, 8. Aufl., Nürnberg, S. 27 ff.

Meyer, Helga/Reher, Heinz-Josef (2020): Projektmanagement: Von der Definition über die Projektplanung zum erfolgreichen Abschluss, 2. Aufl., Wiesbaden, S. 1 ff.

Patzak, Gerold/Rattay, Günter (2018): Projektmanagement: Projekte, Projektportfolios, Programme und projektorientierte Unternehmen, 7. Aufl., Wien, S. 21 ff.

Project Management Institute (2017a): A guide to the project management body of knowledge, 6. Aufl., Newtown Square, S. 4 ff.

Aufgabe 1: Begriffliche Klärung: Projekt und Projektmanagement

Wissen, Verstehen
10 Minuten

1. Fragestellung

Erläutern Sie die Begriffe Projekt und Projektmanagement.

In Zeiten ständigen Wandels sind die klassischen Organisationsformen, die die Organisationen in auf Dauer ausgerichtete Einheiten aufteilen, zwar immer noch vorhanden, sie werden jedoch zunehmend aufgrund der stetigen Impulse aus dem Markt durch Organisationsformen ergänzt, die zeitlich befristet sind und weitere Merkmale aufweisen, die sie von den auf Dauer ausgerichteten Strukturen wesentlich unterscheiden. Daraus lassen sich Besonderheiten ableiten, die beachtet werden müssen, um erfolgreich zu sein.

Die von den üblichen Organisationsformen abweichenden Aufgaben werden in Projekten zusammengefasst und durch geeignete Maßnahmen umgesetzt. Deren Durchführung wird durch das Projektmanagement realisiert, das ihre Besonderheiten berücksichtigen soll und so die Basis darstellt, die Aufgaben eines Projektes zu bewältigen.

2. Lösung

Ein **Projekt** ist durch folgende Merkmale gekennzeichnet:

Tab. 2.1: Die Merkmale von Projekten, Quelle: In Anlehnung an Schulte-Zurhausen 2014, S. 200 f.

Merkmale von Projekten:
zielorientiert
zeitlich begrenzt
außergewöhnlich
hoher Schwierigkeitsgrad
interdisziplinäre Zusammenarbeit

Typisch sind zum Beispiel die Entwicklung eines neuen Produktes, seine Einführung und/oder eines neuen Beurteilungssystems für Mitarbeiterinnen und Mitarbeiter.

Tab. 2.2: Die Merkmale des Projektmanagements, Quelle: In Anlehnung an Vahs 2023, S. 229 f.

Merkmale von Projektmanagement:
zielgerichtete Planung von Projekten
Steuerung von Projekten
Kontrolle von Projekten

3. Hinweise zur Lösung

Aus der Definition eines konkreten Projektes folgt eine Reihe von Folgeaufgaben, die für die erfolgreiche Bewältigung des Projektauftrages von großer Bedeutung sind. Dazu gehört z. B. die Zusammenstellung eines Projektteams. Dieses muss, um den Erfolg zu gewährleisten, überlegt zusammengestellt und keinesfalls dem Zufall überlassen werden.

Selbstverständlich muss dabei die fachliche Kompetenz der einzelnen Mitglieder der Projektgruppe vorliegen. Diese reicht allerdings schon lange nicht mehr aus, um im Projekt (und auch an einem Linienarbeitsplatz) erfolgreich zu werden. Die Dynamik der meisten Organisationen macht es heute mehr denn je erforderlich, Projekte sehr zügig, also ohne vermeidbare Verzögerungen, zu bewältigen. Die Mitglieder von Projektteams müssen in der Lage sein, sich vergleichsweise schnell zu finden und dann erfolgreich zusammenzuarbeiten. Sie brauchen deshalb über die fachlichen Kompetenzen hinaus zum Beispiel die Fähigkeit, angemessen zu kommunizieren und Konflikte konstruktiv zu bewältigen. Zu den Schlüsselkompetenzen gehört auch das, was mit dem Wort Verträglichkeit umschrieben wird. Ein hoher Grad an Verträglichkeit ist durch die Fähigkeit gekennzeichnet, auf andere Rücksicht zu nehmen, mit anderen angemessen kommunizieren und sich in andere hineinversetzen zu können.

Die Geschichte des Projektmanagements reicht in die 40er Jahren des letzten Jahrhunderts zurück. Die im Zweiten Weltkrieg von den Vereinigten Staaten von Amerika unternommenen Anstrengungen erforderten neue Formen der Bewältigung. Später wurden komplexe Aufgaben bei der NASA, etwa die Entwicklung der Apollo-Rakete, durch Formen des Projektmanagements bearbeitet. Infolge dieser Entwicklungen und der gleichermaßen entstehenden umfangreichen industriellen Vorhaben wurden die Ideen des Projektmanagements nach Europa getragen. Projektmanagement gehört mittlerweile zum Alltag (fast) jeder Organisation.

4. Literaturempfehlungen

Kuster, Jürg et al. (2022): Handbuch Projektmanagement: Agil – Klassisch – Hybrid, 5. Aufl., Berlin, S. 4 ff.

Schulte-Zurhausen, Manfred (2014): Organisation, 6. Aufl., München, S. 200 ff.

Timinger, Holger (2024): Modernes Projektmanagement: Mit traditionellem, agilem und hybridem Vorgehen zum Erfolg, 2. Aufl., Weinheim, S. 15 ff.

Vahs, Dietmar (2023): Organisation: Ein Lehr- und Managementbuch,11. Aufl., Stuttgart, S. 229 ff.

2.1.2 Projektmanagement: Grundlagen, Prozesse und Projektmanagementerfolg

Fallstudie KaffeeLeben – Aufgabe F19

Wissen, Verstehen, Anwenden, Transfer
10 Minuten

---

1. Fragestellung

„In Ordnung“, sagte Florentine, „Du hast mich überzeugt. An dieser Idee ist wirklich etwas dran. So eine große Neuerung haben wir bei KaffeeLeben jedoch noch nie gehabt. Ich bin etwas besorgt, dass wir das ordentlich hinkriegen. Schließlich waren wir bislang immer damit beschäftigt, unser laufendes Kaffeehaus auf neue Standorte zu übertragen. Das war ja mehr oder weniger immer wieder der gleiche Ablauf und da haben wir mittlerweile fast schon Routine. Aber das hier ist neu!“ Roman schlug vor: „Wir könnten ein Projekt daraus machen und dem Ganzen so eine besondere Struktur geben und über ein gutes Projektmanagement stets den Überblick behalten.“

a) Grenzen Sie anhand der Fallsituation die Begriffe „Projekt“ und „Projektmanagement“ ab.
b) Anhand welcher Zielgrößen können Roman und Florentine später erkennen, ob ihr Projekt erfolgreich war? Machen Sie sich erste Gedanken über diese Ziele!

2. Anregungen für Ihre Diskussion der Lösung

a) Die Definition von „Projekt" wurde bereits in der vorherigen Fallstudienaufgabe thematisiert. Unter „Projektmanagement" ist die Leitung und Steuerung des Projektes zu verstehen. Nach PMI bedeutet dies „... Anwenden von Wissen, Fähigkeiten, Werkzeugen und Methoden auf Vorgänge des Projektes, damit die Anforderungen des Projektes erfüllt werden". Die GPM definiert Projektmanagement wie folgt: „Die Gesamtheit von Führungsaufgaben, -organisation, -techniken und -mitteln für die Initialisierung, Definition, Planung, Steuerung und den Abschluss von Projekten." Im Falle der Einführung von Tablets in den Kaffeehäusern von KaffeeLeben wäre das „Projekt" die Erstellung der gewünschten Leistung (Tablets sind in jeder Filiale in der gewünschten Anzahl vorhanden, haben Inhalte geladen, sind technisch funktionsfähig und sind durch den Kunden bedienbar). Das Projektmanagement bezieht sich somit auf alle Steuerungsaktivitäten, die notwendig sind, um diese Leistung zu liefern.

b) Als gängige Zielgrößen für jedes Projekt haben sich allgemein etabliert: 1. Einhaltung der Zeitvorgabe, Einhaltung der Budgetvorgabe und Einhaltung des geplanten Leistungsumfangs (Scope). Dementsprechend gilt es auch für KaffeeLeben, zu Beginn des Projektes festzulegen, welche Leistung genau erwartet wird (z. B. Anzahl der Tablets pro Filiale, Umfang und Qualität der Inhalte über Kaffee auf den Tablets, Aktualisierungszyklen der Inhalte, Möglichkeiten der Interaktion mit Kunden über die Oberfläche des Tablets etc.). Weiterhin ist der dafür notwendige Zeitaufwand zu definieren: hierbei gilt es, sowohl technische Anforderungen (z. B. wie lange dauert es, die gewünschten Inhalte zu produzieren? Wieviel Zeit wird benötigt, um WLAN-Infrastruktur in allen Filialen bereitzustellen?) als auch geschäftliche Zielvorstellungen (Wann will KaffeeLeben mit dem Angebot am Markt sein?) zu berücksichtigen. Hinsichtlich der Kosten (Budget) ist ein Budget auf Basis der vermuteten Kosten zu erstellen. Dies kann jedoch erst erfolgen, wenn die Projektanforderungen hinsichtlich Leistungsumfang und Zeit konkretisiert wurden.

3. Literaturempfehlungen

Gessler, Michael/Deutsche Gesellschaft für Projektmanagement (2016): Kompetenzbasiertes Projektmanagement (PM3): Handbuch für die Projektarbeit, Qualifizierung und Zertifizierung auf Basis der IPMA Competence Baseline, 8. Aufl., Nürnberg, S. 27 ff. und S. 53 ff.

Meyer, Helga/Reher, Heinz-Josef (2020): Projektmanagement: Von der Definition über die Projektplanung zum erfolgreichen Abschluss, 2. Aufl., Wiesbaden, S. 6 ff.

Patzak, Gerold/Rattay, Günter (2018): Projektmanagement: Projekte, Projektportfolios, Programme und projektorientierte Unternehmen, 7. Aufl., Wien, S. 35 ff.

Project Management Institute (2017a): A guide to the project management body of knowledge, 6. Aufl., Newtown Square, S. 10 ff.

Aufgabe 1: Kriterien der Projektwürdigkeit

Wissen, Verstehen
25 Minuten

1. Fragestellung

Nennen und erläutern Sie vier Kriterien zur Beurteilung der Projektwürdigkeit. Benennen Sie die Kriterien, formulieren Sie jeweils eine dazu passende Schlüsselfrage und beschreiben Sie das Ausmaß der jeweiligen Ausprägung, um die Projektwürdigkeit beurteilen zu können. Versuchen Sie, drei Einschätzungen zu benennen, die sich in ihrem Gewicht unterscheiden.

2. Beispiel

Tab. 2.3: Beurteilung der Projektwürdigkeit.

Kriterium	Beschreibung	Einschätzung:	Einschätzung:	Einschätzung:
Personenkreis	Wie viele Personen sind von dem Projekt betroffen?	Einzelne Personen aus der gleichen Abteilung	Einige Personen aus unterschiedlichen Abteilungen	Personen aus dem gesamten Unternehmen

Nicht alles, was zur Bewältigung von Aufgaben in Organisationen beobachtet werden kann, sollte in ein Projekt münden. Projekte binden Ressourcen. Wer dabei Kosten und Nutzen nicht im Auge behält, trägt dazu bei, dass Organisationen nicht wirtschaftlich arbeiten. Es ist deshalb wichtig, sich darüber klar zu werden, ob es tatsächlich sinnvoll ist, ein Projektteam zusammenzustellen und weitere Ressourcen einzusetzen oder ob ein Projekt überhaupt erforderlich ist. Aus diesem Grunde ist eine kriterienorientierte Prüfung der Projektwürdigkeit notwendig. Diese wird auch dazu dienen, die Priorisierung von Projekten zu begründen.

3. Lösung

Beispielhaft werden im Folgenden zunächst vier weitere Kriterien genannt und beschrieben. Anhand einer Bewertung kann dann die Projektwürdigkeit ermittelt werden. Eine umfassende Übersicht erhalten Sie in den Hinweisen unter Punkt 4 dieser Aufgabe.

Tab. 2.4: Beurteilung der Projektwürdigkeit – Lösungen, Quelle: In Anlehnung an Kuster et al. 2022, S. 4–10.

Kriterium	Beschreibung	Einschätzung	Einschätzung	Einschätzung
Komplexität	Wie stark sind die verschiedenen Problembereiche vernetzt?	gering und klar	mittel und überschaubar	hoch, schwierig vernetzbar
Bedeutung	Welche strategische Bedeutung hat das Projekt für die Organisation?	unbedeutend und klein	mittel und strategisch wichtig für Teile der Organisation	groß und strategisch wichtig für das gesamte Unternehmen
Dringlichkeit	Wie schnell müssen Lösungen erbracht werden?	zeitlicher Umfang kaum bedeutsam	fixer Termin für die Fertigstellung, genug Zeit	fixer Termin, die Zeit ist knapp bemessen
Risiko	Wie hoch sind das Realisierungsrisiko und die Schadenhöhe bei Misserfolg?	klein	mittel	hoch, Unternehmensgefährdung bei Scheitern des Projektes
...	...	...	...	...

4. Hinweise zur Lösung

Die hier zunächst exemplarisch beschriebenen Kriterien lassen sich wesentlich erweitern. Neben den genannten Faktoren spielen die Interdisziplinarität, der finanzielle Aufwand, der Aufwand insgesamt, das vorhandene Wissen, die allgemeine Planbarkeit und die Motivation der Mitarbeiterinnen und Mitarbeiter der Organisation eine wichtige Rolle.

Um Entscheidungen zu treffen, sollte ein Schwellenwert für die Projektwürdigkeit definiert sein, der als Anhaltspunkt dient, ob das geplante Projekt tatsächlich verfolgt wird oder nicht. Denkbar ist auch, dass bestimmte Kriterien besonders gewichtet werden. Es hängt dabei ganz entscheidend davon ab, ob es gelingt, die jeweilige Bewertung rational zu gestalten. Dafür bietet es sich zum Beispiel an, die einzelnen Punkte von verschiedenen Personen bewerten zu lassen und das Gesamtergebnis zu diskutieren.

5. Literaturempfehlungen

Kuster, Jürg et al. (2022): Handbuch Projektmanagement: Agil – Klassisch – Hybrid, 4. Aufl., Berlin, S. 4 ff.

Aufgabe 2: Traditionelle und agile Vorgehensweise im Projektmanagement

Wissen, Verstehen
25 Minuten

1. Fragestellung

Beschreiben Sie kurz die traditionelle und die agile Vorgehensweise im Projektmanagement.

Projekte haben eine breite Palette von Ausprägungen. Die Größe und/oder die Komplexität (siehe Kriterien zur Projektwürdigkeit) von Projekten können selbstverständlich sehr unterschiedlich ausfallen. Es macht einen Unterschied, ob eine komplexe Software insgesamt neu entwickelt werden soll oder ein kleineres Projekt zur Optimierung eines überschaubaren Geschäftsprozesses ansteht. Entsprechend haben sich in der Praxis verschiedene Vorgehensmodelle entwickelt.

Die Grundmodelle werden deshalb im Folgenden kurz dargestellt:

- traditionelles Projektmanagement
- agiles Projektmanagement.

Die Begriffe traditionell, klassisch und konventionell werden im Zusammenhang mit dem Vorgehen bei Projekten häufig synonym verwendet, teilweise jedoch auch nochmals unterschieden (siehe dazu Timinger 2024, S. 33 f.).

2. Lösung

Die **traditionelle Vorgehensweise** von Projekten bedeutet, dass Idee, Initialisierung, Konzept, Realisierung und Einführung in einzelne Phasen mit dezidierten Aktivitäten unterteilt werden können. Sie können logisch und zeitlich voneinander getrennt werden. Damit werden die einzelnen Schritte überschaubar und bearbeitbar. Im Ergebnis ergibt sich ein Planungs-, Entscheidungs- und Konkretisierungsprozess mit vordefinierten Meilensteinen und Korrekturpunkten.

Tab. 2.5: Das Phasenkonzept einer traditionellen Vorgehensweise im Projektmanagement, Quelle: In Anlehnung an Kuster et al. 2022, S. 20 ff. und die dort angegebene Quelle.

Phasen	Aktivitäten	Ereignisse
1. Initialisierung	– Worum geht es grob? (Sachinhalt) – Welche Organisationseinheiten sind involviert?	– Grobe Problembeschreibung – Grobe Zielformulierung – Antrag als Projekt ab Stabsstelle Projekte
+	1. Meilenstein-Entscheid	– Entscheid: Projekt oder Antrag – Veranlassung Projektstart
2. Vorprojekt	– Projektplanung (Aufbau und Ablauf) erstellen – Projektauftrag erarbeiten und klären – Kommunikationskonzept	– Vorgehenskonzept (Aufbauplanung und Projekt-Org.) – Projektauftrag – Antrag für Projektausschuss
+	2. Meilenstein-Entscheid	– Genehmigung Projektauftrag – Vereinbarung des Zielplans
3. Hauptstudie	– Gesamtkonzept der Lösungsalternativen (mit Varianten) erarbeiten – Wirtschaftlichkeit prüfen	– Gesamtkonzept vorstellen – Lösungssätze (Varianten) aufzeigen und bewerten – Antrag für Projektausschuss
+	3. Meilenstein-Entscheid	– Genehmigung Projektstand – Variante auswählen
4. Detailstudie	– Realisierungsreife Lösungen (aus Varianten) erarbeiten – Wirtschaftlichkeit detailliert erarbeiten – Realisierung, Einführung (inkl. Schulung), späterer Support/Unterhalt planen	– Detaillierte Projektlösung planen und erarbeiten – Detailpläne – Antrag für Projektausschuss
+	4. Meilenstein-Entscheid	– Genehmigung der Realisierung
5. Realisierung	– System bauen, testen, einführen – Schulungen – Unterhaltsorganisation aufbauen	– System eingeführt – Schulungen initialisiert und angelaufen
+	5. Meilenstein-Entscheid	– Abnahme des Systems – Abschluss freigeben
6. Abschluss	– Projekte an Linie übergeben	– Projektbericht – Projektorganisation aufgelöst
+	6. Meilenstein-Entscheid	– Decharge an Projektleiter – Projekt beendet

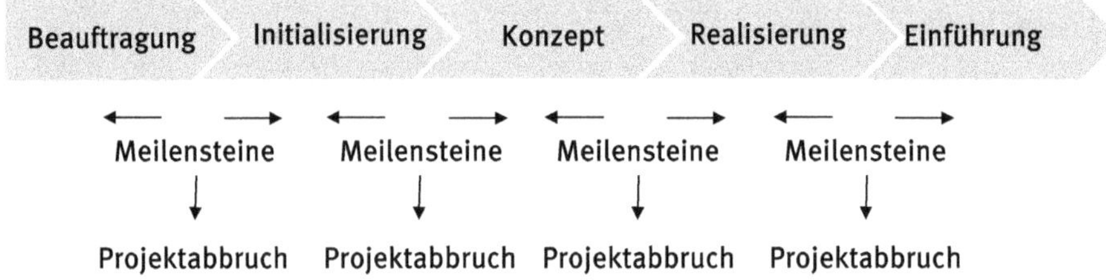

Abb. 2.1: Traditionelles Modell, Quelle: In Anlehnung an Kuster et al. 2022, S. 22 ff.

Agiles Projektmanagement meint ein Vorgehen, das nicht wie im traditionellen Projektmanagement durch feste Pläne gekennzeichnet ist, die erfüllt werden sollen. Agil lässt sich mit beweglich, flink, prozessorientiert, reflexiv und lernend umschreiben.

Die **Grundsätze des agilen Projektmanagements** wurden im „Manifesto for Agile Software Development" festgelegt (vgl. dazu z. B. Kuster et al. 2022, S. 16 und die dort angegebene Quelle) und sind auf alle agilen Projekte übertragbar:

- Individuen und Interaktionen haben Vorrang vor Prozessen und Werkzeugen.
- Funktionierende Software ist entscheidender als eine umfangreiche Dokumentation.
- Kooperation mit den Betroffenen des Projektes ist wichtiger als die Verhandlung eines Vertrages.
- Reaktionen auf Änderungen sind wichtiger als das Beibehalten eines festen Plans.

In agilen Projekten wird iterativ geplant, das heißt in kleinen Schritten. Es wird also zunächst nur der unmittelbar nächste Schritt bearbeitet, bis der Projektgegenstand fertiggestellt wird. Wenn im agilen Projektmanagement überhaupt geplant wird, dann nur sehr grob.

Agiles Projektmanagement bietet sich dann an, wenn etwa Kundenwünsche kontinuierlich berücksichtigt werden sollen. Zu den agilen Modellen gehören die recht verbreiteten Modelle **Scrum** und **Kanban** (vgl. dazu z. B. Kuster et al. 2022, S. 17 und S. 185).

3. Hinweise zur Lösung

Die Idee des agilen Projektmanagements hört sich überzeugend an. Nicht zu unterschätzen sind jedoch die Prozesse, die eher unbewusst bei den Beteiligten ablaufen. Die mit dem Ansatz verbundene sehr offene Situation kann bei den Beteiligten massive Unsicherheit erzeugen. Aus diesem Grund sind in agilen Projekten häufiger Rückmeldeschleifen einzubauen, die Schwierigkeiten angemessen thematisieren (vgl. dazu insgesamt Stelzer-Rothe et al. 2016).

4. Literaturempfehlungen

Kuster, Jürg et al. (2022): Handbuch Projektmanagement: Agil – Klassisch – Hybrid, 5. Aufl., Berlin, S. 15 ff.

Stelzer-Rothe, Thomas et al. (2016): Projekte systemisch managen! Wie Sie soziale und rationale Prozesse in Projekten achtsam steuern, Berlin. (gesamtes Werk).

Timinger, Holger (2024): Modernes Projektmanagement: Mit traditionellem, agilem und hybridem Vorgehen zum Erfolg, 2. Aufl., Weinheim, S. 27; S. 33 ff.; S. 57; S. 181.

Aufgabe 3: Phasen der Teamentwicklung in Projekten nach Tuckman

---

Wissen, Verstehen
25 Minuten

---

1. Fragestellung

Beschreiben Sie die einzelnen Phasen des Teamentwicklungs-Prozesses nach Tuckman, die Teams typischerweise durchlaufen und die auch für Projektteams gelten. Qualifizieren Sie die jeweilige Leistungsfähigkeit der Gruppe (klein, mittel, hoch) und erläutern Sie wesentliche Aufgaben, die in den einzelnen Phasen bewältigt werden sollten.

Die bereits beschriebene Notwendigkeit, sich zügig in Projektgruppen zu finden, führt zu typischen Phasen, die Gruppen durchlaufen, um im günstigen Fall zu einem Team zu werden und die Ziele des Projektes zu erreichen. Jede Phase hat ihre eigenen Herausforderungen, Chancen und Risiken, die die Projektbeteiligten kennen sollten, um erfolgreich zu arbeiten.

2. Lösung

Die hier aufgeführten fünf Phasen der Gruppen-/Teamentwicklung, die auch im Projektmanagement-Prozess beobachtet werden können, werden im Folgenden aufgeführt. Sie sind durch unterschiedliche Leistungsfähigkeit der Gruppe/des Teams und durch die Notwendigkeit zur Bewältigung typischer Aufgaben in den einzelnen Phasen gekennzeichnet.

Tab. 2.6: Phasen und typische Aufgaben des Projektleiters im Teamentwicklungsprozess nach Tuckman, Quelle: In Anlehnung an Kuster et al. 2022, S. 403–408 und die dort angegebene Quelle.

Phase	Leistungsfähigkeit	(Wichtige) Aufgaben des Projektleiters
Forming	mittel	– Orientierung finden – Öffnung zeigen – Ordnung geben – Sicherheit geben
Storming	klein	– Konflikte bewältigen – Regelsetzung ermöglichen – Aufmerksamkeit zeigen – Kommunikation pflegen
Norming	mittel (aber steigend)	– Vertrautheit spüren – Raum geben – An Zielen festhalten
Performing	hoch	– Ergebnisse produzieren – Sich beraten – Controlling anwenden – Selbstüberschätzung vermeiden
Adjourning	hoch (aber fallend)	– Abschied nehmen – Trennung verarbeiten – Erfolge wahrnehmen – Kritische Reflexion durchführen

3. Hinweise zur Lösung

Mit der Kenntnis, dass diese Phasen in der Praxis beobachtbar sind, ist es nicht getan. In vielen Organisationen ist es üblich, von Zeit zu Zeit sogenannte Teamentwicklungsmaßnahmen einzuleiten. Bei diesen Prozessen werden in der Regel Kommunikation, Konflikte und Ansätze zur Lösung von Konflikten thematisiert. Wie diese zu gestalten sind, ist ein weites Feld und mitunter ausgesprochen schwierig.

Teamentwicklungen dienen in vielen Fällen dazu, den Beteiligten den Einstieg in die Performing-Phase zu ermöglichen oder, falls es einen Rückschritt gegeben hat, wieder in diese Phase zu gelangen. Häufig fallen Teams in die Phase des Storming zurück, wenn sich Kontextbedingungen verändern. Dazu gehört vor allem, dass neue Personen in die Gruppe aufgenommen werden und ihre Rolle finden müssen. Das führt mitunter zum Kampf um die eigene Rolle, die durch andere Mitglieder der Gruppe infrage gestellt wird.

4. Literaturempfehlungen

Kuster, Jürg et al. (2022): Handbuch Projektmanagement: Agil – Klassisch – Hybrid, 5. Aufl., Berlin, S. 403 ff.
Schulte-Zurhausen, Manfred (2014): Organisation, 6. Aufl., München, S. 515 ff.

Timinger, Holger (2024): Modernes Projektmanagement: Mit traditionellem, agilem und hybridem Vorgehen zum Erfolg, 2. Aufl., Weinheim, S. 361 f.

Tuckmann, Bruce W. (1965): Developmental sequence in small groups; in: Psychological Bulletin, Jg. 63, H. 6, S. 384–399.

Aufgabe 4: Der Abschluss des Projektes

Wissen, Verstehen
15 Minuten

1. Fragestellung

Warum sollte man sich am Ende eines Projektes Gedanken dazu machen, den Abschluss festzustellen und sogar zu feiern?

Ist der Abschluss eines Projektes ein Grund, dies in besonderer Weise festzustellen oder sogar eine besondere Feier durchzuführen? Man könnte argumentieren, dass die im Projekt beteiligten für ihre Arbeit bezahlt wurden. Die Leistung ist also grundsätzlich abgegolten. Was könnte trotzdem dazu bewegen, auf den Abschluss hinzuweisen und sogar eine Feier durchzuführen, die das Ende des Projektes zum Gegenstand hat? Ist ein solches Vorhaben vielleicht sogar kontraproduktiv, weil es Begehrlichkeiten weckt, die beim nächsten Projekt nicht erfüllt werden können und dann zu einer Demotivation führen? Grundsätzlich verursacht eine Feier Kosten und Ertragsausfälle, die gerechtfertigt werden sollten.

2. Lösung

Zur Antwort auf die genannte Frage bedarf es zunächst eines grundsätzlichen Gedankens. Dieser besteht darin, dass die Suche nach dem Sinn an der Arbeit, die wir leisten, damit beginnt, dass Menschen die Anerkennung spüren, die ihnen entgegengebracht wird. Wer das Gefühl hat, wertlos zu sein und im privaten wie im beruflichen Umfeld den Eindruck gewinnt, für andere keine Bedeutung zu haben, wird es schwer haben, sich vorzustellen, dass er etwas Gutes, Bedeutsames und/oder Sinnvolles tut. Wir brauchen also ein Bewusstsein dafür und können andere darin bestärken, dass jeder Mensch einen Wert, Würde und einen Anspruch auf Respekt hat. Wem das verweigert wird, wird auch seine Arbeit als wert- und sinnlos erleben. Wer dann trotzdem in einem derartigen Umfeld arbeiten muss, weil er keine Alternative hat, wird am Ende krank. Resonanzerfahrung ist so eine überaus bedeutsame Quelle für die Freude an der Arbeit. Wem etwas gelingt, spürt Selbstwirksamkeit, die Würde vermittelt, wenn er sie tatsächlich wahrnimmt. Letzteres fällt übrigens manchem Menschen, der das bisher nicht oder nicht oft erlebt hat, schwer. Das ist umso mehr ein Argument, sich um das Thema Abschluss(-feier) zu kümmern.

Das soeben Gesagte ist die gedankliche Schnittstelle zu der Frage, ob man den Abschluss eines Projektes besonders hervorheben sollte und sogar feiern könnte. Natürlich gilt das Erwähnte in allen anderen Phasen eines Projektes. Am Ende ist es jedoch besonders wertvoll, nicht zu vergessen, dass sich Menschen engagiert haben und zu einem Abschluss des Projektes beigetragen haben.

Es gibt bedauerlicherweise tatsächlich Menschen, die nicht in der Lage sind, sich den eigenen Erfolg klarzumachen. Diesen kann man dabei helfen zu entdecken, dass sie etwas geschafft haben oder erfolgreich waren, um die Wirkung zu spüren, die mit dem Erfolg einhergeht. Dass sich dies mittlerweile wissenschaftlich nachweisen lässt und keine nette gedankliche Zugabe ist, sollte betont werden. Wer Situationen, die authentische Wertschätzung und Anerkennung beinhalten, nicht nutzt, vergibt wertvolle Chancen für berufliche Erfüllung. Wertschätzung befördert in aller Regel die Leistungsfreude und die Leistungskraft von Menschen.

Es liegt auf der Hand, dass die Abschlussfeier eines Projektes angemessen ausfallen sollte. Kleine Projekte werden vielleicht mit einem Abendessen enden, bei größeren Projekten ist ein entsprechend größerer Rahmen für die Abschlussphase zu wählen.

3. Hinweise zur Lösung

Fühlende Lebewesen, zu denen in erster Linie Menschen gehören, wollen sich wohlfühlen (vgl. dazu Bauer 2015, S. 27 ff.). Diese Erkenntnis geht auf Charles Darwin zurück, wird bei Sigmund Freud in Form des Lustprinzips aufgegriffen bzw. wiederholt und kann durch die in den letzten Jahren erfolgte (Hirn-)Forschung bestätigt werden.

Menschen sehnen sich nach guten Gefühlen und es liegt nahe, die Frage zu stellen, wie diese Gefühle in Gang gesetzt werden. Neurobiologisch wird im Motivationssystem unseres Gehirns ein „Hormoncocktail" angerichtet, der aus den Botenstoffen Dopamin, endogenen Opioiden und Oxytocin besteht und Wohlfühlen (endogene Opioide) und Bindung/Vertrauen (Oxytocin) verursacht. Interessant ist, dass das Dopamin nicht nur psychische Energie hervorruft, damit ein Vorhaben engagiert und/oder lustvoll angegangen werden kann; es wirkt auch in Systemen des Gehirns, die für Bewegungen zuständig sind, schafft also auch die körperlichen Voraussetzungen, damit man sich auf etwas hinbewegen kann. Eine Vielzahl von Studien aus den vergangenen Jahren weist darauf hin, dass das Motivationssystem vor allem dann aktiviert wird, wenn von anderen Menschen Anerkennung, Wertschätzung, Sympathie oder gar Liebe empfangen kann. Dass dabei Anstrengung und Entbehrung in Kauf genommen werden, sollte nicht vergessen werden. Dieser Zusammenhang wird weiter unten noch etwas ausführlicher dargestellt.

4. Literaturempfehlungen

Bauer, Joachim (2015): Arbeit: Warum sie uns glücklich oder krank macht, München, S. 28 ff.; S. 171 f.

Timinger, Holger (2024): Modernes Projektmanagement: Mit traditionellem, agilem und hybridem Vorgehen zum Erfolg, 2. Aufl., Weinheim, S. 538 ff.

2.2 Projektinitialisierungs-Phase

2.2.1 Projektidee, Projektauftrag und Projektziele

Fallstudie KaffeeLeben – Aufgabe F20

Wissen, Verstehen, Anwenden, Transfer
20 Minuten

---

1. Fragestellung

Nachdem sich Florentine und Roman darauf verständigt hatten, die Idee weiter voranzutreiben, trafen sich die beiden mehrfach, um sich über die Projektziele auszutauschen.

Überlegen Sie sich, welche inhaltlichen Anforderungen an den Projektumfang (Leistung/Scope) gestellt werden könnten.

2. Anregungen für Ihre Diskussion der Lösung

Grundsätzlich bietet es sich an, bei der Definition der Projektziele zudem auch Nicht Ziele klar als solche zu benennen. Dies beugt Missverständnissen bei Anspruchsgruppen (Stakeholdern) sowie unterschiedlichen Verständnissen innerhalb des Projektteams vor und vereinfacht damit die spätere Umsetzung.

Mögliche Ziele sind u. a.:

- Mithilfe der Inhalte auf den Tablets soll die Marke von KaffeeLeben als nachhaltigkeitsorientiertes Kaffeehaus verstärkt werden. Kunden, die sich bewusst für Kaffeegenuss interessieren, sollen darüber stärker an KaffeeLeben gebunden werden.
- Anzahl der Tablets pro Filiale, z. B. pro Tisch ein fest eingebautes Gerät.
- Konfiguration der Tablets in einer Art und Weise, so dass ausschließlich die Bedienung der „KaffeeLeben"-Inhalte möglich ist und der Nutzer keine anderen Apps (z. B. Internet) öffnen kann.
- Anforderungen bzgl. der Festlegung der initialen Inhalte (Content): z. B. Informationen zu jeder Kaffeesorte, geografisch-klimatische Informationen zum Anbaugebiet, einer Biografie der Farmerfamilie, Tipps dazu, wie die Kaffeesorte zu Hause ideal selbst zubereitet werden kann, Produktempfehlungen, Bestellmöglichkeit direkt über das Tablet, Kundeninteraktion wie z. B. Feedback, Gewinnspiele etc.
- Erarbeitung eines Regelprozesses, der sich an das Projekt anschließt, über den die Inhalte (Content) regelmäßig überprüft, aktualisiert und an das aktuelle Produktsortiment von KaffeeLeben angepasst sowie Aufnahme von Kundenfeedbacks zum Tablet-Angebot eingeholt werden.
- Technische Anforderungen, wie z. B. Internetbandbreite, WLAN-Auslegung
- Schulung der KaffeeLeben-Mitarbeiterinnen und Mitarbeiter in den Filialen, sodass sie den Kunden die grundlegende Bedienung erklären können.

- Etablierung eines Supports, an den sich die Filialmitarbeiterinnen und -mitarbeiter wenden können, wenn es technische Schwierigkeiten gibt.
- Sowie weitere Aspekte, die sich aus Ihrer Diskussion ergeben …

Nicht Ziele können z. B. sein:
- Mit der Einführung der Tablets und einer Bestellfunktion auf diesen soll kein Abbau von Arbeitsplätzen verbunden sein.
- Durch die Tablets soll keine sterile, technologisierte Atmosphäre in den Kaffeehäusern entstehen (so wie es z. B. beim ideenauslösenden „Meiko-Sushi" in Singapur der Fall war) – der hanseatische Charakter soll weiter gewahrt bleiben.
- Die Beratung durch die Mitarbeiterinnen und Mitarbeiter an der Theke soll nach wie vor genauso wichtig sein wie bisher.
- Sowie weitere Aspekte, die sich aus Ihrer Diskussion ergeben …

3. Literaturempfehlungen

Gessler, Michael/Deutsche Gesellschaft für Projektmanagement (2016): Kompetenzbasiertes Projektmanagement (PM3): Handbuch für die Projektarbeit, Qualifizierung und Zertifizierung auf Basis der IPMA Competence Baseline, 8. Aufl., Nürnberg, S. 101 ff.

Meyer, Helga/Reher, Heinz-Josef (2020): Projektmanagement: Von der Definition über die Projektplanung zum erfolgreichen Abschluss, 2. Aufl., Wiesbaden, S. 41 ff.

Patzak, Gerold/Rattay, Günter (2018): Projektmanagement: Projekte, Projektportfolios, Programme und projektorientierte Unternehmen, 7. Aufl., Wien, S. 83 ff.

Project Management Institute (2017a): A guide to the project management body of knowledge, 6. Aufl., Newtown Square, S. 75 ff.

Aufgabe 1: Schlüsselfragen zu Beginn eines Projektauftrages

Wissen, Verstehen
10 Minuten

---

1. Fragestellung

Welche Schlüsselfragen sollten zu Beginn eines Projektauftrages im Rahmen eines traditionellen Projektes unbedingt geklärt werden? Stellen Sie jeweils eine typische Frage zu den am Anfang stehenden Entscheidungs- und Handlungsfeldern eines Projektes, nämlich zu den Feldern der Zuständigkeiten, des Projektmanagementprozesses und der Grobziele.

Projekte, die traditionell durchgeführt werden, sind von der Grundidee geprägt, dass die Wahrscheinlichkeit des Projekterfolges vor allem durch gut durchdachte Planungsprozesse wesentlich bedingt, zumindest jedoch außerordentlich gesteigert wird. In einem Bonmot wird gelegentlich erwähnt, dass Planung der Ersatz des Zufalls durch

Irrtum ist. Traditionelle Projekte sind deshalb plangetrieben, Abweichungen von Plänen sind in dieser Denkweise kritisch und sollten vermieden werden.

Wenn dem so ist, ist es sinnvoll, sich gerade am Anfang eines Projektes strukturiert und planmäßig zu verhalten. Die dabei durch Erfahrung in Projekten herausgearbeiteten Schlüsselfragen lassen sich zunächst, wie in der Aufgabenstellung angedeutet, grob fassen.

2. Lösung

Zuständigkeiten

- Wer ist für die Projektfreigabe zuständig (und erteilt damit auch den Projektauftrag)?

Projektmanagementprozesse

- Welche formellen Prozesse (z. B. interne Regeln) sind unbedingt einzuhalten?

Grobziele

- Welche groben Ziele lassen sich daraus ableiten, dass dem Projekt eine Idee zugrunde liegt (z. B. Leistungsziele, Terminziele, Kostenziele)?

3. Hinweise zur Lösung

Die genannten Fragen bilden lediglich einen Teil dessen ab, was am Anfang des Projektes steht. Es sind weitergehende Fragen zu klären, nämlich etwa die nach der in der Anfangsphase entstehende Leitungsverantwortung im Projektmanagement. Überaus wichtig ist in der Organisationsrealität ebenfalls die Frage nach den Ressourcen (Personal, Finanzen und Sachmittel).

Darüber hinaus werden Konflikte in Projekten häufig dadurch verursacht, dass die Befugnisse und Verantwortlichkeiten der Projektmitglieder nicht ausreichend geklärt wurden. Bis der Auftrag für ein Projekt tatsächlich zustande kommt, sind in der Regel viele Informationen zu sammeln und auszuwerten. Diese Sammlung zielbezogen abzugrenzen, gehört zu den wesentlichen Aufgaben in der Anfangsphase eines Projektes. Somit sollen weder wichtige Informationen vergessen werden noch Verzögerungen hervorgerufen werden durch umfangreiche Recherchen, die nicht projektdienlich sind und die Projektkosten unnötig erhöhen.

4. Literaturempfehlungen

Kuster, Jürg et al. (2022): Handbuch Projektmanagement: Agil – Klassisch – Hybrid, 5. Aufl., Berlin, S. 53 ff.

Timinger, Holger (2024): Modernes Projektmanagement: Mit traditionellem, agilem und hybridem Vorgehen zum Erfolg, 2. Aufl., Weinheim, S. 57 ff.

Aufgabe 2: Inhalte eines Projektauftrages

Wissen, Verstehen
25 Minuten

1. Fragestellung

Welche Inhalte sollte ein Projektauftrag enthalten? Nennen und erläutern Sie aus dem außerordentlich umfangreichen Katalog (siehe Hinweise) die Sachverhalte zur Ausgangslage, zu den Risiken und zur Projektorganisation.

Grundsätzlich ist der Projektauftrag vor allem ein Vereinbarungsprozess zwischen dem Projektleiter und dem Projektauftraggeber. Dabei sollten auch die Stakeholder des Projektes nicht vergessen werden, also diejenigen, die besonders wichtige Ressourcen bereitstellen, Einfluss auf das Projekt nehmen können, von dem Projekt besonders betroffen sind oder den Projektauftrag besonders fördern bzw. hemmen können.

2. Lösung

Tab. 2.7: Bestandteile des Projektantrages und Schlüsselfragen, Quelle: In Anlehnung an Kuster et al. 2022, S. 66.

Bestandteil des Projektantrags	Schlüsselfragen
Ausgangslage	– Was hat zum Projekt geführt? – Welche Vorgeschichte hat das Projekt? – Was waren die auslösenden Faktoren für das Projekt? – Wie sieht die Ist-Situation aus? – Welche Probleme weist die Ist-Situation auf?
Ziele	– Welche (groben) Ziele soll das Projekt erreichen? – Welche Ziele werden für die Initialisierungsphase angestrebt?
Risiken	– Wie lauten die bekannten Risiken des Projektes? – Was können die Beteiligten tun, um die Risiken zu reduzieren oder zu eliminieren? – Welche Konsequenzen sind bei einer Nichtrealisierung zu erwarten?
Projektorganisation	– Wer ist der Auftraggeber? – Wer ist der Projektleiter (Auftragnehmer)? – Wer gehört zum Projektteam? – Wer gehört zu den Aufsichtsgremien? – Was passiert bei eventuellen Eskalationen im Projekt?

3. Hinweise zur Lösung

Projektaufträge sind insbesondere bei größeren Projekten, die in der traditionellen Form durchgeführt werden, überaus aufwendig. Außer den genannten Bestandteilen gibt es eine Vielzahl anderer Stichworte, die in einem Projektauftrag bearbeitet werden müssen, damit nicht bereits in der Auftragsphase schwerwiegende Folgeprobleme verursacht werden.

Zur Vereinfachung von Projektmanagementprozessen werden sogenannte Projektmanagementhandbücher in Organisationen eingesetzt. Diese regeln allgemein, wie Projekte ablaufen sollen. Das darauf aufbauende Projekthandbuch ist die spezifische Anpassung für ein konkretes Projekt. Beide sind wichtige Voraussetzungen dafür, dass zum Beispiel an den richtigen Stellen und in dem gebotenen Umfang sinnvolle Vereinbarungen getroffen werden, angemessene Pläne entstehen, Strukturen geformt und transparent werden. Allgemein formuliert bilden Projekthandbücher die Spielregeln des Projektes ab.

4. Literaturempfehlungen

Kuster, Jürg et al. (2022): Handbuch Projektmanagement: Agil – Klassisch – Hybrid, 5. Aufl., Berlin, S. 138 f.

Timinger, Holger (2021): Modernes Projektmanagement in der Praxis: Mit System zum richtigen Vorgehensmodell, Weinheim, S. 15 ff.

Timinger, Holger (2024): Modernes Projektmanagement: Mit traditionellem, agilem und hybridem Vorgehen zum Erfolg, 2. Aufl., Weinheim, S. 60 ff.

2.2.2 Festlegung der Rollen im Projekt

Fallstudie KaffeeLeben – Aufgabe F21

Wissen, Verstehen, Anwenden, Transfer
20 Minuten

1.Fragestellung

„In den nächsten Monaten stehen die Einkaufsverhandlungen mit unseren Lieferanten an und einige Mietverträge unserer Filialen müssen nachverhandelt werden“, stellte Florentine fest. Beide Geschäftsführer waren in diesen Tagen gut ausgelastet, da sich KaffeeLeben positiv entwickelte. „Ich weiß gar nicht, wie wir uns auch noch um das Tablet-PC-Projekt kümmern sollen!“ Florentine schlug vor: „Wir können die Projektleitung ja abgeben. Wir müssen lernen, nicht alles selbst zu machen. Die Filialen leiten ja auch nicht wir, sondern unsere Filialleiter. Vielleicht sollten wir einen anderen Projektleiter für diese Sache finden als uns.“

Jedoch hatte Florentine auch gleich gewisse Bedenken: „Aber wer kann dies übernehmen? Hier im Büro haben wir wenige Mitarbeiterinnen und Mitarbeiter, denen ich so viel Verantwortung zutraue.“ „Ich habe eine Idee!“ sagte Roman, „ich hatte neulich ein Gespräch mit Klaus Eisenhart, dem Filialleiter, den wir letztes Jahr neu eingestellt hatten. Er berichtete, dass er seinen Mitarbeiter Stephan Geradewiese erfolgreich zum Stellvertreter eingearbeitet hat. Du erinnerst dich? Das ist der, der in seiner Freizeit die ganzen Bücher zu Kaffeeröstung und Nachhaltigkeit verschlungen hat und von dem ganzen Team in der Filiale „Dr. Coffee“ genannt wird. Der hat auch ein gutes Gespür dafür, was die Kunden wollen.“ Florentine fand die Personalie gar nicht verkehrt: „Wir könnten ihm tatsächlich die Projektleitung übertragen. Das kann ich mir gut vorstellen.“

Beschreiben Sie Unterschiede zwischen der Rolle als Führungskraft der Filiale von Herrn Eisenhart und der künftigen Rolle als Führungskraft des Projektes von Herrn Geradewiese. Betrachten Sie insbesondere die Aspekte Einflussbereich, Mitarbeiterverantwortung, Weisungsbefugnis, finanzielle Verantwortung, zeitliche Gültigkeit der Rolle und zeitlicher Umfang.

Welche Rolle könnten Florentine und Roman im Rahmen des Projektes übernehmen? Was wäre dabei unbedingt zu klären?

Welche Kompetenzen sollte Herr Geradewiese idealerweise mitbringen, um ein guter Projektleiter zu sein? Worauf sollten Florentine und Roman bei der Auswahl achten?

2. Anregungen für Ihre Diskussion der Lösung

a) **Tab. 2.8:** Festlegung der Rollen im Projekt, Quelle: In Anlehnung an Kuster et al. 2022, S. 107 ff.

	Filialleiter Eisenhart	Projektleiter Geradewiese
Einflussbereich	Management der Geschäftseinheit „Filiale“	Management der temporären Organisation („Projekt“), die zur Erreichung der Projektziele etabliert wurde
Mitarbeiterverantwortung	Alle Mitarbeiterinnen und Mitarbeiter in der Geschäftseinheit	Mitarbeiterinnen und Mitarbeiter aus verschiedenen Geschäftseinheiten, die zur Erfüllung der Aufgaben im Projekt beteiligt sein müssen (Projektteam)
Weisungsbefugnis	Fachlich und disziplinarisch	Fachlich
Finanzielle Verantwortung	Kosten und Erlöse der Filiale	Budget des Projektes
Zeitliche Gültigkeit der Rolle	Auf Dauer	Bis zum Projektende
Zeitlicher Umfang	Vollzeit	Vermutlich nur einen Teil seiner Arbeitszeit

b) Florentine und Roman wären die Auftraggeber des Projektes. Zu klären wäre, ob wirklich beide als Auftraggeber agieren sollten, da dies weiteren Abstimmungsbedarf nach sich ziehen könnte. Herr Geradewiese wird als Projektleiter direkt an den/die Auftraggeber berichten und – sofern er parallel weiter als stellvertretender Filialleiter agiert, wie gewohnt diesbezüglich auch an Herrn Eisenhart. Bezogen auf das Projekt ist Herr Eisenhart jedoch nicht weisungsbefugt gegenüber Herrn Geradewiese.
c) Ein Projektleiter sollte u. a. folgende Kompetenzen mitbringen:
   - Kenntnis über die Methode des Projektmanagements
   - Erfahrungen in der Projektarbeit
   - Fachliche Kenntnisse zum Projektinhalt
   - Kommunikationsfähigkeit
   - Führungskompetenz
   - Belastbarkeit
   - Anpassungsfähigkeit

3. Literaturempfehlungen

Gessler, Michael/Deutsche Gesellschaft für Projektmanagement (2016): Kompetenzbasiertes Projektmanagement (PM3): Handbuch für die Projektarbeit, Qualifizierung und Zertifizierung auf Basis der IPMA Competence Baseline, 8. Aufl., Nürnberg, S. 297 ff. sowie die „International Competence Baseline" der IPMA in der jeweils gültigen Fassung (online www.gpm-ipma.de).

Meyer, Helga/Reher, Heinz-Josef (2020): Projektmanagement: Von der Definition über die Projektplanung zum erfolgreichen Abschluss, 2. Aufl., Wiesbaden, S. 80 ff.

Patzak, Gerold/Rattay, Günter (2018): Projektmanagement: Projekte, Projektportfolios, Programme und projektorientierte Unternehmen, 7. Aufl., Wien, S. 140 ff.

Project Management Institute (2017a): A guide to the project management body of knowledge, 6. Aufl., Newtown Square, S. 51 ff. sowie das „Talent Triangle" in der jeweils gültigen Fassung (online www.pmi.org).

Timinger, Holger (2024): Modernes Projektmanagement: Mit traditionellem, agilem und hybridem Vorgehen zum Erfolg, 2. Aufl., Weinheim, S. 40 ff.

Aufgabe 1: Verantwortung von Lenkungsausschuss und Projektleiter

Wissen, Verstehen
35 Minuten

1. Fragestellung

Welche Verantwortung und welche Befugnisse haben der Lenkungsausschuss und die Projektleiter in traditionellen Projekten? Gehen Sie bei den Projektleitern auf verschiedene, projektabhängige Ausprägungsformen und Phasen des Projektes ein.

Projekte sind zwar aus den bereits oben erwähnten Gründen in heutigen Zeiten relativ alltägliche Elemente von Organisationssystemen. Trotzdem stellen sie etwas dar, was den Arbeitsalltag durchaus stören kann. Die Schnittstellen vom Unternehmen in das Projekt hinein sollten deshalb nachvollziehbar und sinnvoll gestaltet werden. So benötigt die übergeordnete Organisation einen Kontakt in das Projekt und umgekehrt das Projektteam Informationen aus dem Unternehmen, damit projektrelevante Informationen fließen können.

Aus diesem Grunde wird in traditionellen Projekten eine Arbeitsgruppe eingerichtet, die als Lenkungsausschuss bezeichnet wird (auch Steering Committee). Der Ausschuss ist für die richtungsweisenden Entscheidungen des jeweiligen Projektes zuständig und Auftraggeber des Projektes. Deshalb gilt es, den Rahmen der Zuständigkeiten/Aufgaben des Lenkungsrates unmissverständlich im jeweiligen Projekt aufzuzeigen.

Ebenso wie das Steering Committee ist die Aufgabe des Projektleiters abzugrenzen, um Missverständnisse und Konflikte zu vermeiden. In der Praxis lassen sich je nach Projektumfang und Projektfortschritt verschiedene Formen der Projektleitung ausmachen, deren jeweilige Ausprägung dargestellt werden kann.

2. Lösung

Der Lenkungsausschuss ist für folgende Aufgaben zuständig:

- Formulierung des Projektauftrages
- Zusammensetzung der Projektgruppe
- Besetzung der Personen, die in einem eventuellen Beraterausschuss agieren
- Einordnung des Projektes in die Unternehmensorganisation
- Festlegung der Entscheidungskompetenzen des Projektleiters
- Transparenz wesentlicher Informationen des Projektes den Leitungsstellen des Unternehmens gegenüber (einschließlich des Respekts der getroffenen Regelungen)
- Bestimmung der notwendigen Projektstufen
- Abnahme und Freigabe der Zwischenentscheidungen innerhalb eines Projektes
- Eingriff in das Projekt, falls gravierende Abweichungen vom Projektplan beobachtet werden
- Setzung von Prioritäten, falls es zu Engpässen kommt
- Unterstützung des Projektleiters bei Problemen, insbesondere auch gegenüber den Leitungsstellen der Primärorganisation
- Durchsetzung übergeordneter Unternehmensinteressen.

Die Aufgaben eines Projektleiters hängen von der Ausprägung des Projektes ab.

In hierarchiefreien Projektgruppen sind die Mitglieder einer Projektgruppe gleichberechtigt. Das ergibt Sinn, wenn vor allem eine offene Kooperation im Projekt notwendig ist. Es gilt insbesondere bei allen Projekten, bei denen Innovation und Kreativität im Vordergrund stehen. Damit ein strukturierter und zeitlich verantwortbarer Ablauf gewährleistet werden kann, wird die Funktion eines Gruppensprechers definiert, der zeitlich begrenzt die anstehenden Aufgaben koordiniert und das Projekt nach außen vertritt.

In hierarchischen Projektgruppen wird ein Projektleiter für die Dauer des Projektes bestimmt. Die Spanne der Kompetenzen, die dem Leiter in diesem Fall zugebilligt wird, ist groß. Sie reicht vom Projektkoordinator bis zum Leiter mit uneingeschränkten Leitungskompetenzen. Normalerweise wird die disziplinarische Leitung jedoch nicht auf den Projektleiter übertragen, sondern verbleibt bei den Linienvorgesetzten.

Die Hauptaufgaben eines Projektleiters mit umfassenden Kompetenzen in der Planungsphase sind die folgenden:
- Formulierung von Projektzielen
- Überprüfung der Realisierbarkeit der Ziele
- Dokumentation von Zielen und deren Erreichungsgrad
- Veranlassung notwendiger Genehmigungen durch den Lenkungsausschuss
- Vorschlagsrecht für die Mitglieder der Projektgruppe
- Mitwirkung bei der Strukturierung des Projektes in den einzelnen Projektstufen/Projektphasen.

Bei der Durchführung stehen folgende Aufgaben an:
- Erarbeitung von Einzelplänen für die Projektmitarbeiterinnen und -mitarbeiter
- Festlegung der daraus resultierenden Termine und der notwendigen Ressourcen
- Überwachung der Teilaufgaben (Termine und Kosten)
- Ggf. Einleitung von Korrekturmaßnahmen (auch mit Rückkopplung in den Lenkungsausschuss)
- Qualitätssicherung
- Informationsausschuss innerhalb der Projektgruppe
- Projektdokumentation
- Sicherung des Fortgangs des Projektes durch Herbeiführung notwendiger Entscheidungen im Lenkungsausschuss
- Gewährleistung der notwendigen Projekttransparenz in die Organisation hinein.

Der Projektleiter nimmt seine Führungsfunktionen abhängig von der oben beschriebenen Ausprägung mit mehr oder weniger (Entscheidungs-)Kompetenzen wahr. Er wird in der Regel Projektaufgaben in Form von Arbeitspaketen verteilen, die Anwesenheitsplanung (mit-)organisieren, eventuelle Entwicklungsmaßnahmen für die Projektmitglieder einleiten und sich bei den unmittelbaren Konflikten in der Projektgruppe um Lösungen kümmern.

3. Literaturempfehlungen

Schulte-Zurhausen, Manfred (2014): Organisation, 6. Aufl., München, S. 447 ff.

Aufgabe 2: Kompetenzen von Projektmanagern

Wissen, Verstehen
20 Minuten

---

1. Fragestellung

Welche Kompetenzen benötigen Projektmanager? Beschreiben Sie wesentliche Kompetenzen und begründen Sie diese.

Die anspruchsvollen Aufgaben, die oben beschrieben wurden, die sich gerade für die Projektleiter ergeben, sind eine willkommene Form, Mitarbeiterinnen und Mitarbeiter auf Leitungsfunktionen in der Linie vorzubereiten. Insbesondere dann, wenn die Leitung weit definiert wird, unterscheidet sich der Projektleiter nur wenig von einer Linienführungskraft.

2. Lösung

In aller Regel werden für den Projektleiter die folgenden Kompetenzen genannt:

- Persönliche Kompetenz
- Sozialkompetenz
- Verhandlungskompetenz
- Methodenkompetenz.

Die Begriffe sind erklärungsbedürftig. Unter persönlicher Kompetenz wird einerseits die Fähigkeit zur Selbstwahrnehmung (Selbstkenntnis, Selbstwahrnehmung und Selbstvertrauen) verstanden. Zum anderen ist das Selbstmanagement unter dem Begriff der persönlichen Kompetenz zu subsumieren (mit emotionaler Selbstkontrolle, Anpassungsfähigkeit, Aufrichtigkeit und Leistungsbereitschaft) (vgl. dazu Goleman 2003, S. 61).

Die Sozialkompetenz wird in soziales Bewusstsein (Empathie, Kommunikationsfähigkeit, Gruppen- und Organisationsbewusstsein) und Beziehungsmanagementfähigkeit unterschieden (Überzeugungskraft, Feedbackfähigkeit, Konfliktmanagementfähigkeit, Kooperationsfähigkeit).

Unter Verhandlungskompetenz wird die Fähigkeit verstanden, die eigenen berechtigten Interessen überzeugend vortragen zu können und auf die Interessen der anderen Verhandlungsseite angemessen eingehen zu können. Diese Fähigkeiten werden durch die oben genannten Kompetenzen persönlicher und sozialer Art notwendigerweise ergänzt.

Die methodischen Kompetenz bezieht sich auf die Fähigkeit, für Probleme Wege finden zu können, die das Problem angemessen lösen. Dazu gehört die bereits im Zusammenhang mit den Aufgaben von Projektleitern beschriebene Notwendigkeit, Informationen zu beschaffen, zu strukturieren, zu dokumentieren und darzustellen. Ebenfalls gehört dazu die Fähigkeit, Informationen auszuwerten und zu interpretieren.

Die bereits angesprochene Konfliktmanagementfähigkeit kann in diesem Sinne ebenfalls als eine methodische Kompetenz aufgefasst werden, die bei der Lösung von Problemen immer mehr an Bedeutung gewinnt, weil dialogorientierte und partizipationsorientierte Projektmanagementprozesse deutlicher als in der Vergangenheit konfliktträchtig sind. Dies ist zwar einerseits im Hinblick auf die Qualität der Ergebnisse gewünscht, jedoch auch aufwendig und muss vom Projektleiter bewältigt werden.

3. Hinweise zur Lösung

Die Darstellung der Kompetenzen, die von Projektleitern heute in Projekten verlangt werden, macht deutlich, dass die Aufgabe überfordern kann. Es ist deshalb ratsam, den Projektleiter eine Entwicklungsmaßnahme durchlaufen zu lassen, bevor die ersten kleineren Projekte übernommen werden. Im Prozess selbst kann es hilfreich sein, wenn ein Coaching oder eine Supervision angeboten wird, die für eine Entlastung sorgt.

4. Literaturempfehlungen

Goleman, Daniel (2003): Emotionale Führung, Berlin, S. 61.
Kuster, Jürg et al. (2022): Handbuch Projektmanagement: Agil – Klassisch – Hybrid, 5. Aufl., Berlin, S. 101.

Aufgabe 3: Projektmanagement als Feld motivierender Beziehungsgestaltung

---

Wissen, Verstehen
20 Minuten

---

1. Fragestellung

Die Kompetenzen von Projektverantwortlichen sollten umfassend sein. Die bereits genannten Stichworte der persönlichen Kompetenz, der Sozialkompetenz, der Verhandlungskompetenz und der Methodenkompetenz sind überaus wichtige Bestandteile einer erfolgreichen Bewältigung von Projektaufträgen.

Ganz besonders herausfordernd ist in der Regel die Gestaltung der Beziehungen in Projekten. Hier ist es notwendig, mindestens eine Arbeitsfähigkeit zwischen den Beteiligten herzustellen und/oder zu erhalten. Die Frage, welche Erfahrungen die einzelnen Projektmitglieder aus der Arbeit im Projektteam mitnehmen, ist wesentlich dadurch bestimmt, wie die Zusammenarbeit (subjektiv) wahrgenommen wurde. An anderer Stelle wurde bereits darauf hingewiesen, dass bei Organisationsentwicklungsmaßnahmen der produktive und konstruktive Umgang mit Konflikten außerordentlich wichtig ist, damit das Geschehen gelingt und die als sinnvoll erachtete Veränderung bzw. Entwicklung eintritt.

Wie kommt es, dass Menschen sich in Projekten wohlfühlen und motiviert sind? Was passiert, wenn Menschen sich ausgegrenzt fühlen?

2. Lösung

Für die Beantwortung der ersten Frage ist es wichtig zu klären, wie das Motivationssystem des Menschen funktioniert. Es handelt sich dabei um eine fundamentale neurobiologische Struktur. Sie besteht im Gehirn aus zwei Komponenten, die eine Achse bilden und miteinander verbunden sind. Bei einer Aktivität des Systems geben die Neuronen der Basiskomponente (Ventrales tegmentales Areal) einen Botenstoff namens Dopamin an die zweite Komponente des Systems (Nucleus accumbens) ab. Die Wirkung dieser Freisetzung ähnelt dem Doping. Es entsteht ein Gefühl des Wohlbefindens. Der Organismus des Menschen wird in einen Zustand versetzt, der Konzentration und Handlungsbereitschaft hervorruft. Dopamin ist dazu da, den Menschen auf ein Ziel hin zu bewegen. Zusätzlich werden im vorderen Teil des Systems weitere Botenstoffe ausgeschüttet (endogene Opioide). Die Wirkung dieser Botenstoffe ist mit der von Heroin und Opium vergleichbar, wenngleich sie feiner dosiert ist und bei Menschen nicht etwa betäubende Wirkung hat. Der Effekt ist sanft und wohltuend. Endogene Opioide haben positive Effekte auf das Ich-Gefühl und auf die Lebensfreude. Sie vermindern die Schmerzempfindlichkeit und stärken das Immunsystem.

Neben Dopamin und endogenen Opioiden wird ein dritter Wohlfühlbotenstoff im beschriebenen System ausgeschüttet, nämlich das sogenannte Oxytocin. Oxytocin ist ein besonders interessanter Botenstoff, weil er eine in Projekten und in der Zusammenarbeit zwischen Menschen hochgradig wichtige Funktion hat, die wir später erläutern. Alle Bereiche zusammen werden als Motivationssystem bezeichnet und sorgen dafür, dass Menschen einen Antrieb spüren.

Die spannende Frage ist nun, was denn eigentlich geschehen muss, dass dieses Motivationssystem in Gang gesetzt wird. Die Beantwortung dieser Frage ist nicht nur für das Gelingen von Projekten, sondern insgesamt für das Miteinander von Menschen von entscheidender Bedeutung – ob im beruflichen Kontext oder privat.

Die Antwort auf diese Frage liegt eigentlich nahe, wenn die eigenen Lebenserfahrungen reflektiert werden. Kern aller Motivation sind soziale Resonanz und Kooperation. Wertschätzung, Anerkennung, Zuwendung und Zuneigung zu finden, sind die entscheidenden Antreiber von Motivation. Das wird vielleicht alle diejenigen Menschen überraschen, die vor allem Materielles im weitesten Sinne als besonders motivierend in Verdacht hatten. Selbstverständlich hat etwa Geld eine motivierende Wirkung. Diese „verpufft“ allerdings recht schnell und ist für dauerhafte Motivationsprozesse nicht geeignet. Nichts aktiviert Menschen so sehr wie die Aussicht auf soziale Anerkennung. Das beim Erleben von Zuwendung ausgeschüttete Oxytocin ist dabei ein besonders starkes Element. Es erzeugt Vertrauen und stärkt die Beziehung zwischen Menschen. Dies ist übrigens auch der Fall, wenn Kinder von ihren Müttern gestillt werden. Die dabei entstehende Bindung ist eine hervorragende Basis, um weiteres Vertrauen aufzubauen und die Welt zu entdecken.

Umgekehrt muss man feststellen, dass die Motivationssysteme sich abschalten, wenn keine Chance auf soziale Zuwendung besteht. Wenn dies über einen längeren Zeitraum passiert, führt dies zu Apathie und Scheitern. Am Ende steht der Zusammenbruch des Motivationssystems. Die Dopaminachse des Ventralen Tegmentalen Areals hin zum Nucleus accumbens versagt. Im schlimmsten Fall werden sogar Gene im Kopfteil des Systems (Nucleus Accumbens) abgeschaltet.

3. Hinweise zur Lösung

Die Erkenntnisse der Hirnforschung bezogen auf das Motivationssystem sind so grundlegend, dass sie dazu führen sollten, sie im Beziehungsmanagement in Führungsprozessen, aber vor allem auch in Projekten, in ganz besonderer Weise zu berücksichtigen. Dabei geht es nicht darum, das gesamte Projekt und die Menschen, die dort eingebunden sind „in Watte zu packen". Es geht um einen offenen Umgang, einen intensiven Austausch, die Benennung von Konflikten zwischen den Beteiligten und die Lösung dieser Konflikte, um die Arbeitsfähigkeit herzustellen und Vertrauen zu erzeugen.

Dieses Vertrauen, das auf der Grundlage von Oxytocin hergestellt wird, ist dann auch die Basis für Kreativität und Gestaltungsmut im Projekt. Wer aus einem Projekt am Ende herausgeht, sollte im Sinne der Belebung des Motivationssystems grundsätzlich erfahren haben, dass die Zusammenarbeit mit den Teammitgliedern als gelungene Beziehung gestaltet wurde.

Die Überhöhung in eine allgemeine und dauerhafte Glückseligkeit hinein wäre allerdings ein Grund zum Unglücklichsein. Im beruflichen wie im privaten Leben geht es um die realistische Gestaltung der Beziehung, die erfahrungsgemäß nicht in jedem Fall vollkommen gelingt. Dann geht es darum, mithilfe der Erkenntnisse der Hirnforschung Bedingungen zu gestalten, die neue und positive Kontakte generieren und das Motivationssystem des Menschen aktivieren.

Im Zusammenhang mit der Frage, ob Menschen nicht doch einen Antrieb oder sogar eine Freude daran haben, andere Menschen zu quälen, wird häufig das sogenannte Milgram-Experiment von Stanley Milgram zitiert. Man hatte Probanden gegen eine kleine Bezahlung angeworben, an einem Experiment teilzunehmen. Diese Teilnehmer (Lehrer) sollten überwachen, wie gut andere Erwachsene (Schüler) einen Wort-Erinnerungstest absolvierten. Man konnte die Schüler nicht sehen aber hören. Bei einem Fehler sollten die „Lehrer" einen Elektroschock bei den Schülern auslösen. Die Stromstöße sollten bei jedem weiteren Fehler erhöht werden. Eine hinter dem Lehrer stehende Person (wissenschaftliche Autorität) wies ihn an, die Schocks auszulösen. 63 Prozent der Lehrer gaben nach und lösten den Schock aus. Keiner tat dies allerdings, wenn eine zweite Person aufforderte, dies nicht zu tun. Das Experiment macht im Gegensatz zum oft zitierten Nachweis eines Antriebs zur Aggression deutlich, dass psychisch gesunde Menschen, die nicht unter Druck stehen, andere Menschen nicht quälen wollen. Selbst ausgeübte Aggression verursacht bei psychisch gesunden Menschen kein Wohlgefühl. Sich aggressiv zu verhalten ergibt aus Sicht des menschlichen Motivationssystems keinen Sinn. Es löst keine Wohlfühlstoffe aus, sondern aktiviert neurobiologisch gesehen die sogenannten Ekelzentren.

Wird aber massive Unfairness erlebt, wird die neurobiologische Schmerzgrenze überschritten und in einer solchen Situation wird Aggression als Schutz der eigenen Persönlichkeit eingesetzt und damit in gewisser Weise „lohnenswert". Dann dient Aggression zum Beispiel zur Abwehr von Schmerz und Ausgrenzung. Wenn die neurobiologische Schmerzgrenze überschritten wird und die aufsteigende Aggression ausgedrückt werden kann, hat dies durchaus eine gesundheitliche Bedeutung. Wer Ausgrenzung erleben muss, gedemütigt wird oder Gefahr läuft, dass eine wichtige Bindung zu einem anderen Menschen verlorengeht, tut gut daran, dies durch eine angemessene (!) Form der Aggression zu beantworten. Wer dies nicht tut, wird über kurz oder lang krank. Die im Gehirn befindlichen Angstzentren bleiben „aktiviert" In solchen Situationen kann es zu Angststörungen oder depressiven Erkrankungen kommen. Neurobiologisch bleiben die Angst- und Stresssysteme hochgefahren und eine aktive Problemlösung wird so unmöglich.

All dies sind überaus starke Argumente dafür, dass Menschen, die in Projekten – wenn auch nur zeitlich begrenzt – zusammenarbeiten, sich intensiv über die Frage Gedanken machen sollten, wie eine geglückte Projekterfahrung zustande kommt, um das Projekt erfolgreich abzuschließen.

4. Literaturempfehlungen

Bauer, Joachim (2011): Schmerzgrenze. Vom Ursprung alltäglicher und globaler Gewalt, München, S. 43 ff.
Bauer, Joachim (2014): Prinzip Menschlichkeit. Warum wir von Natur aus kooperieren, Hamburg, S. 23 ff.

Aufgabe 4: Projektmanagement als Feld für Kreativität

Wissen, Verstehen
20 Minuten

---

1. Fragestellung

Im Projekt stellt sich nicht nur zu Beginn und im Laufe der Bearbeitung die Frage, wie die Beteiligten miteinander umgehen. Das ist, wie oben beschrieben wurde, ein Thema des Beziehungsmanagements. Arbeit sollte Freude bereiten, wenn sie erfolgreich sein soll. Wer gerne arbeitet, arbeitet tendenziell auch erfolgreicher. Aus der Sicht der Forschung ist die positive und im Konfliktfall konstruktive Zusammenarbeit allerdings nicht allein ausreichend, damit das Projekt gelingt. Es gibt eine Vielzahl von Faktoren, die das Projekt darüber hinaus wirksam und positiv beeinflussen. Dazu gehören zum Beispiel die technische Ausstattung und der Zugriff auf geeignetes Personal.

Trotzdem ist ein Projekt selbst bei optimalen Rahmenbedingungen nicht automatisch erfolgreich. Bei Prozessen, die nicht besonders komplex oder kompliziert sind, wird es gelegentlich ausreichen, bereits vorhandene Lösungen bzgl. ihrer Bedeutung für die Aufgaben des Projektes zu überprüfen. Sie können dann zielorientiert genutzt, was bereits an anderer Stelle erarbeitet wurde. Voraussetzung dafür ist natürlich, dass sie tatsächlich verfügbar sind und genutzt werden dürfen.

Wesentlich anspruchsvoller wird es jedoch, wenn die zugrunde liegende Fragestellung eines Projektes eine besonders große Herausforderung darstellt. Es geht in solchen Fällen in der Regel um die Gestaltung völlig neuartiger Ansätze oder Produkte. In solchen Fällen müssen Ideen entwickelt werden, deren Gestaltung und Umsetzbarkeit noch nicht einmal im Ansatz vorausgesagt werden können, weil sie vollkommen neu oder anders sein müssen. Man könnte auch sagen, dass kreative Ideen gefordert sind.

Derartige Projekte sind wohl mit dem Begriff Forschung und/oder Entwicklungsprojekt gut beschrieben. Was sollte in solchen Fällen bedacht werden? An dieser Stelle ist Kreativität gefragt. Denken Sie zum Beispiel an die Lösung von Fragen rund um die Corona-Pandemie. In den Organisationen, in denen Antworten auf die Frage gefunden werden sollten, wie mit dem Problem umgegangen werden sollte oder konnte, war neben der grundsätzlichen Bereitschaft und Fähigkeit zur Kollaboration ein hohes Maß an Entwicklung völlig neuartiger Ideen nötig. Weil diese Probleme in der VUCA-Welt häufiger auftreten als in der Vergangenheit, ergibt es Sinn, sich hier vor allem mit folgenden Fragen zu beschäftigen:

Was ist eigentlich Kreativität?

Wie entsteht Kreativität?

2. Lösung

Will man bewusst etwas Neues erschaffen, brauchen Menschen kognitive (also auf Verstand basierende) Fähigkeiten und Assoziationsvermögen. Es geht um Suchen, Fragen, Wahrnehmen, Erkennen, Verstehen, Analysieren, Vergleichen, Ordnen, Schlussfolgern, Entscheiden und Lernen. Assoziation ist deshalb wichtig, weil es bei kreativen Prozessen um die Verknüpfung von bisher noch nicht verbundenen Verfahren, Funktionen, Ideen, Erklärungs- und Gestaltungsmustern geht.

Eine spannende Frage ist, ob Kreativität eine eher angeborene oder eine erworbene bzw. durch Erfahrung verstärkte Fähigkeit ist. Ohne an dieser Stelle auf die überaus umfangreichen Forschungen zum Thema Lernvermögen von Menschen und deren Veränderbarkeit einzugehen, wird hier aufgrund der neueren Erkenntnisse der Hirn- und Lernforschung die Auffassung vertreten, dass Menschen bis ins hohe Alter lernfähig und damit auch in der Lage sind, ihre kreativen Fähigkeiten zu verändern. Die Plastizität gesunder menschlicher Gehirne ist so umfassend, dass wohl auch im Bereich kreativer Fähigkeiten bedeutsame Entwicklungen möglich sind. Es kann also grundsätzlich ein Plädoyer dafür abgegeben werden, dass Menschen ermutigt werden können, sich ein

Leben lang weiterzuentwickeln. Ob dies passiert, hängt zum Beispiel davon ab, ob überhaupt die Motivation vorhanden ist, sich selbst und ihren Kontext zu gestalten. So ist die Frage interessant, ob sie eher Gestaltungsmut in sich bergen oder eher zu Zukunftsängsten neigen. Damit hängt sicher auch die Risikobereitschaft zusammen, gewohnte Pfade zu verlassen und Neues auszuprobieren.

Hirnbiologisch betrachtet kommt es darauf an, dass die Bereiche im zentralen Nervensystem aktiviert werden, die für kognitive Prozesse wichtig sind. Bei Angst oder Druck ist es ab einer bestimmten Grenze nicht mehr möglich, diese Zentren des Gehirns zu aktivieren, die für Kreativität notwendig sind (Hippocampus und Großhirnrinde), sondern diejenigen, die schnelle, einfache und wirksame Lösungen produzieren. Dieser Bereich (insbesondere der sogenannte Mandelkern) sorgt dafür, dass Menschen vor allem in extremen Gefahrensituationen eine Chance haben zu überleben. Wer kreativ sein will, braucht aber Muße, das heißt Gelegenheiten, in denen nicht das ständige Schielen auf eine Uhr vorherrscht, weil man mit einer Aufgabe zügig fertig werden muss oder von außen Druck ausgeübt wird, eine bestimmte Aufgabe möglichst schnell zu bewältigen. Unternehmen, die das erkannt haben, richten gelegentlich Gruppen ein, die ohne konkrete Aufgabenstellung und Zeitvorgaben an kreativen Ideen arbeiten. Zumindest im ersten Moment ist das eine reizvolle Aussicht. Wer allerdings nicht in der Lage ist, den dann möglichen eigenen Ergebnisdruck zu regulieren, wird schnell trotzdem eine gewisse Last verspüren.

Jenseits der Entwicklungsfähigkeit des Menschen haben sich in der Praxis Kreativitätstechniken herausgebildet, die dabei helfen sollen, kreative Lösungen zu begünstigen. Dazu existiert mittlerweile eine fast unüberschaubare Zahl von Angeboten, die dafür Sorge tragen sollen, dass Teams oder gelegentlich auch einzelne Personen kreativ werden können. Diese Ansätze haben typische Vorgehensmuster, um Kreativität zu fördern.

Vorgehensmuster zur Entwicklung von Kreativität (modifiziert nach Vahs, Diemtar und Brem, Alexander, 2015, S. 280):

- Variation vorhandener Elemente
- Bildung von Analogien
- Zerlegung der Gesamtstruktur des Problems
- Verfremdung des Problems durch Kombination mit artfremden Elementen
- Perspektivwechsel.

Der gesamte Ablauf geplant kreativer Ansätze zeichnet sich in der Regel durch ein gemeinsames Grundschema aus, der aus einer ersten Phase der Problemabgrenzung, einer Suchfeldgenerierung und der Sammlung von Informationen und Lösungsansätzen besteht. Es folgen intuitive Prozesse durch Verlagerung des Problems in das Unterbewusste und die Generierung von ersten Problemlösungsideen. Am Ende stehen die Verifikation und die Priorisierung der Ideen, eine eher kritische Phase, bevor am Ende eines erfolgreichen kreativen Ansatzes die verwertbare Idee steht. Wer sich mit kreativen Prozessen befassen will, sollte einige Regeln zu ihrer Gestaltung beachten.

Zu diesen Regeln gehören die folgenden Stichworte (in Anlehnung an Vahs/Brem, S. 282 und die dort angegebene Quelle):
- Ständige Suche nach neuen Ideen
- Denken in Alternativen
- Änderung der Perspektive
- Abstand zu Problemen
- Risikobereitschaft
- Interdisziplinäres Arbeiten
- Entspanntes Kreativitätsumfeld
- Termintreue
- Aufschieben von schnellen Beurteilungen.

Unabhängig von diesen Regeln werden in der Praxis Kreativitäts*techniken* eingesetzt, um Kreativität zu fördern. Dafür sollen hier zwei Beispiele gegeben werden (in Anlehnung an Franken/Franken (2011), S. 260):
- Brainstorming
- Brainwriting.

Brainstorming ist das Arbeiten in kleineren und moderierten Gruppen, in denen Problemlösungen durch freies Assoziieren erarbeitet werden. Für die Ideen gibt es keine Verbote. Vorgestellte Ideen werden nicht kritisiert. Wichtig ist die gegenseitige Inspiration. Am Ende werden die Ideen auf Realisierbarkeit und Wirtschaftlichkeit überprüft und bewertet. Entscheidend dürfte in diesen Brainstorming-Prozessen sein, ob die Beteiligten dazu bereit sind, ihren Gedanken freien Lauf zu lassen.

Das Brainwriting ähnelt dem Brainstorming. Die Antworten der Beteiligten werden in einem Formular oder auf Kärtchen notiert und in den Umlauf der Anwesenden gegeben. Am Ende erfolgt die Bewertung. Beide Techniken beruhen vor allem auf den wechselseitigen Anregungen der Teilnehmerinnen und Teilnehmer untereinander.

Die bekannteste Methode des Brainwriting ist die 6–3–5-Methode. Dabei erhalten sechs Teilnehmerinnen/Teilnehmer ein Formular, das in drei Spalten und sechs Zeilen aufgeteilt ist. Nach Ausfüllen der ersten Zeile wird das Formular nach fünf Minuten mit drei Ideen weitergegeben. Dieser Vorgang erfolgt sechs Mal, sodass am Ende bis zu 108 Ideen entstehen können. Alle Beteiligten können in Ruhe nachdenken und sich von den Ideen der anderen inspirieren lassen. Auch hier ist die Kritik von Ideen im Prozess der Findung ausgeschlossen. Selbst eher introvertierte Menschen werden mit dieser Methode in der Lage sein sich einzubringen.

Beim Einsatz von Kreativitätstechniken im Rahmen von Projekten wird besonders deutlich, ob das Beziehungsmanagement in der Gruppe tragfähig ist. Profilierungstendenzen und unsachliche Kritik ist in dieser Phase des Geschehens Gift für den Erfolg des kreativen Prozesses. So ist Projektmanagement, soll es erfolgreich sein, durch eine Vielzahl von Faktoren geprägt. Neben der Kenntnis und Anwendung geeigneter Methoden zum Entfachen von Kreativität bleibt es eine vorrangige Aufgabe aller Beteiligten, die für die Motivation und die Entfaltung der Fähigkeiten der Beteiligten so entscheidende Beziehung angemessen zu pflegen.

3. Hinweise zur Lösung

Einer der bekanntesten Autoren im Bereich von Kreativität ist Csikszentmihalyi. Er hat sich unter anderem dem Phänomen des Flow-Erlebnisses gewidmet. Für das Thema Kreativität in Projekten ist das genannte Phänomen wichtig, weil es letztlich der Treibstoff dafür ist, Neues oder Kreatives zu erschaffen. Wenn man Menschen fragt, was ihnen am meisten Freude bereitet, ist die Antwort sehr häufig, etwas Neues zu entwickeln oder zu entdecken.

Letztlich hat die Evolution dazu geführt, dass Menschen sich ein Leben lang verändern können, solange das Gehirn funktioniert. Wir sind also anpassungsfähig, wenn sich unsere Umwelt ändert und wir in Gefahr geraten, nicht mehr zurechtzukommen.

Bildlich gesprochen tritt das ein Flow-Erlebnis ein, wenn Menschen nach einer durchaus riskanten Anstrengung, die sie an ihre eignen Leistungsgrenzen bringt, etwas überwältigend Neues für sich entdecken. In diesem Zusammenhang weist Csikszentmihalyi auf neun Hauptelemente hin, die Menschen nannten, um das Gefühl des „Flows“ zu beschreiben (in Anlehnung an Csikszentmihalyi 2021):

- Jede Phase des Prozesses ist durch klare Ziele gekennzeichnet.
- Man erhält ein unmittelbares Feedback für das eigene Handeln.
- Aufgaben und Fähigkeiten befinden sich im Gleichgewicht.
- Handeln und Bewusstsein bilden eine Einheit.
- Ablenkungen werden vom Bewusstsein ausgeschlossen.
- Man hat keine Versagensängste.
- Selbstvergessenheit.
- Das Zeitgefühl wird aufgehoben.
- Die Aktivität wird autotelisch ausgeführt (Tätigkeit um ihrer selbst willen).

Ein Glücksgefühl stellt sich normalerweise erst nach dem Flow-Erlebnis ein. Im Geschehen selbst sind wie eben aufgelistet andere Phänomene wirksam. Je öfter Flow-Erfahrungen gemacht werden, desto wahrscheinlicher wird es, dass Menschen dauerhaft glücklich sind. Leider erleben Menschen auch beim Glücksspiel oder beim Drogenkonsum ein Flow-Erlebnis. Diese Formen von Flow führen jedoch nicht in eine dauerhafte Glückseligkeit, sondern in Süchte, die am Ende Menschen zerstören.

Das Phänomen Flow ist dann besonders wertvoll, wenn es komplex ist sowie zu neuen Herausforderungen und damit zu einer Weiterentwicklung der Persönlichkeit und der Kultur beiträgt. Selbst das muss nicht immer eine Gewähr für das dauerhafte Glück bedeuten, wenn ein Impfstoff nach der Entwicklung zum Beispiel nicht zur Impfung, sondern zur biologischen Kriegsführung dienen würde.

Festzuhalten bleibt, dass bei Projekten Kreativität entsteht, wenn Flow-Erlebnisse ermöglicht werden. Gute Voraussetzungen dafür sind Rahmenbedingungen, die ermutigend und inspirierend sind, und Menschen, diein einem konkreten Projekt mitarbeiten wollen.

4. Literaturempfehlungen

Csikszentmihalyi, Mihaly (2021): Flow und Kreativität. Wie Sie Ihre Grenzen überwinden und das Unmögliche schaffen, Stuttgart, S. 167–183.

Franken, Rolf/Franken, Swetlana (2011): Integriertes Wissens- und Innovationsmanagement. Mit Fallstudien und Beispielen aus der Praxis, Wiesbaden, S. 260 ff.

Vahs, Dietmar/Brem, Alexander (2015): Innovationsmanagement. Von der Idee zur erfolgreichen Vermarktung, Stuttgart, S. 229 ff.

2.2.3 Organisatorische Einbindung des Projektes sowie Projektorganigramm

Fallstudie KaffeeLeben – Aufgabe F22

Wissen, Verstehen, Anwenden, Transfer
20 Minuten

---

1. Fragestellung

Eine weitere zu klärende Frage war, wie das Projekt organisatorisch eingebunden werden sollte. Betrachten Sie folgende Übersicht typischer Projektorganisationen (Abb. 2.2) und ihre Merkmale (nach GPM) und prüfen Sie, welche Form(-en) der Projektorganisation für das Tablet-PC-Projekt grundsätzlich infrage kämen und welche Sie ausschließen würden. Sprechen Sie anschließend eine begründete Empfehlung aus.

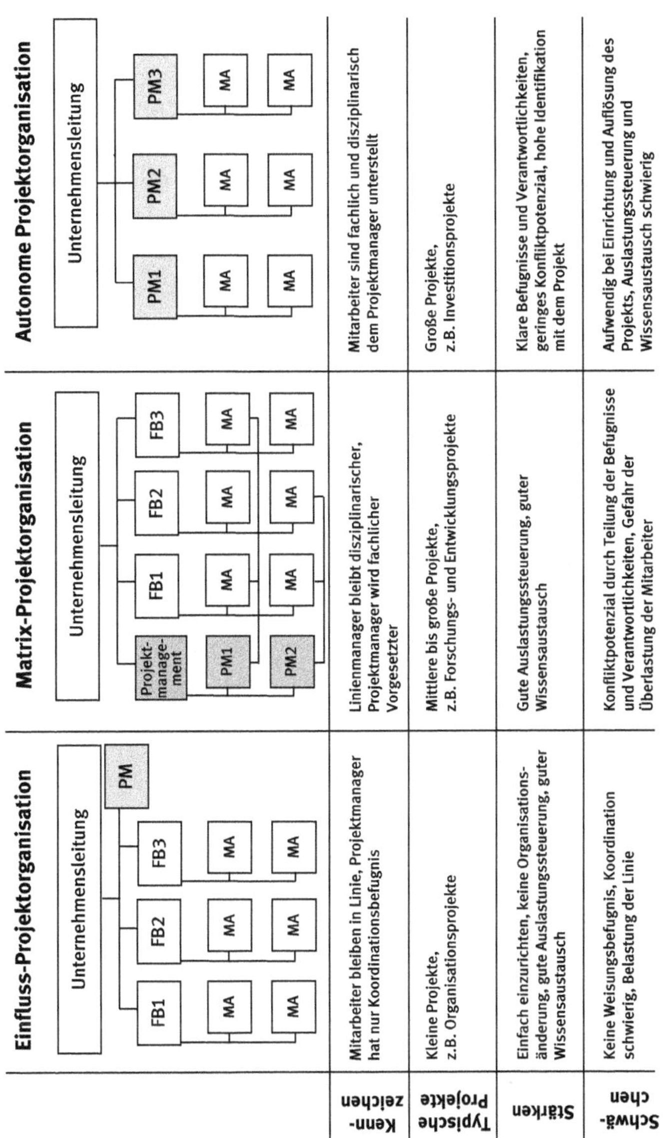

	Einfluss-Projektorganisation	Matrix-Projektorganisation	Autonome Projektorganisation
Kennzeichen	Mitarbeiter bleiben in Linie, Projektmanager hat nur Koordinationsbefugnis	Linienmanager bleibt disziplinarischer, Projektmanager wird fachlicher Vorgesetzter	Mitarbeiter sind fachlich und disziplinarisch dem Projektmanager unterstellt
Typische Projekte	Kleine Projekte, z.B. Organisationsprojekte	Mittlere bis große Projekte, z.B. Forschungs- und Entwicklungsprojekte	Große Projekte, z.B. Investitionsprojekte
Stärken	Einfach einzurichten, keine Organisationsänderung, gute Auslastungssteuerung, guter Wissensaustausch	Gute Auslastungssteuerung, guter Wissensaustausch	Klare Befugnisse und Verantwortlichkeiten, geringes Konfliktpotenzial, hohe Identifikation mit dem Projekt
Schwächen	Keine Weisungsbefugnis, Koordination schwierig, Belastung der Linie	Konfliktpotenzial durch Teilung der Befugnisse und Verantwortlichkeiten, Gefahr der Überlastung der Mitarbeiter	Aufwendig bei Einrichtung und Auflösung des Projekts, Auslastungssteuerung und Wissensaustausch schwierig

Abb. 2.2: Übersicht typischer Projektorganisationen, Quelle: Timinger 2024, S. 42.

2. Anregungen für Ihre Diskussion der Lösung

Gegen eine autonome Projektorganisation spricht im vorliegenden Fall: Das Projekt ist kein „großes Projekt" gemessen an seiner Bedeutung, dem vermuteten Arbeitsaufwand und dem benötigten Budget. Zudem wird es in einem Unternehmen der Größe von KaffeeLeben schwer werden, Mitarbeiterinnen und Mitarbeiter aus den Linienrollen vollständig für die Arbeit im Projekt freizustellen, ohne dass dies zu spürbaren Kapazitätsengpässen im Tagesgeschäft führen würde. Diese Variante der Projektorganisation kann klar ausgeschlossen werden.

Gegen eine Matrix-Projektorganisation spricht im vorliegenden Fall, dass das Unternehmen derzeit noch wenig Erfahrungen darin hat, Vorhaben in Form von „Projekten“ abzuwickeln und daher davon ausgegangen werden muss, dass das Konfliktpotenzial durch die Teilung von Befugnissen und Verantwortlichkeiten stark dysfunktional wirken würde. Diese Variante der Projektorganisation käme nur in Frage, wenn bei Herrn Geradewiese sehr gut ausgeprägte Kompetenzen im Bereich Führung und Zusammenarbeit vorhanden wären. Da er erst seit Kurzem in einer Rolle als Stellvertreter des Filialleiters agiert, lassen sich diese Kompetenzen unter Umständen noch nicht ausreichend beurteilen. Auch wenn diese Variante der Projektorganisation nicht eindeutig auszuschließen ist, stellt sie nicht die ideale Vorgehensweise dar.

Zu empfehlen ist daher sicherlich die Einfluss-Projektorganisation: Hierfür spricht vor allem die Überschaubarkeit des Vorhabens (es handelt sich eher um ein „kleines“ Projekt) und die Möglichkeit, die im Projekt beteiligten Mitarbeiterinnen und Mitarbeiter in ihrer Linienfunktion zu belassen.

3. Literaturempfehlungen

Gessler, Michael/Deutsche Gesellschaft für Projektmanagement (2016): Kompetenzbasiertes Projektmanagement (PM3): Handbuch für die Projektarbeit, Qualifizierung und Zertifizierung auf Basis der IPMA Competence Baseline, 8. Aufl., Nürnberg, S. 206 ff.

Patzak, Gerold/Rattay, Günter (2018): Projektmanagement: Projekte, Projektportfolios, Programme und projektorientierte Unternehmen, 7. Aufl., Wien, S. 165 ff.

Project Management Institute (2017a): A guide to the project management body of knowledge, 6. Aufl., Newtown Square, S. 47.

Timinger, Holger (2024): Modernes Projektmanagement: Mit traditionellem, agilem und hybridem Vorgehen zum Erfolg, Weinheim, 2. Aufl., S. 40 ff.

Aufgabe 1: Erfolgsfaktoren der Projektorganisation

Wissen, Verstehen
10 Minuten

---

1. Fragestellung

Benennen Sie exemplarisch drei Erfolgsfaktoren für eine gut funktionierende Projektorganisation.

Projekte, in welcher Weise auch immer konzipiert und umgesetzt, können in vielfältiger Weise scheitern. Die Vorstellung, dass Projekte erfolgreich verlaufen, wenn nur die vielen Hinweise und Instrumente eingesetzt werden, die Sie in diesem Buch finden können, ist abwegig. Die Organisationswirklichkeit ist hochkomplex und die Einflussfaktoren auf das Geschehen des Projektes sind vielfältig.

So kommt es immer wieder zu Reibungen im System, die vor, während und auch nach Ablauf des Projektes auftreten können. Störungen, die auch gewünscht sein können, weil sie Widerstände thematisieren, sind nicht auszuschließen. Es kann allerdings versucht werden, Faktoren in den Blick zu nehmen, die dafür sorgen, dass die ungewünschten Störungen durch geeignete Entscheidungen auf ein erträgliches Maß reduziert werden.

2. Lösung

Am Anfang steht die gelungene Projektvereinbarung, die den Erfolg von Projekten in besonderer Weise vorbereitet. Hier geht es zunächst um herausfordernde Zielsetzungen (also weder über- noch unterfordernde Ziele). Das setzt voraus, dass die Entscheider, die den Anspruch definieren, diese Frage überhaupt in Bezug auf eine gesamte Organisation und die konkrete Projektgruppe beurteilen können. Aus der Lernforschung ist bekannt, dass es darauf ankommt, Herausforderungen zu gestalten, die den Beteiligten sinnvoll und erreichbar erscheinen, wenn am Ende ein Erfolgsgefühl hervorgerufen werden soll, das entscheidend dafür ist, ob die Beteiligten auch weiterhin motiviert sind. Neben den herausfordernden Zielen spielen die adäquaten Rahmenbedingungen (etwa die Möglichkeit, sich überhaupt konzentriert in das Projekt einbringen zu können) eine wichtige Rolle.

Die Projektleitung benötigt klare und ausreichende Entscheidungskompetenzen. Darüber hinaus wird das Projekt durch die Fachkompetenz (in der Regel auch interdisziplinär) der Projektmitglieder geprägt. Ein Erfolgsfaktor par excellence ist die Einbindung der Betroffenen als Beteiligte im Projekt. Die Wahrscheinlichkeit, sachgerechte Lösungen zu gestalten, wird in vielen Projekten vor allem von der Kompetenz der Betroffenen bestimmt, die überaus wichtige Beiträge dazu liefern können, wie eine Problemlösung aussehen kann.

Ein weiterer nicht zu unterschätzender Faktor ist, ob es der Projektleitung und den anderen Mitgliedern des Projektes gelingt, eine einladende, inspirierende und ermutigende Projektkultur zu finden und diese zu pflegen. Aus der Hirnforschung ist bekannt, dass die auf der Grundlage einer solchen Arbeitskultur entstehenden Impulse entscheidend für den langfristigen Erfolg von Organisationen sind, weil sie die intrinsische Motivation fördern.

3. Literaturempfehlungen

Kuster, Jürg et al. (2022): Handbuch Projektmanagement: Agil – Klassisch – Hybrid, 5. Aufl., Berlin, S. 229 ff.

Stelzer-Rothe, Thomas et al. (2016): Projekte systemisch managen! Wie Sie soziale und rationale Prozesse in Projekten achtsam steuern, Berlin, S. 57 ff.

Aufgabe 2: Kulturen in der klassischen Linienorganisation und der Projektorganisation

---

Wissen, Verstehen
5 Minuten

---

1. Fragestellung

Vergleichen Sie die typischen Kulturen einer klassischen Linienorganisation und die einer Projektorganisation.

Wenn sich Organisationen dazu entscheiden, eine Aufgabe als projektwürdig zu qualifizieren und das Projekt tatsächlich starten, wird deutlich, dass es sich bei der Art und Weise, wie in Projekten gearbeitet wird, um eine nicht mit der Linienorganisation vergleichbare Form der Zusammenarbeit handelt.

Je visionärer das Projekt ist, je stärker das Ziel sich von den vorherrschenden Mustern des vorhandenen Systems unterscheidet, desto größer wird die Abweichung ausfallen. Projekte sollen im Extremfall das noch nicht Gedachte denken und das noch nicht Gemachte machen bzw. bewirken.

Die Unterschiedsbildung vollzieht sich auf mehreren Ebenen. Dazu gehören vor allem die Kompetenzregelungen, die Art der Zusammenarbeit, die Konfliktkultur, die Kommunikation und der Umgang mit Tabus.

2. Lösung

Linienkulturen beinhalten ausgeprägte hierarchische, durch Organigramme vorgegebene, feste und stabile Strukturen. Die Berichtswege und Entscheidungswege sind länger und damit langsamer. Die Projektkultur wird im Gegensatz dazu durch stark ausgeprägte Teamstrukturen (direkte Wege und kurze Entscheidungszeiten) sowie durch simultane Zusammenarbeit und vernetzte Kommunikation geprägt, die notwendig sind, um das Projekt zeitnah voranzubringen.

Insbesondere bei agilen Projekten wird es mitunter notwendig sein, eine schnelle Anpassung der Kompetenzen zu erwirken, damit anfallende Aufgaben, die aus der Situation heraus entstanden sind, bewältigt werden können. Gerade in Projekten, die entweder agil gestaltet werden oder traditionelle Projekte, deren Ziele überaus visionär sind, werden Konflikte nicht nur häufiger zu beobachten sein, sondern gehören originär zur Methode, um die Perspektiven der Betroffenen frühzeitig in das Projekt einzubinden.

Dabei sollte es viel häufiger erlaubt sein, Tabus anzusprechen als im klassischen Tagesgeschäft. Gerade der deutliche und bewusste Musterbruch in vorhandenen Systemen oder die Einnahme vollkommen neuer Perspektiven auf Problemsituationen bewirkt gelegentlich die entscheidende kreative Idee, die aus einer völlig neuen Sicht heraus vorhandene Fragen auflöst. Man könnte den folgenden Spruch anführen, der gelegentlich in der Praxis hilfreich scheint und bei Projekten zum Leitspruch werden könnte:

> „Wo kämen wir hin, wenn alle sagten,
> wo kämen wir hin, und niemand ginge,
> um einmal zu schauen,
> wohin wir kämen, wenn man ginge."
>
> Kurt Marti zitiert in:
> Gairing, Fritz (2017): Organisationsentwicklung. Geschichte – Konzepte – Praxis, Stuttgart, S. 45.

3. Hinweise zur Lösung

Man könnte auf die Idee kommen, dass die Organisation von Projekten und die dort angestrebte Zusammenarbeit mit ihren einladenden, kreativen, inspirierenden, ermutigenden, auf interdisziplinäre Zusammenarbeit hin ausgerichteten Ansätzen nicht die Linienorganisation der Zukunft darstellt. Die Aussage scheint überall dort noch gewagt, wo sich stabile und verlässliche Strukturen ergeben (müssen), die in jeder Organisation beobachtbar sind, um den Ablauf des Gesamten zu gewährleisten.

Im Zusammenhang mit der Digitalisierung von Unternehmensprozessen könnte es über kurz oder lang dazu kommen, dass sich nach und nach Projektdenken und –handeln weiter etabliert, da die Grundstrukturen und die daraus ableitbaren Funktionen durch intelligente, digital unterstützte Systeme ersetzt werden. Ob das zufriedenstellend gelingt, bleibt noch abzuwarten. Die vor allem in Projekten geforderte persönliche und soziale Kompetenz aller Beschäftigten bleibt in diesem Kontext neben der fachlichen Kompetenz der wesentliche Erfolgsfaktor.

4. Literaturempfehlungen

Gairing, Fritz (2017): Organisationsentwicklung. Geschichte – Konzepte – Praxis. Stuttgart, S. 45.

Kuster, Jürg et al. (2022): Handbuch Projektmanagement: Agil – Klassisch – Hybrid, 5. Aufl., Berlin, S. 99 f.

Timinger, Holger (2024): Modernes Projektmanagement: Mit traditionellem, agilem und hybridem Vorgehen zum Erfolg, 2. Aufl., Weinheim, S. 359 ff.

2.3 Projektdefinitions-Phase

2.3.1 Umfeld- und Stakeholderanalyse

Fallstudie KaffeeLeben – Aufgabe F23

Wissen, Verstehen, Anwenden, Transfer
45 Minuten

1. Fragestellung

Nach einigen Abstimmungsgesprächen zwischen Roman und Florentine mit Herrn Eisenhart, dem Vorgesetzten von Stephan Geradewiese, wurde Herr Geradewiese offiziell als Projektleiter ernannt und begann mit den Vorbereitungen des Projektes. Da Florentine im ersten Gespräch zum Ausdruck brachte, dass es ihr sehr wichtig sei, ohne Verstimmungen oder Irritationen mit den verschiedenen Mitarbeitergruppen oder den Kunden auszukommen, wenn Tablet-PCs eingeführt werden, schlug Herr Geradewiese vor, als erstes eine Stakeholderanalyse durchzuführen. So wollte er sicherstellen, dass er, sein künftiges Projektteam und seine beiden Auftraggeber ein gutes Bild über die Einstellungen und Erwartungen verschiedener Interessensgruppen an das Projekt haben.

Erstellen Sie ein „Stakeholderregister", indem Sie zunächst alle denkbaren Interessensgruppen identifizieren und anschließend weitere Angaben für jede Interessengruppe erstellen. Überlegen Sie sich anschließend erste Maßnahmen, wie Herr Geradewiese mit dieser Interessensgruppe im Projektverlauf umgehen sollte.

Tab. 2.9: Stakeholderregister, Quelle: In Anlehnung an Patzak/Rattay 2018, S. 97.

Interessens-gruppe (o. -person)	Einstellung zum Projekt	Einfluss auf das Projekt	Erwartungen	Befürchtungen	Maßnahmen zur Handhabung

2. Anregungen für Ihre Diskussion der Lösung

Die Liste aller Stakeholder kann sehr umfangreich werden. Es empfiehlt sich, sie während des Projektverlaufs bei entsprechendem Erkenntnisgewinn zu erweitern bzw. die Angaben zu aktualisieren.

Tab. 2.10: Stakeholderregister – mögliche Lösungen.

Interessens-gruppe (o. -person)	Einstel-lung zum Projekt	Einfluss auf das Projekt	Erwartungen	Befürchtungen	Maßnahmen zur Handhabung
Geschäftsführer Roman und Florentine	Positiv	Hoch	– Realisierung des Projektes in time, in budget, in scope – Positiver Einfluss auf den Geschäftserfolg – ...	– Unklar, wie es beim Kunden ankommt – Akzeptanz bei Mitarbeiterinnen und Mitarbeitern und Betriebsrat ist wichtig – ...	Regelmäßiges Berichtswesen alle zwei Wochen
Filialleiter (alle)	Neutral	Hoch	– Tablets führen zu höheren Umsätzen – ...	– Technische Probleme – Kunden haben Fragen an Mitarbeiterinnen und Mitarbeiter zu den Geräten – Diebstahl der Geräte – ...	Frühzeitige Einbindung, z. B. Workshop zum Auftakt, um Erwartungen und Wünsche abzufragen
Filialleiter der Pilotfiliale, Herr Eisenhart	Positiv	Hoch	– „Vorne mit dabei sein", dadurch Sichtbarkeit bei GF – ...	– Mehrarbeit durch die Pilotphase – Technische Komplikationen in der Filiale während der Testphase, die die Abläufe stören – ...	Rahmenbedingungen für die Pilotphase frühzeitig abstimmen
Mitarbeiterinnen und Mitarbeiter in den Filialen (alle)	...	...	...	...	...
Betriebsrat	...	...	...	...	...
Mitarbeiterinnen und Mitarbeiter der IT-Abteilung	...	...	...	...	...
Kunden	...	...	...	...	...
Kaffee-Farmer	...	...	...	...	...
...	...	...	...	...	...

Als „Stakeholderregister“ eignet sich eine Tabelle, z. B. in der dargestellten Form (Tab. 2.10). Aufgeführt sind erste Anregungen für mögliche Stakeholder sowie auch einige Erwartungen und Befürchtungen pro Stakeholdergruppe. Erweitern Sie die Liste auf Basis ihrer Diskussion!

Literaturempfehlungen

Gessler, Michael/Deutsche Gesellschaft für Projektmanagement (2016): Kompetenzbasiertes Projektmanagement (PM3): Handbuch für die Projektarbeit, Qualifizierung und Zertifizierung auf Basis der IPMA Competence Baseline, 8. Aufl., Nürnberg, S. 71 ff.

Meyer, Helga/Reher, Heinz-Josef (2020): Projektmanagement: Von der Definition über die Projektplanung zum erfolgreichen Abschluss, 2. Aufl., Wiesbaden, S. 54 ff.

Patzak, Gerold/Rattay, Günter (2018): Projektmanagement: Projekte, Projektportfolios, Programme und projektorientierte Unternehmen, 7. Aufl., Wien, S. 93 ff.

Project Management Institute (2017a): A guide to the project management body of knowledge, 6. Aufl., Newtown Square, S. 503 ff.

Timinger, Holger (2024): Modernes Projektmanagement: Mit traditionellem, agilem und hybridem Vorgehen zum Erfolg, 2. Aufl., Weinheim, S. 135 ff.

Aufgabe 1: Bedeutung und Durchführung der Stakeholderanalyse

Wissen, Verstehen
10 Minuten

---

1. Fragestellung

Sie haben die Projektleitung für das Projekt „Digitalisierung der Arbeitsprozesse“ in Ihrem Unternehmen inne. Der Projektstart steht nächste Woche an, alle Projektmitarbeiterinnen und -mitarbeiter sind verfügbar, das Kick-off-Meeting hat stattgefunden. Es ist Freitagnachmittag und Sie befinden sich zwar noch in Ihrem Büro, sind aber schon in Aufbruchstimmung und packen Ihre Sachen. In diesem Moment klingelt Ihr Mobiltelefon und Ihr langjähriger Freund Hugo, der erfahrener Unternehmensberater ist, ruft an. Nach kurzem Smalltalk berichten Sie Ihrem Freund Hugo von Ihrem Projekt, welches nächste Woche startet. Ihr Freund Hugo sagt: „Spannend hört sich das alles an. Hast Du auch eine Stakeholderanalyse durchgeführt?“

Warum wohl fragt Ihr Freund Hugo nach der Stakeholderanalyse?

2. Lösung

Ihr Freund Hugo will wahrscheinlich sichergehen, dass Ihr Projektstart gut vorbereitet wurde. Und eine gute Vorbereitung setzt u. a. die Durchführung einer Stakeholderanalyse zu Beginn eines Projektes voraus. Als Stakeholder werden Personen, Personengruppen oder Organisationen bezeichnet, die – in welcher Form auch immer – durch das Projekt tangiert werden. Welche Personen zu den Stakeholdern zählen, ist nicht einheitlich definiert, sondern vielmehr abhängig vom Projekt und der eingenommenen zeitlichen Betrachtungsweise. Die Analyse der Stakeholder erfolgt gewöhnlich durch die Projektleitung, muss also in dem vorliegenden Fall durch Sie erfolgen und ist von eminenter Bedeutung für den Projekterfolg, da Stakeholder den Projektverlauf bzw. die Projektziele beeinflussen können. Das Ziel einer Stakeholderanalyse ist es, die für das Projekt relevanten Stakeholder zu identifizieren, um dann ein entsprechendes Stakeholdermanagement zu praktizieren. Im Kern muss eine Stakeholderanalyse die folgenden Fragen beantworten:

1. „Welche Personen/Personengruppen oder Institutionen zählen zu den relevanten Stakeholdern? Zu den Stakeholdern können vom Projekt betroffene direkte Projektbeteiligte als auch scheinbar entfernte Projektbeteiligte gehören. Es empfiehlt sich eine weitreichende Auslegung vorzunehmen, um scheinbar Nichtbeteiligte nicht auszuschließen. Sie könnten eine Kategorisierung der entlang der Gruppe der internen und externen Stakeholder durchzuführen: In dem obigen Fall könnten die internen Stakeholder Betriebsräte, Projektauftraggeber, Personalvorstand, Geschäftsführung, Mitarbeiterinnen/Mitarbeiter etc. sein. Zu den externen Stakeholdern können allgemein Staat, Gesellschaft, Lieferanten, Gewerkschaften etc. gezählt werden. Welche externen Stakeholder in dem konkreten Fall zu berücksichtigen sind, hängt vom Einzelfall ab.
   Für die Durchführung einer Stakeholderanalyse existieren viele Möglichkeiten. Eine Möglichkeit ist, alle relevanten Stakeholder in der Tabelle niederzuschreiben. Eine mögliche Fragestellung, die Ihnen helfen könnte, alle Stakeholder zu erfassen, lautet: „Welche Personen könnten Nachteile bzw. Vorteile durch die Digitalisierung der Arbeitsprozesse haben? Welche Unterstützung benötigen Sie von welchen Personen?
   Mitarbeiterinnen und Mitarbeiter werden wohl eher ängstlich sein, der Betriebsrat dürfte in diesem Fall eine große Rolle spielen. Betriebsrat wird der Sache eher kritisch gegenüberstehen.
   Nachdem Sie eine Liste der relevanten Stakeholder erstellt haben, ist es nun ratsam, die Stakeholder entsprechend ihrer Einstellung zu analysieren. Die Frage, die Sie sich hier stellen sollten, lautet:
2. „Welche Einstellung haben die Stakeholder?“ Sie könnten dazu eine Auflistung der internen und externen Stakeholder vornehmen und diese z. B. in die Kategorie positive/neutrale/negative Einstellung einordnen.
3. „Wieviel Macht bzw. Einfluss haben die Stakeholder?“ Im dritten Schritt sollten Sie die Stakeholder entsprechend Ihrer Macht bzw. ihres Einflusses kategorisieren. Auch hier kann eine Abstufung erfolgen, z. B. in hoch/mittel/niedrig. Was in der Theorie einfach klingt, kann in der Praxis eine große Herausforderung sein, denn die Verfügung über Macht ist nicht immer offensichtlich und die Einschätzung ist nicht immer einfach. Die Herausforderung liegt darin, die sogenannten „Gatekeeper“ zu identifizieren – also diejenigen ausfindig zu machen, die viel Macht bzw. Einfluss und eine positive Grundhaltung gegenüber dem Projekt haben sowie

die diejenigen zu analysieren, die viel Macht bzw. Einfluss und eine negative Einstellung haben. Ziel ist es nicht, es allen Stakeholdern recht zu machen, sondern divergierende Einstellungen zu kennen, um die spätere Kommunikationsplanung entsprechend zu gestalten. Bzw. können die Interessen der Stakeholder so stark divergieren, was wiederum zu Konflikten im Projekt führen kann, die mit Zeitverzögerungen und Kosten verbunden sein und sogar zum Totalverlust führen können.

4. „Welche Maßnahmen zur Konfliktreduktion und Kooperation sind geplant?" Zuletzt sollten die Maßnahmen zur Konfliktreduktion oder Kooperation geplant werden. Stakeholder mit viel Macht bzw. Einfluss und einer negativen Einstellung gegenüber dem Projekt bedürfen eines besonderen Stakeholdermanagements. Denkbar wäre es hier, entsprechende Kommunikationsmaßnahmen einzuleiten, die darauf abzielen, eine Einstellungsänderung bei den Stakeholdern zu bewirken. Stakeholder mit viel Macht bzw. Einfluss und einer positiven Einstellung gegenüber dem Projekt gilt es weiterhin im Auge zu behalten sowie sicherzustellen, dass sich die Einstellung nicht ins Gegenteil verändert.

Eine Stakeholderanalyse kann zusammenfassend in einer Tabelle nach folgendem Schema erfolgen (die Inhalte sind beispielhaft):

Tab. 2.11: Beispielhafte Klassifizierung möglicher Stakeholder.

Stakeholder	**Einstellung**			**Macht/Einfluss**			**Maßnahmen**
Interne Stakeholder	**Positiv**	**Negativ**	**Neutral**	**Hoch**	**Mittel**	**Niedrig**	
Betriebsräte		×		×			Maßnahme A
Geschäftsführung	×				×		Maßnahme B Maßnahme C
Personalabteilung			×		×		Maßnahme D

Die Durchführung einer Stakeholderanalyse ist streng genommen ein Prozess, der fortwährend über die gesamte Projektlaufzeit erfolgt, da die Stakeholder ihre Meinung im Laufe der Zeit verändern können. Widerstände können abnehmen, ehemals mächtige Stakeholder können an Macht verlieren, neue mächtige Stakeholder können hinzukommen. Die Einstellungen können sich verändern – sowohl im Positiven als auch Negativen. Die Verantwortung der Stakeholderanalyse obliegt dem Projektleiter.

3. Hinweise zur Lösung

Als Gründervater des Stakeholderkonzepts gilt R. Edward Freeman (1984 und 2010). Das Stakeholderkonzept ist eine Ergänzung zum Shareholder- Value-Konzept. Es setzte sich zunehmend die Ansicht durch, dass nicht nur die Interessen der Kapitaleigner, der sogenannten Shareholder, von Bedeutung sind, sondern auch andere Interessensgruppen zu berücksichtigen sind.

4. Literaturempfehlungen

Barrow, Bryan (2017): 50 quick and easy ways to become brilliant at stakeholder management: How you can master stakeholder management in just 30 days, Swindon (gesamtes Werk).

Bea, Franz X./Scheurer, Steffen/Hesselmann, Sabine (2011): Projektmanagement, 2. Aufl., Konstanz/München, S. 513.

Freeman, R. Edward (2010): Strategic management: A stakeholder approach, Cambridge, S. 24 ff.

Freeman, R. Edward (2014): Freeman, R. Edward, https://redwardfreeman.com/ (Abruf am 18.03.2024).

Heinrich, Harald (2015): Systemisches Projektmanagement: Grundlagen, Umsetzung, Erfolgskriterien, München, S. 202.

Krips, David (2017): Stakeholdermanagement: Kurzanleitung, H. 5, 2. Aufl., Wiesbaden, S. 18 ff.

Meier, Rolf (2009): Projektmanagement: Grundlagen, Methoden und Techniken, 2. Aufl., Offenbach am Main S. 46.

Aufgabe 2: Single-Choice-Aufgaben zur Stakeholderanalyse

Wissen, Verstehen
10 Minuten

1. Fragestellung

Bitte tragen Sie bei den folgenden Aussagen ein, ob diese richtig („R“) oder falsch („F“) sind.

Tab. 2.12: Stakeholderanalyse Single Choice.

Nr.		Richtig	Falsch
1.	Die Durchführung einer Stakeholderanalyse findet üblicherweise zu Projektabschluss statt.		
2.	Im Projektmanagement ist es wichtig, dass allen Stakeholdern die gleiche Aufmerksamkeit gewidmet wird.		
3.	Als Stakeholder werden Anspruchsgruppen bezeichnet, die dem Projekt ausschließlich positiv gegenüberstehen.		
4.	Als Stakeholder werden Anspruchsgruppen bezeichnet, die dem Projekt ausschließlich negativ gegenüberstehen.		
5.	Als Stakeholder werden Interessengruppen bezeichnet, die Macht ausüben können.		
6.	Die Einflusskräfte von Stakeholdern können sich während der Projektlaufzeit verändern.		
7.	Die Anspruchsgruppen können sehr heterogen sein.		
8.	Stakeholder mit einer negativen Einstellung gegenüber dem Projekt sollten unverzüglich ausgeschlossen werden, da sie den Projekterfolg gefährden können.		

2. Lösung

Tab. 2.13: Stakeholderanalyse Single-Choice – Lösungen.

Nr.		Richtig	Falsch
1.	Die Durchführung einer Stakeholderanalyse findet üblicherweise zu Projektabschluss statt.		F
2.	Im Projektmanagement ist es wichtig, dass allen Stakeholdern die gleiche Aufmerksamkeit gewidmet wird.		F
3.	Als Stakeholder werden Anspruchsgruppen bezeichnet, die dem Projekt ausschließlich positiv gegenüberstehen.		F
4.	Als Stakeholder werden Anspruchsgruppen bezeichnet, die dem Projekt ausschließlich negativ gegenüberstehen.		F
5.	Als Stakeholder werden Interessengruppen bezeichnet, die Macht ausüben können.	R	
6.	Die Einflusskräfte von Stakeholdern können sich während der Projektlaufzeit verändern.	R	
7.	Die Anspruchsgruppen können sehr heterogen sein.	R	
8.	Stakeholder mit einer negativen Einstellung gegenüber dem Projekt sollten unverzüglich ausgeschlossen werden, da sie den Projekterfolg gefährden können.		F

3. Hinweise zur Lösung

1. **Falsch:** Die Durchführung einer Stakeholderanalyse ist erstmalig zu Beginn eines Projektes durchzuführen, da die Identifikation der relevanten Stakeholder ein wichtiger erster Schritt des Stakeholdermanagements ist. Allerdings ist die Stakeholderanalyse ein dynamischer Prozess, der zu gewissen Zeitpunkten immer wieder über die gesamte Projektlaufzeit erfolgen muss. Denn die die Bedeutung der Stakeholder kann sich verändern, neue Stakeholder können hinzukommen, bestehende Stakeholder Macht verlieren bzw. neue Personengruppe an Macht gewinnen.
2. **Falsch:** Grundsätzlich sollten die Interessen möglichst aller Stakeholder berücksichtigt werden, allerdings wird dies in der Praxis aufgrund zeitlicher und materieller Beschränkungen nicht möglich sein. Deshalb sollte Stakeholdern mit viel Macht besondere Aufmerksamkeit gewidmet werden, da diese den Projekterfolg beeinflussen können.
3. **Falsch:** Als Stakeholder werden alle Anspruchsgruppen bezeichnet, die in irgendeiner Weise durch das Projekt betroffen sind. Sie können sowohl positiv, negativ oder auch neutral betroffen sein.

4. **Falsch:** Siehe oben: Als Stakeholder werden alle Anspruchsgruppen bezeichnet, die in irgendeiner Weise durch das Projekt betroffen sind. Sie können sowohl positiv, negativ oder auch neutral betroffen sein.
5. **Richtig:** Stakeholder bezüglich ihrer Machtausübung zu klassifizieren ist eine Möglichkeit. Weitere Unterscheidungsmerkmale sind beispielsweise die Einstellung gegenüber dem Projekt oder die Zugehörigkeit zu der Gruppe der internen bzw. externen Stakeholder.
6. **Richtig:** Stakeholder können an Einflusskraft verlieren oder hinzugewinnen. Die Einflusskräfte von Stakeholdern können sich während der Projektlaufzeit verändern.
7. **Richtig:** Der Personenkreis, der zu den Stakeholdern zählt, kann nicht einheitlich definiert werden. Die Anspruchsgruppen können sehr heterogen sein.
8. **Falsch:** Für Stakeholder mit einer negativen Einstellung gegenüber dem Projekt sollten entsprechende Maßnahmen der Kommunikation eingeleitet werden, die zu einer Einstellungsänderung führen.

4. Literaturempfehlungen

Barrow, Bryan (2017): 50 quick and easy ways to become brilliant at stakeholder management: How you can master stakeholder management in just 30 days, Swindon (gesamtes Werk).

Freeman, R. Edward (2010): Strategic management: A stakeholder approach, Cambridge, S. 24 ff.

Freeman, R. Edward (2014): Freeman, R. Edward, https://redwardfreeman.com/ (Abruf am 18.03.2024).

Heinrich, Harald (2015): Systemisches Projektmanagement: Grundlagen, Umsetzung, Erfolgskriterien, München, S. 202.

Krips, David (2017): Stakeholdermanagement: Kurzanleitung H. 5, 2. Aufl., Wiesbaden, S. 18 ff.

Meier, Rolf (2009): Projektmanagement: Grundlagen, Methoden und Techniken, 2. Aufl., Offenbach am Main, S. 46.

2.3.2 Projektauftrag und Projektgenehmigung

Fallstudie KaffeeLeben – Aufgabe F24

Wissen, Verstehen, Anwenden, Transfer
20 Minuten

---

1. Fragestellung

Nach einigen Wochen hatte sich Herr Geradewiese bereits intensiv mit der von Roman aufgebrachten Projektidee beschäftigt, mit verschiedenen künftigen Projektbeteiligten erste Gespräche geführt (welche u. a. Basis für die Stakeholderanalyse waren) und war sich sicher, Florentine und Roman nun einen Vorschlag zu unterbreiten, auf dessen Basis die Auftraggeber entscheiden konnten, ob das Projekt gestartet wird oder nicht.

Erstellen Sie ein Dokument „Projektauftrag“:

Tab. 2.14: Projektauftrag, Quelle: In Anlehung an Meyer/Reher 2020, S. 42 ff.

Projektauftrag („Project Charter“)
Projektname:
Auftraggeber:
Projektleiter:
Projektteam (Ressourcenbedarf):
Hintergrund:
Geplanter Nutzen:
Liefergegenstände und Erfolgskriterien:
Annahmen:
Projektbudget:
Zeitplanung nach Meilensteinen:
Risiken:
Sonstiges:

2. Anregungen für Ihre Diskussion der Lösung

Der Projektauftrag stellt eine übersichtliche Zusammenfassung der wesentlichen, ersten Planungserkenntnisse dar. Hierbei sollen die wichtigsten Grobziele (Zeit, Kosten, Umfang) als Ableitung aus der Projektidee enthalten sein, sodass der Auftraggeber entscheiden kann, ob er ein Projekt überhaupt weiterverfolgen möchte. Ein genehmigter Projektauftrag bedeutet nicht, dass das Projekt anschließend bis zum Abschluss durchgeführt wird. Vielmehr lautet der Auftrag, das Projekt im Detail weiter zu planen. Der daraus resultierende „Projektplan“ ist dann erst der Startschuss, Arbeiten durchzuführen. Die unten dargestellten Inhalte sind nicht als „Musterlösung“ zu verstehen – entscheiden Sie als Projektleiter selbst, was Sie den Auftraggebern vorschlagen möchten …

Tab. 2.15: Mögliche Lösung zum Projektauftrag.

Projektauftrag („Project Charter“)
Projektname: KATER (**Ka**ffee **T**ablet **E**xpe**r**ience)
Auftraggeber: Florentine Gutmann, Roman Fertig (Geschäftsführung)
Projektleiter: Stephan Geradewiese
Projektteam (Ressourcenbedarf): 0,5 FTE Projektleiter (Stephan Geradewiese) 0,5 FTE IT-Mitarbeiter (Niels Leermann) 0,5 FTE Mitarbeiterin Produktmanagement (Dany Schmidt-Hoppe) 0,2 FTE Filialmitarbeiterin (Anne Schnell) Externe Medienagentur (noch zu klären)
Hintergrund: Über Tablets auf den Tischen in den zehn KaffeeLeben Filialen sollen die Kunden Informationen über Kaffeeanbau, -röstung und -zubereitung erhalten. Geplant sind auch Elemente zur Kundeninterkation (z. B. Bestellungen, Feedback).
Geplanter Nutzen: Verstärkung des Markenimages von KaffeeLeben, Erhöhung Kundenbindung, Erhöhung Filialumsätze
Liefergegenstände und Erfolgskriterien: Tablets sind in ausreichender Anzahl in jeder Filiale technisch nutzbar. Kundengerechter Content ist produziert und auf den Tablets funktionsfähig. Ein Prozess zur Aktualisierung von Content nach Projektabschluss ist etabliert. Mitarbeiterinnen und Mitarbeiter in den Filialen sind für Kundenrückfragen geschult.
Annahmen: In jeder Filiale ist eine ausreichende Internetbandbreite gegeben. Personalkosten werden nicht auf das Projektbudget angerechnet. Folgekosten für Aktualisierung von Content nach Projektabschluss sind nicht im Projektbudget kalkuliert.
Projektbudget: Ca. 230.000 Euro, basierend auf folgenden wesentlichen Kostenelementen: Tablets 80.000 Euro. Aufrüstung WLAN Infrastruktur 50.000 Euro. Contenterstellung über Medienagentur 100.000 Euro.
Zeitplanung nach Meilensteinen: M1: Projektstart (nach Genehmigung des Projektauftrages = t) M2: Konzept (Technik und Content) ist verabschiedet (t + 5 Monate) M3: Pilotphase ist abgeschlossen (t + 10 Monate) M4: Go Live in allen Filialen (t + 11 Monate) M5: Projektabschluss und Überführung in Regelprozess (t + 12 Monate)
Risiken: Mitarbeiterakzeptanz, Betriebsratsfreigabe, technische Schwierigkeiten, Verzögerungen bei der Contenterstellung
Sonstiges: -/-

3. Literaturempfehlungen

Gessler, Michael/Deutsche Gesellschaft für Projektmanagement (2016): Kompetenzbasiertes Projektmanagement (PM3): Handbuch für die Projektarbeit, Qualifizierung und Zertifizierung auf Basis der IPMA Competence Baseline, 8. Aufl., Nürnberg, S. 343 ff.

Meyer, Helga/Reher, Heinz-Josef (2020): Projektmanagement: Von der Definition über die Projektplanung zum erfolgreichen Abschluss, 2. Aufl., Wiesbaden, S. 42 ff.

Patzak, Gerold/Rattay, Günter (2018): Projektmanagement: Projekte, Projektportfolios, Programme und projektorientierte Unternehmen, 7. Aufl., Wien, S. 116 ff.

Project Management Institute (2017a): A guide to the project management body of knowledge, 6. Aufl., Newtown Square, S. 75 ff.

Timinger, Holger (2024): Modernes Projektmanagement: Mit traditionellem, agilem und hybridem Vorgehen zum Erfolg, 2. Aufl., Weinheim, S. 60 ff.

Aufgabe 1: Projektauftrag an ein Unternehmen

Wissen, Verstehen
10 Minuten

---

1. Fragestellung

Frau Jutta Schlau ist Personalleiterin der FutureCar GmbH, einem Zuliefererunternehmen aus der Automobilindustrie mit ca. 1.500 Mitarbeiterinnen und Mitarbeitern. Gemeinsam mit der Geschäftsführung wurde beschlossen, dass sich die FutureCar GmbH als attraktiver Arbeitgeber für IT-Talente in der Region Ostwestfalen positionieren muss. Schließlich, so liest und hört man es in den Medien, drohe Fachkräftemangel aufgrund des demografischen Wandels. Dem will man entgegenwirken und beschließt Employer-Branding-Maßnahmen zu implementieren. Dazu beauftragt man die Consulting GmbH und stellt fünf interne Mitarbeiterinnen und Mitarbeiter (Herr Schulze, Herr Backmann, Herr Müller, Frau Schmidt und Frau Lenhardt) aus den Abteilungen Personal und Marketing bereit, die bereits Erfahrungen mit Projektarbeit haben. Die Projektleitung übernimmt Herr Hugo Meyer mit zwei Beratern (Herr Miller und Frau Smith) aus der Consulting GmbH. Aus der Erfahrung vorangegangener Projekte weiß Hugo Meyer, dass der Beginn eines Projektes über den Erfolg bzw. Misserfolg entscheidet. Deshalb bittet Herr Hugo Meyer die Projektauftraggeberin Jutta Schlau um einen Termin für die Klärung des Projektauftrages. Jutta Schlau antwortet per E-Mail:

> Sehr geehrter Herr Meyer,
>
> ich bedanke mich für Ihre Terminanfrage bezüglich des Projektes zur Etablierung von Employer-Branding-Maßnahmen bei uns im Haus. Ich bin zeitlich sehr eingespannt, deshalb schlage ich vor, dass Sie schon einmal beginnen. Sie, als erfahrener Consultant, wissen ja, wo der Hase langläuft. Aus vorangegangenen Gesprächen ist Ihnen ja bekannt, dass es unser Ziel ist, als Arbeitgeber attraktiver zu werden. Diese Informationen sollten für einen Projektstart vorerst reichen. Also, mein offizielles OK haben Sie! Ich bin eine „Hands-on"-Person, die ergebnisorientiert ist. Bei mir zählt das gesprochen Wort! Darauf können Sie sich verlassen. Bitte fangen Sie so schnell wie möglich an, damit wir schon bald Ergebnisse vorweisen können. Ich denke, dass wir uns viel Bürokratiearbeit sparen können, wenn wir uns kurz telefonisch besprechen. Ich schlage dazu den 03. Juli um 15:00 Uhr vor. Über das Budget verhandele ich noch.
>
> Mit freundlichen Grüßen
>
> Jutta Schlau

a) Sollte Hugo Meyer schon einmal mit dem Projekt starten und sich auf das gesprochene Wort verlassen?
b) Erstellen Sie einen beispielhaften Projektauftrag.

2. Lösung

Hugo Meyer sollte auf keinen Fall mit dem Projekt starten. Denn es besteht die Gefahr, dass das Projekt scheitert, bevor es angefangen hat. Auch wenn in der Praxis die Erteilung eines Projektauftrages von Zurufen nach dem Motto „Machen Sie mal" bis hin zu mehreren hundertseitigen Projektaufträgen von Juristen und anderen Experten ausgearbeitet, reicht bzw. reichen kann. Die Erteilung eines Projektauftrages ist zwar kein rechtlich bindender formalisierter Prozess (DIN-Normen dienen der Qualitätssicherung, sie haben jedoch keinen Rechtscharakter) und somit grundsätzlich gestaltungsfrei, solange Projektteam und Projektauftraggeber sich einig sind. Allerdings gilt auch hier, wie grundsätzlich im Leben und im Projektmanagement: Wenn beide Parteien Klarheit über die Erwartungen haben und diese schriftlich fixiert sind, ist die Erfolgswahrscheinlichkeit höher, da klar ist, was zu wann mit welchen Ergebnissen erwartet wird. So können auch Reibungsverluste vermieden werden. Auf das gesprochene Wort sollte sich Hugo Meyer auf keinen Fall verlassen. Dem Umstand geschuldet, dass die Erteilung eines Projektauftrages sehr unterschiedlich ausgestaltet werden kann, wird auf die Mindestanforderungen, die ein Projektauftrag erfüllen muss, verwiesen.

Der Projektauftrag ist, wie bereits erwähnt, nicht einheitlich definiert, wird in der Praxis häufig als der formelle Vertrag betrachtet, der die Existenz des Projektes bestätigt. Grundsätzlich sollte jeder Projektauftrag schriftlich vorliegen, von den Projektparteien, also Projektleitung und Auftraggeber unterschrieben sein-. Beständigkeit und Stabilität vorausgesetzt – könnte der Projektauftrag wie folgt aussehen bzw. folgende Mindestanagaben beinhalten:

1) Projektname bzw. Projektbezeichnung
2) Projektziele, die definieren, welche Ziele erreicht werden müssen
3) Projektbudget, das festlegt, welche finanziellen Mittel zur Verwirklichung der Projektziele zur Verfügung stehen
4) Angaben zum Zeitrahmen, was zu welchen Zeitpunkten erledigt sein muss
5) Name des Projektauftraggebers bzw. auch die Namen der Mitglieder des Lenkungsausschusses
6) Name des Projektteams
7) Zahlungstermine, die eingehalten werden müssen, sofern externe Auftraggeber involviert sind.

In Tab. 2.16 ist beispielhaft ein Projektauftrag formuliert, der nur die die wesentlichen Anforderungen enthält und bei Weitem noch ergänzt werden könnte.

Tab. 2.16: Beispiel für einen Projektauftrag.

Projektauftrag

1. Projektname: IT-Talente gesucht! Employer-Branding-Kampagne für die FutureCar GmbH
2. Auftraggeber: FutureCar GmbH Personalleiterin Frau Jutta Schlau
3. Projektleiter: Hugo Meyer (Consulting GmbH)
4. Projektteam: Herr Schulze (Projektmitarbeiter), Herr Backmann (Projektmitarbeiter), Herr Müller (Projektmitarbeiter), Frau Schmidt (Projektmitarbeiterin) und Frau Lenhardt (Projektmitarbeiterin) aus der FutureCar GmbH und Herr Miller (Berater) und Frau Smith (Beraterin) aus der Consulting GmbH
   Wichtig: Es müssen stets die Funktionen der Personen im Projekt angegeben werden!
5. Projektziele: Das Projektziel ist eine Kampagne zu entwickeln, um die FutureCar GmbH als attraktiven Arbeitgeber für IT-Talente in der Region Ostwestfalen zu positionieren.
   1) Dazu sollen der Arbeitsmarkt der Region Ostwestfalen und die Zielgruppe analysiert werden: Das Ergebnis soll Auskunft darüber geben, wie IT Spezialisten „ticken" und worauf sie Wert legen.
   2) Es soll eine Strategie entwickelt werden zur Positionierung der FutureCar GmbH bei der Zielgruppe.
   3) Kreative und geeignete Kommunikationsmaßnahmen zur Zielgruppenerreichung sollen entwickelt werden.
   4) Die Bewerberrate von IT-Talenten soll um 20 % gesteigert werden.
6. Zeitrahmen: 1. Januar 2019 bis 1. Dezember 2019
7. Projektbudget: 250.000 Euro

3. Hinweise zur Lösung

Bereits bei der Erstellung des Projektauftrages sollten Jutta Schlau und Hugo Meyer über die Gestaltung von aufkommenden Änderungen im Projekt nachdenken. Ein Projektauftrag kann noch so gut durchdacht sein, Änderungen jeglicher Art (finanzielle, technische, organisatorische Änderungen etc.) sind immer möglich. Das Aufkommen von Änderungen ist kein Ausweis unzureichender Planung, sondern gehört zum Alltag im Projektmanagement. Umso wichtiger ist ein strukturiertes Änderungsmanagement. Zunächst einmal sollte, sobald der Änderungsbedarf identifiziert ist, der Anlass, der die Änderung herbeiführt, dokumentiert werden. D. h. die beispielsweise zu ändernden Sachverhalten, Ressourcen, Termine, Ziele etc. sind genau zu beschreiben und in Form eines Änderungsantrags zu verschriftlichen. Anschließend ist der Änderungsantrag von der Projektleitung zu genehmigen, denn Änderungen können Kosten verursachen, das Projektzielbeeinflussen u. v. m. Ferner sind die Änderungen in den Projektstrukturplan einzuarbeiten, Kosten sind anzupassen u. v. m. Änderungsmanagement ist eine klassische Projektsteuerungsaufgabe, bei der die Projektleitung die Verantwortung für die Umsetzung der Änderungen trägt.

4. Literaturempfehlungen

Bea, Franz X./Scheurer, Steffen/Hesselmann, Sabine (2011): Projektmanagement, 2. Aufl., Konstanz/München, S. 73.

Burke, Rory (2004): Projektmanagement: Planungs- und Kontrolltechniken, Bonn, S. 137.

Jenny, Bruno (2009): Projektmanagement: Das Wissen für eine erfolgreiche Karriere, 3. Aufl., Zürich, S. 253 ff.
Stöger, Roman (2007): Wirksames Projektmanagement: Mit Projekten zu Ergebnissen, 2. Aufl., Stuttgart, S. 59.

Aufgabe 2: Single-Choice-Aufgaben zum Projektauftrag

Wissen, Verstehen
7 Minuten

1. Fragestellung

Bitte tragen Sie bei den folgenden Aussagen ein, ob diese richtig („R") oder falsch („F") sind.

Tab. 2.17: Projektauftrag Single Choice.

Nr.		Richtig	Falsch
1.	Der Projektauftrag ist im professionellen Projektmanagement eine schriftliche Vereinbarung zwischen Projektauftraggeber und Projektleitung sowie ggf. weiterer Personen.		
2.	Führungskräfte eines Unternehmens können auch gleichzeitig Projektauftraggeber sein.		
3.	Projektauftraggeber und Projektleitung sind idealerweise identisch. So kann sichergestellt werden, dass Leitung und Auftragserteilung in einer Hand sind.		
4.	Das Projektziel sollte nach der SMART-Formel formuliert sein.		
5.	Mitglieder des Projektausschusses bzw. Lenkungsausschusses und die Projektleitung sind bezüglich der Kompetenzen gleichgestellt.		
6.	Lastenheft und Pflichtenheft sind dasselbe.		
7.	Das Pflichtenheft ist die altmodische Bezeichnung für gute Umgangsformen und kein Begriff aus dem Projektmanagement.		
8.	Das Lastenheft enthält alle Anforderungen, die vom Auftraggeber formuliert wurden.		

2. Lösung

Tab. 2.18: Projektauftrag Single-Choice – Lösungen.

Nr.		Richtig	Falsch
1.	Der Projektauftrag ist im professionellen Projektmanagement eine schriftliche Vereinbarung zwischen Projektauftraggeber und Projektleitung sowie ggf. weiterer Personen.	R	
2.	Führungskräfte eines Unternehmens können gleichzeitig Projektauftraggeber sein.	R	
3.	Projektauftraggeber und Projektleitung sind idealerweise identisch. So kann sichergestellt werden, dass Leitung und Auftragserteilung in einer Hand sind.		F
4.	Das Projektziel sollte nach der SMART Formel formuliert sein.	R	
5.	Mitglieder des Projektausschusses bzw. Lenkungsausschusses und die Projektleitung sind bezüglich der Kompetenzen gleichgestellt.		F
6.	Lastenheft und Pflichtenheft sind dasselbe.		F
7.	Das Pflichtenheft ist die altmodische Bezeichnung für gute Umgangsformen und kein Begriff aus dem Projektmanagement.		F
8.	Das Lastenheft enthält alle Anforderungen, die vom Auftraggeber formuliert wurden.	R	

3. Hinweise zur Lösung

1. **Richtig:** Der Projektauftrag ist in der Regel eine schriftliche Vereinbarung zwischen Projektleitung und Auftraggeber, in der die Ziele, Mindestanforderungen und Ergebnisse schriftlich niedergelegt werden.
2. **Richtig:** Wenn Führungskräfte eines Unternehmens als Projektauftraggeber fungieren, handelt es sich meistens um ein internes Projekt.
3. **Falsch:** Projektauftraggeber und Projektleitung sind in der Regel nicht identisch. Bei privaten Projekten kann das durchaus sein. Wenn ich als Privatperson ein Haus baue, so handelt es sich um ein Projekt, bei dem ich sowohl Auftraggeber bin als auch die Projektleitung innehabe.
4. **Richtig:** Das Akronym **SMART** steht für:
   S: Spezifisch: Ist das Ziel spezifisch formuliert?
   M: Messbar: Ist das Ziel messbar, und wenn ja mit welchen Kriterien?
   A: Angemessen: Ist der Aufwand für die Zielerreichung angemessen?
   R: Realistisch: Ist das Ziel realistisch erreichbar?
   T: Terminiert: Ist das Ziel mit einem Termin der Fertigstellung versehen?
5. **Falsch:** Mitglieder des Lenkungsausschusses und Mitglieder der Projektleitung sind bezüglich der Kompetenzen nicht gleichgestellt. Die Projektleitung ist dem Lenkungsausschuss unterstellt. Der Lenkungsausschuss trifft u. a. wichtige Entscheidungen, steht der Projektleitung beratend zur Seite und genehmigt Änderungen.

6. **Falsch:** Lastenheft und Pflichtenheft sind nicht dasselbe. Das Lastenheft enthält alle Anforderungen, die vom Auftraggeber formuliert werden. Folglich werden im Lastenheft die Anforderungen spezifiziert. Im Pflichtenheft hingegen werden die Lösungen spezifiziert. Das Pflichtenheft ist die Antwort auf das Lastenheft. Um zu vermeiden, dass Auftraggeber und Auftragnehmer aneinander vorbeireden ist die Spezifikation des Auftrages (Lastenheft) also auch deren Lösung (Pflichtenheft) wichtig.
7. **Falsch:** Das Pflichtenheft ist nicht die altmodische Bezeichnung für gute Umgangsformen, sondern ein Begriff aus dem Projektmanagement.
8. **Richtig:** Das Lastenheft wird vom Auftraggeber formuliert, enthält alle Anforderungen des Auftraggebers und ist ein wichtiges Dokument für Auftraggeber und Auftragnehmer.

4. Literaturempfehlungen

Bea, Franz X./Scheurer, Steffen/Hesselmann, Sabine (2011): Projektmanagement, 2. Aufl., Konstanz/München, S. 73.

Heinrich, Harald (2015): Systemisches Projektmanagement: Grundlagen, Umsetzung, Erfolgskriterien, München, S. 60 ff.

2.3.3 Kick-off-Meeting

Fallstudie KaffeeLeben – Aufgabe F25

Wissen, Verstehen, Anwenden, Transfer
15 Minuten

---

1. Fragestellung

Das Meeting mit Florentine und Roman lief für Herrn Geradewiese so, wie er sich das vorgestellt hatte. Dank seiner gründlichen Recherchen und Vorbereitung des Projektauftrages haben die beiden Auftraggeber diesen genehmigt (ohne Änderungen!) und Herrn Geradewiese beauftragt, in die Phase der Projektplanung einzusteigen. Herr Geradewiese war sehr beruhigt, dass vor allem die Bereitstellung der Ressourcen kein Problem darstellte. Florentine hatte bereits zwei Tage nach den Meetings mit den Führungskräften der von Herrn Geradewiese vorgeschlagenen Mitarbeiterinnen und Mitarbeitern die notwendigen Absprachen für die teilweisen Freistellungen für das Projekt getroffen.

Um nicht viel Zeit zu verlieren, beschloss Herr Geradewiese, gleich für den kommenden Montag ein erstes Treffen („Projekt-Kick-off") mit dem Projektteam zu vereinbaren.

a) Wer sollte eingeladen werden, wer nicht?

b) Erstellen Sie eine Liste an Agendapunkten, die beim Kick-off behandelt werden sollten.

2. Anregungen für Ihre Diskussion der Lösung

a) Einzuladen sind auf jeden Fall die benannten Projektmitarbeiter: Niels Leermann, Dany Schmidt-Hoppe, Anne Schnell und natürlich Stephan Geradewiese als Projektleiter und Sitzungsleiter. Ein Vertreter der externen Medienagentur kann zu diesem Zeitpunkt noch nicht teilnehmen, da die Auswahl und Beauftragung der Medienagentur Teil der später noch durchzuführenden Projektarbeit ist. Zu empfehlen, aber nicht zwingend notwendig, wäre zu Beginn des Kick-offs die Teilnahme einer der beiden Auftraggeber Florentine Gutmann und Roman Fertig. Für die Mitglieder des Projektteams, die zu diesem Termin das erste Mal wirklich mit den Projektinhalten vertraut gemacht werden, wäre es inhaltlich hilfreich und motivatorisch wertvoll, direkt von einem Auftraggeber eine entsprechende Einführung zu erhalten. Zudem würde es die Rolle von Stephan Geradewiese stärken, wenn er vor seinem künftigen Projektteam durch die Auftraggeber (in diesem Fall die Geschäftsführer des Unternehmens), als Projektleiter vorgestellt wird.

b) Mögliche Agendapunkte sind z. B. in Anlehnung an Timinger (2024, S. 65):
   - Begrüßung und Vorstellungsrunde
   - Abfrage der Erwartungen an die Besprechung
   - Erläuterung der Projekthintergründe, Projektziele und bisher vorhandenen Planungen
   - Überblick über das vorgegebene Projektmanagement (Projektorganisation, formale Aspekte, Zusammenarbeit im Projektteam)
   - Durchführung einer Stakeholderanalyse, sofern nicht bereits vorab geschehen. Alternativ: Ergänzung der vorhandenen Stakeholderanalyse durch die Perspektiven der Teammitglieder
   - Definition der Projektkommunikation
   - Verfeinerung der vorhandenen Grobplanungen bzgl. Umfang, Zeit, Kosten
   - Analyse der Projektrisiken, sofern nicht bereits vorab geschehen. Alternativ: Ergänzung der vorhandenen Risikoanalyse durch die Perspektiven der Teammitglieder
   - Nächste Schritte
   - Feedback-Runde.

3. Literaturempfehlungen

Gessler, Michael/Deutsche Gesellschaft für Projektmanagement (2016): Kompetenzbasiertes Projektmanagement (PM3): Handbuch für die Projektarbeit, Qualifizierung und Zertifizierung auf Basis der IPMA Competence Baseline, 8. Aufl., Nürnberg, S. 232.

Meyer, Helga/Reher, Heinz-Josef (2020): Projektmanagement: Von der Definition über die Projektplanung zum erfolgreichen Abschluss, 2. Aufl., Wiesbaden, S. 45 ff.

Patzak, Gerold/Rattay, Günter (2018): Projektmanagement: Projekte, Projektportfolios, Programme und projektorientierte Unternehmen, 7. Aufl., Wien, S. 138 ff.
Project Management Institute (2017a): A guide to the project management body of knowledge, 6. Aufl., Newtown Square, S. 86.
Timinger, Holger (2024): Modernes Projektmanagement: Mit traditionellem, agilem und hybridem Vorgehen zum Erfolg, 2. Aufl., Weinheim, S. 64 ff.

Aufgabe 1: Bedeutung und Ziel des Kick-off-Meetings

Wissen, Verstehen
10 Minuten

---

1. Fragestellung

Sie sind in ein Projekt in Ihrem Unternehmen involviert. Verschiedene weitere Mitarbeiterinnen und Mitarbeiter aus dem Unternehmen arbeiten ebenfalls an dem Projekt mit, so auch Bodo Dumpfbacke. Eines Morgens kommt Bodo Dumpfbacke ganz hektisch zu Ihnen ins Büro und berichtet, dass er anderen Projektmitarbeiterinnen und -mitarbeitern ganz heimlich zugehört hat. In den konspirativen Gesprächen hätte er herausgehört, dass die anderen Projektmitarbeiterinnen und -mitarbeiter planen, Sie aus dem Projekt „herauszukicken". Dazu wird eine sogenannte Kick-off-Veranstaltung nächste Woche von der Projektleitung geplant.

Was hat Bodo Dumpfbacke hier falsch verstanden?

2. Lösung

Bodo Dumpfbacke hat hier sehr viel falsch verstanden. Das Kick-off-Meeting dient nicht dazu, jemanden „herauszukicken", sondern ist der Auftakt für ein Projekt. Die Teilnehmer eines Kick-off-Meetings sollten alle Projektbeteiligten, relevanten Stakeholder sowie Projektleitung und Auftraggeber sein. Das Kick-off-Meeting wird von der Projektleitung organisiert und endet häufig mit einem Essen, wenn nicht schon während der Veranstaltung ein Catering organisiert wird.

Das Kick-off-Meeting dient dazu, allen Anwesenden die Ziele und die Bedeutung des Projektes zu verdeutlichen und die Beteiligten für das Projekt zu gewinnen und zu motivieren. Im Kick-off-Meeting soll aufgezeigt werden, wie das Projekt zur Lösung eines Problems und zur Nutzung von Chancen beiträgt. Das Kick-off-Meeting ist wichtig, um die Beteiligten über die Ziele zu informieren, aber auch die Menschen für das Projekt zu begeistern und sie dazu zu motivieren, ihren positiven Betrag zu leisten. Dem Projektteam sollten im Kick-off-Meeting die Ziele des Projektes verdeutlicht werden. Aber auch mögliche Bedenken können erörtert und Unklarheiten beseitigt werden.

Die Stakeholder haben noch einmal die Möglichkeit, Unklarheiten anzusprechen und ggf. Zielkonflikte zu benennen. Auch können informelle Gespräche geführt werden, die mögliche Bedenken beseitigen.

3. Hinweise zur Lösung

Das Kick-off-Meeting ist vom Projektauftrag abzugrenzen. Der Projektauftrag ist in der Regel ein schriftliches Dokument, in dem alle wesentlichen Informationen bezüglich des Projektes niedergeschrieben sind, während das Kick-off-Meeting als Ereignis mit spezieller Symbolik betrachtet werden kann. Es kann ein feierliches Ereignis sein, muss es aber nicht.

4. Literaturempfehlungen

Bea, Franz X./Scheurer, Steffen/Hesselmann, Sabine (2011): Projektmanagement, 2. Aufl., Konstanz/München, S. 138 ff.

Reichert, Thorsten (2009): Projektmanagement: Die häufigsten Fehler, die wichtigsten Erfolgsfaktoren, Freiburg im Breisgau, S. 89 ff.

Aufgabe 2: Single-Choice-Aufgaben zum Kick-off-Meeting

Wissen, Verstehen
10 Minuten

1. Fragestellung

Bitte tragen Sie bei den folgenden Aussagen ein, ob diese richtig („R") oder falsch („F") sind.

Tab. 2.19: Kick-off-Meeting Single Choice.

Nr.		Richtig	Falsch
1.	Als Projektauftrag wird der offizielle Beginn eines Projektes bezeichnet.		
2.	Das Kick-off-Meeting bezeichnet eine Sitzung, bei der besprochen wird, welche Person aufgrund von Minderleistung das Projekt verlassen muss.		
3.	Das sogenannte magische Dreieck im Projetmanagement stellt die Beziehung zwischen den Zielen Qualität/Leistung, Zeit/Termine und Kosten dar.		
4.	Die Qualität der Projektdefinitionsphase bestimmt den Erfolg des Projektverlaufs.		
5.	Statistiken zeigen, dass Projekte einer großen Gefahr des Scheiterns ausgesetzt sind.		
6.	In der Projektdefinitionsphase ist es wichtig, dass die Projektleitung Meetings ohne Agenda abhält, um die Kreativität zu fördern und das Commitment zu stärken.		
7.	Das Kick-off-Meeting findet in der Vorbereitungsphase statt und muss im zeitlichen Ablauf der Stakeholderanalyse vorgelagert sein.		
8.	Die Stakeholderanalyse findet in der Vorbereitungsphase statt und muss im zeitlichen Ablauf dem Kick-off-Meeting vorgelagert sein.		

2. Lösung

Tab. 2.20: Kick-off-Meeting Single-Choice – Lösungen.

Nr.		Richtig	Falsch
1.	Als Projektauftrag wird der offizielle Beginn eines Projektes bezeichnet.		F
2.	Das Kick-off-Meeting bezeichnet eine Sitzung, bei der besprochen wird, welche Person aufgrund von Minderleistung das Projekt verlassen muss.		F
3.	Das sogenannte magische Dreieck im Projetmanagement stellt die Beziehung zwischen den Zielen Qualität/Leistung, Zeit/Termine und Kosten dar.	R	
4.	Die Qualität der Projektdefinitionsphase bestimmt den Erfolg des Projektverlaufs.	R	
5.	Statistiken zeigen, dass Projekte einer großen Gefahr des Scheiterns ausgesetzt sind.	R	
6.	In der Projektdefinitionsphase ist es wichtig, dass die Projektleitung Meetings ohne Agenda abhält, um die Kreativität zu fördern und das Commitment zu stärken.		F
7.	Das Kick-off-Meeting findet in der Vorbereitungsphase statt und muss im zeitlichen Ablauf der Stakeholderanalyse vorgelagert sein.		F
8.	Die Stakeholderanalyse findet in der Vorbereitungsphase statt und muss im zeitlichen Ablauf dem Kick-off-Meeting vorgelagert sein.	R	

3. Hinweise zur Lösung

1. **Falsch:** Als Projektauftrag wird nicht der offizielle Beginn eines Projektes bezeichnet, sondern ein schriftliches Dokument, in dem alle Auftragsinhalte, Ziele, Ergebnisse und auch der offizielle Beginn des Projektes als Datum enthalten sind.
2. **Falsch:** Das Kick-off-Meeting bezeichnet eine Sitzung, an der alle Beteiligten teilnehmen und die zum Ziel hat, den Projektstart einzuläuten. Ein Kick-off-Meeting hat Symbolcharakter.
3. **Richtig:** Das sogenannte magische Dreieck im Projetmanagement beschreibt die Parameter Qualität/Leistung, Zeit/Termine und Kosten. Die Veränderung eines Parameters hat Auswirkungen auf die anderen Parameter.
4. **Richtig:** Fehler im Projekt, die schon zu Beginn gemacht werden, ziehen sich in der Regel durch das gesamte Projekt und verstärken sich sogar.
5. **Richtig:** Je nachdem welche Studie herangezogen wird, liegen die Quoten zwischen 40 % und 80 %. Kritisch und lesenswert dazu vgl. Artikel von Stefan Kühl (2011).
6. **Falsch:** In keiner Projektphase sollten Meetings ohne Agenda abgehalten werden. Meetings gehören zu den größten „Zeitfressern“ und sollten deshalb gut gesteuert sein. Zur Kreativitätsförderung sollten alternative Methoden herangezogen werden.
7. **Falsch:** Wird die Stakeholderanalyse statisch betrachtet, ist es richtig, dass sie dem Kick-off-Meeting vorgelagert ist. In der Praxis ist die Stakeholderanalyse regelmäßig durchzuführen, da die Stakeholder sich verändern können.

8. **Richtig:** Die Stakeholderanalyse ist dem Kick-off-Meeting zeitlich vorzulagern. Aber dennoch ist die Stakeholderanalyse ein stetiger Prozess.

4. Literaturempfehlungen

Bea, Franz X./Scheurer, Steffen/Hesselmann, Sabine (2011): Projektmanagement, 2. Aufl., Konstanz/München, S. 138 ff.

Kühl, Stefan (2011): Vorsicht Statistik; in: Harvard Business Manager, 33. Jg, H. 6, S. 96 ff.

Reichert, Thorsten (2009): Projektmanagement: Die häufigsten Fehler, die wichtigsten Erfolgsfaktoren, Freiburg im Breisgau, S. 89 ff.

2.4 Projektplanungs-Phase

2.4.1 Umfangsplanung

Fallstudie KaffeeLeben – Aufgabe F26

Wissen, Verstehen, Anwenden, Transfer
60 Minuten

---

1. Fragestellung

Das heutige Projektteammeeting hatte Stephan Geradewiese dafür vorgesehen, das Projekt auf der inhaltlichen Ebene genauer zu planen.

Erarbeiten Sie einen Projektstrukturplan und legen Sie damit fest, was im Projekt zu erledigen ist. Beachten Sie, dass der Projektstrukturplan noch keine Aussagen über zeitliche Abläufe oder Kosten beinhaltet. Verwenden Sie das objektorientierte Gliederungsprinzip für Ihren Projektstrukturplan.

2. Anregungen für Ihre Diskussion der Lösung

In der vorliegenden Lösungsskizze wurde eine tabellarische Form gewählt. Visualisierungen in der Art einer Baumstruktur sind auch üblich. Bitte beachten Sie, dass auch die nachfolgende Lösungsskizze nicht als „Musterlösung“ zu verstehen ist.

Projektstrukturplan "KATER (Kaffee Tablet Experience)"							
1.	**Technische Ausrüstung**	**2.**	**Contenterstellung**	**3.**	**Pilot**	**4.**	**Schulungen**
1.1	**Infrastruktur Filialen**	**2.1.**	**Anforderungsanalyse**	**3.1.**	**Konzeption Pilot**	**4.1.**	**Konzeption Schulungen**
1.1.1.	Prüfung vorhandene Technik pro Filiale	2.1.1.	Anforderungen Unternehmen	3.1.1.	Auswahl Pilotfiliale	4.1.1.	Ermittlung Schulungsbedarf
1.1.2.	Prüfung mögliche Internetbandbreite pro Filiale	2.1.2.	Konzeption Kundenbefragung	3.1.2.	Absprachen mit FL/MA	4.1.2.	Erstellung Schulungskonzept
1.2.	**Erstellung IT-Konzept WLAN**	2.1.3.	Durchführung Kundenbefragung	**3.2.**	**Durchführung Pilot**	**4.2.**	**Durchführung Schulungen**
1.2.1.	Anforderungsanalyse	2.1.4.	Auswertung Kundenbefragung	3.2.1.	Sammlung Feedback Kunden	4.2.1.	Durchführung Filiale 1-10
1.2.2.	Erstellung Konzeptdokument	2.1.5.	Definition Anforderungen	3.2.2.	Sammlung Feedback MA	4.2.2.	Evaluation Schulungen
1.3 .	**Erstellung IT-Konzept Tablets**	**2.2.**	**Auswahl Medienagentur**	**3.3.**	**Auswertung Pilot**		
1.3.1.	Anforderungsanalyse	2.2.1.	Erstellung RFP-Dokument	3.3.1.	Auswertung Feedback Kunden		
1.3.2.	Erstellung Konzeptdokument	2.2.2.	Versand RFP-Dokument	3.3.2.	Auswertung Feedback MA		
1.4.	**Lieferantenauswahl**	2.2.3.	Prüfung Angebote	3.3.3.	Anpassungen Konzepte		
1.4.1	Erstellung RFP-Dokument	2.2.4.	Auswahl Angebote				
1.4.2.	Versand RFP-Dokument	**2.3.**	**Contenterstellung (Start)**				
1.4.3.	Prüfung Angebote	2.3.1.	Erstellung Feinkonzept Content				
1.4.4.	Auswahl Angebote	2.3.2.	Produktion Content				
1.5.	**Umsetzung Technik**	**2.4.**	**Contenterstellung (Dauerhaft)**				
1.5.1.	Bestellung WLAN-Infrastruktur	2.4.1.	Erstellung Feinkonzept Contentpflege				
1.5.2.	Montage WLAN-Infrastruktur	2.4.2.	Erstellung Prozess für Contentpflege				
1.5.3.	Funktionstest WLAN-Infrastruktur	2.4.3.	Festlegung Prozessverantwortung				
1.5.4.	Bestellung Tablets						
1.5.5.	Konfiguration Tablets						
1.5.6.	Funktionstest Tablets						
1.5.7.	Roll-Out Tablets						

Abb. 2.3: Mögliche Lösung für die Umfangsplanung, Quelle: Eigene Darstellung.

3. Literaturempfehlungen

Gessler, Michael/Deutsche Gesellschaft für Projektmanagement (2016): Kompetenzbasiertes Projektmanagement (PM3): Handbuch für die Projektarbeit, Qualifizierung und Zertifizierung auf Basis der IPMA Competence Baseline, 8. Aufl., Nürnberg, S. 317 ff.

Meyer, Helga/Reher, Heinz-Josef (2020): Projektmanagement: Von der Definition über die Projektplanung zum erfolgreichen Abschluss, 2. Aufl., Wiesbaden, S. 125 ff.

Patzak, Gerold/Rattay, Günter (2018): Projektmanagement: Projekte, Projektportfolios, Programme und projektorientierte Unternehmen, 7. Aufl., Wien, S. 215 ff.

Project Management Institute (2017a): A guide to the project management body of knowledge, 6. Aufl., Newtown Square, S. 156 ff.

Timinger, Holger (2024): Modernes Projektmanagement: Mit traditionellem, agilem und hybridem Vorgehen zum Erfolg, 2. Aufl., Weinheim, S. 90 ff.

Aufgabe 1: Bedeutung des Projektstrukturplans

Wissen, Verstehen, Anwenden, Transfer
20 Minuten

---

1. Fragestellung

Erläutern Sie, was unter einem Projektstrukturplan (PSP) zu verstehen ist und nach welchen Methoden dieser aufgestellt werden kann.

2. Lösung

Ein Projektstrukturplan ist der wichtigste Plan im Projekt und wird umgangssprachlich auch als „Herzstück des Projektmanagements" oder „Mutter aller Pläne" bezeichnet.

Ein Projektstrukturplan ist die Gliederung eines Gesamtprojektes in seine verschiedenen Teilaufgaben und Arbeitspakete. Die Erstellung eines Projektstrukturplans ist ein wichtiger Schritt im Rahmen der Projektplanung, der viel Zeit und Präzision erfordert. Denn Fehler, die im Projektstrukturplan gemacht werden, lassen sich im Nachhinein nur bedingt und mit viel Aufwand korrigieren. In einem Projektstrukturplan sind alle Aktivitäten, die zur Erreichung des Projektziels notwendig sind, erfasst und strukturiert. Er kann auch als die grafische Darstellung des Gesamtprojektes bezeichnet werden, ohne die kein Projekt auskommt. Die Aufstellung eines Projektstrukturplans wird im Englischen auch als **wbs** „**w**ork **b**reakdown **s**tructure" bezeichnet. Der Projektstrukturplan dient als Masterplan für alle weiteren Pläne, da er die Grundlage für die Ressourcenplanung, Zeitplanung, die Kostenplanung sowie die Ablaufplanung und Einschätzung der Risiken bildet. Ein gut strukturierter Projektstrukturplan fördert die Kommunikation und Transparenz, da aus diesem schnell erkennbar ist, wer welche Verantwortlichkeiten trägt und welche Aufgaben zu erledigen sind.

Ein Projektstrukturplan kann im ersten Schritt und somit auf der ersten Gliederungsebene nach der objektorientierten, funktionsorientierten oder phasenorientierten Methode strukturiert werden. Auf der zweiten Gliederungsebene können Mischformen zur Anwendung kommen. Die Festlegung der Methode zur Erstellung eines Projektstrukturplans, auch Gliederungsprinzip genannt, ist ein erster wichtiger Schritt. Welches Gliederungsprinzip zur Anwendung kommt, kann nicht allgemeingültig beantwortet werden. Die Gliederungsprinzipien mögen wie akademischer Purismus anmuten, da in der Praxis kein „Entweder-Oder“, sondern ein „Sowohl-Als auch“ Anwendung findet. Dennoch werden aus didaktischen Gründen die objektorientierten und phasenorientierten Gliederungsprinzipien erläutert.

Am vereinfachten Beispiel des Projektes „Hausbau“ soll verdeutlicht werden, wie unterschiedlich der Aufbau eines Projektstrukturplans erfolgen kann. Bei der objektorientierten Gliederung würden die Einzelaufgaben nach dem zu erstellenden Objekt gegliedert werden. Eine **objektorientierte** Gliederung für das Projekt „Hausbau“ könnte zunächst einmal folgende Objekte beinhalten:
- Keller
- Erdgeschoss
- Obergeschoss
- Garage, Außenanlage und Garten

Ein objektorientierter Projektstrukturplan (PSP) würde demnach beispielhaft, wie Abb. 2.4 zeigt, aussehen.

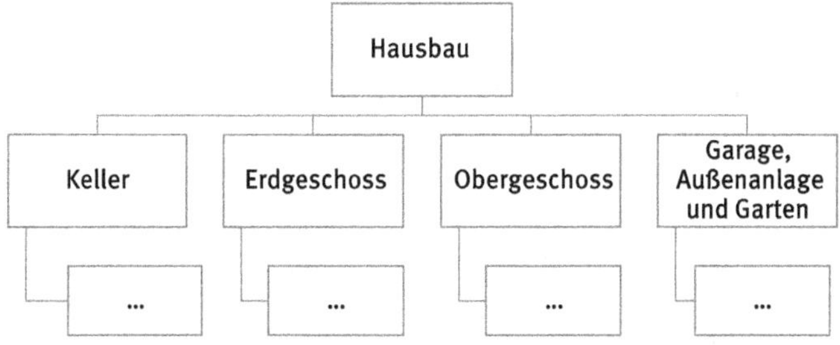

Abb. 2.4: Objektorientierter Projektstrukturplan, Quelle: Eigene Darstellung.

Ausgangspunkt ist das große Projektziel, nämlich das bezugsfertige Haus. Zur Zielerreichung bedarf es der Aufteilung des großen Projektes in kleine Teilprojekte. In diesem Fall wurden vier Teilprojekte definiert (Keller bis Außenanlage), die entsprechend dem objektorientierten Gliederungsprinzip ermittelt wurden. Für jedes einzelne Teilprojekt (Keller, Erdgeschoss usw.) müssen wiederum Arbeitspakete mit Verantwortlichkeiten definiert werden. Die Arbeitspakete für das Teilprojekt Keller könnten z. B. folgende Tätigkeiten enthalten: Boden verlegen, Wände putzen, Elektrik verlegen usw.

Die phasenorientierte Gliederung hingegen teilt das Projekt in Arbeitsschritte, die dann bei allen Objekten oder Teilprojekten zeitgleich angewandt werden können.

Eine **phasenorientierte** Gliederung für das Projektziel Hausbau könnte unterteilt werden in die folgenden Phasen.

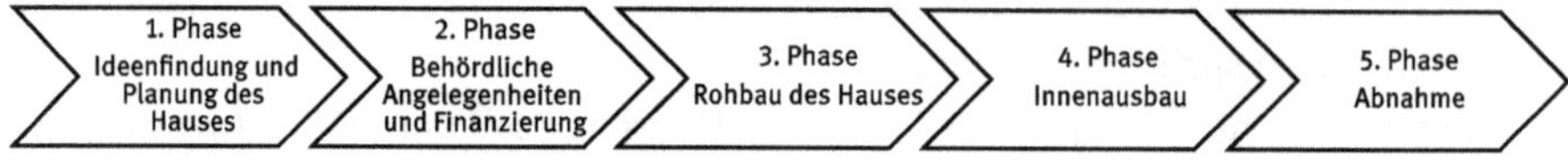

Abb. 2.5: Phasenorientierte Gliederung, Quelle: Eigene Darstellung.

1. Phase: Ideenfindung und Planung des Hauses

In dieser Phase wird das Projektziel Hausbau gedanklich vorwegegenommen. In dieser werden die sogenannten W-Fragen beantwortet:
Was für ein Haus soll gebaut werden? Einfamilienhaus, Reihenhaus, Mehrfamilienhaus?
Wo soll das Haus gebaut werden? Ländlicher Raum oder Stadtregion?
Wann soll das Haus gebaut werden? In welchem Zeitraum soll gebaut werden?
Wie soll das Haus aussehen? Flachdach, Satteldach, Klinker, Putz etc.?

2. Phase: Behördliche Angelegenheiten und Finanzierung

In dieser Phase müssen alle wichtigen behördlichen Angelegenheiten geklärt werden. Ein Hausbau setzt voraus, dass ein Grundstück vorhanden ist. Ist dies nicht der Fall, erfolgt in der Regel ein Bewerbungsprozess um ein Grundstück bei der zuständigen Stadt-/oder Baubehörde. Behördliche Anagelegenheiten reichen von der notariellen Beurkundung über die Finanzierung, die Auswahl des Bauträgers bis zur Abnahme des Bauplans. Erst wenn alle bürokratischen Hürden genommen sind, kann mit dem eigentlichen Hausbau begonnen werden.

3. Phase: Rohbau des Hauses

In der Rohbauphase wird die äußere Kontur des Hauses erstellt. Damit sind alle Arbeiten verbunden, die das Grundgerüst des Hauses schaffen. Die Phase Rohbau umfasst u. a. die Erbauung von Außen- und Innenwänden, eines Schornsteins und ggf. eines Kellers.

4. Phase: Innenausbau

In der Innenausbauphase erfolgen Arbeiten, wie z. B. Teppich verlegen, Innentüren einbauen, tapezieren etc.

5. Abnahme

In der letzten Phase erfolgt die Abnahme durch die Behörden.

Es gibt viele Möglichkeiten, einen Projektstrukturplan aufzustellen. Sowohl bottom-up (von den kleinsten Teilaufgaben anfangend werden immer größere Aufgaben zusammengefasst, bis am Ende ein Gesamtprojekt entsteht) als auch top-down (ausgehend von der gesamten Aufgabe werden immer weiter kleinere Einheiten abgeteilt, bis umsetzbare Teilziele entstehen; die Grafiken zur phasen- und objektorientierten Gliederung sind Beispiele für die Top-down_Planung) sind hierbei gängige Planungsmethoden. Wichtig ist hier die konsistente, organisierte Planung des Projektstrukturplans, der für alle Beteiligten verständlich und umsetzbar ist, um ein Projekt erfolgreich abzuschließen.

3. Hinweise zur Lösung

Ein Projektstrukturplan ist nicht nur so gut wie seine Planung, sondern unterliegt ebenso wie die Planung einer permanenten Modifizierung und hat somit einen dynamischen Charakter. Auch sei ein sich bewährter Praxistipp erwähnt: Die Erstellung eines Projektstrukturplans sollte durchgängig in der Hand einer Person liegen. Das muss nicht zwangsläufig durch die Projektleitung erfolgen, aber zumindest sollten die damit betrauten Personen nicht wechseln.

4. Literaturempfehlungen

Bea, Franz X./Scheurer, Steffen/Hesselmann, Sabine (2011): Projektmanagement, 2. Aufl., Konstanz/München, S. 157.

Heinrich, Harald (2015): Systemisches Projektmanagement: Grundlagen, Umsetzung, Erfolgskriterien, München, S. 65 ff.

Aufgabe 2: Single-Choice-Aufgaben zum Projektstrukturplan

Wissen, Verstehen
7 Minuten

1. Fragestellung

Bitte tragen Sie bei den folgenden Aussagen ein, ob diese richtig („R“) oder falsch („F“) sind.

Tab. 2.21: Projektstrukturplan Single Choice.

Nr.		Richtig	Falsch
1.	Der Projektstrukturplan wird auch als „Plan der Pläne“ bezeichnet.		
2.	Arbeitspakete nach DIN 69901 können im Rahmen des Projektstrukturplans weiter aufgegliedert werden.		
3.	Teilaufgaben nach DIN 69901 können im Rahmen des Projektstrukturplans weiter aufgegliedert werden.		
4.	Ein Projektstrukturplan kann „top-down“ oder bottom-up“ entwickelt werden.		
5.	Bei der objektorientierten Gliederung werden Projektstrukturpläne nach den einzelnen Bestandteilen, den sogenannten Objekten, gegliedert.		
6.	Ein hoher Planungsaufwand zu Beginn einer Projektplanung ist zu vermeiden, da sich erfahrungsgemäß in der Projektdurchführung zu viele Änderungen ergeben.		
7.	Die Planung eines Projektes wird umso schlechter, je mehr Personen an der Planung beteiligt sind, gemäß dem Zitat: „zu viele Köche verderben den Brei“.		

2. Lösung

Tab. 2.22: Projektstrukturplan Single-Choice – Lösungen.

Nr.		Richtig	Falsch
1.	Der Projektstrukturplan wird auch als „Plan der Pläne“ bezeichnet.	R	
2.	Arbeitspakete nach DIN 69901 können im Rahmen des Projektstrukturplans weiter aufgegliedert werden.		F
3.	Teilaufgaben nach DIN 69901 können im Rahmen des Projektstrukturplans weiter aufgegliedert werden.	R	
4.	Ein Projektstrukturplan kann „top-down“ oder bottom-up“ entwickelt werden.		F
5.	Bei der objektorientierten Gliederung werden Projektstrukturpläne nach den einzelnen Bestandteilen, den sogenannten Objekten, gegliedert.	R	
6.	Ein hoher Planungsaufwand zu Beginn einer Projektplanung ist zu vermeiden, da sich erfahrungsgemäß in der Projektdurchführung zu viele Änderungen ergeben.		F
7.	Die Planung eines Projektes wird umso schlechter, je mehr Personen an der Planung beteiligt sind, gemäß dem Zitat: „Zu viele Köche verderben den Brei“.		F

3. Hinweise zur Lösung

1. **Richtig:** Der Projektstrukturplan wird auch als „Plan der Pläne“ bezeichnet, weil er als Masterplan für alle weiteren Pläne, wie die Ressourcenplanung, die Terminplanung, die Aufwandsplanung, die Kostenplanung etc. fungiert. Somit enthält der Projektstrukturplan alle Teilpläne eines Gesamtprojektes.

2. **Falsch:** Arbeitspakete können nicht weiter aufgegliedert, da sie die kleinsten Einheiten im Projektstrukturplan darstellen. Arbeitspakete sind klar zu definieren und einer verantwortlichen Person zuzuweisen und müssen einen Anfangs- und einen Endtermin haben.
3. **Richtig:** Siehe Antwort 2.)
4. **Falsch:** Ein Projektstrukturplan kann „Top-down“ oder Bottom-up“ entwickelt werden. Der Projektstrukturplan ist nicht nur ein schriftliches Dokument, sondern auch ein grafisches Hilfsmittel, mit dem die Gesamtheit der Teilaufgaben und Arbeitspakete abgebildet werden kann.
5. **Richtig:** Weitere Gliederungsmöglichkeiten sind die funktionsorientierte Gliederung, die phasenorientierte Gliederung und die gemischte Gliederung.
6. **Falsch:** Ein hoher Planungsaufwand zu Beginn einer Projektplanung ist notwendig. „Je größer der Planungsaufwand, desto besser das Ergebnis“ trifft zwar nicht immer zu, ist aber in vielen Fällen richtig.
7. **Falsch:** Die Planung eines Projektes wird umso besser, je mehr qualifizierte und informierte Personen in die Planung involviert sind.

4. Literaturempfehlungen

Bea, Franz X./Scheurer, Steffen/Hesselmann, Sabine (2011): Projektmanagement, 2. Aufl., Konstanz/München, S. 138 ff.

Patzak, Gerold/Rattay, Günter (2018): Projektmanagement: Projekte, Projektportfolios, Programme und projektorientierte Unternehmen, 7. Aufl., Wien, S. 217 ff.

Schelle, Heinz/Ottmann, Roland/Pfeiffer, Astrid (2008): ProjektManager, 3. Aufl., Nürnberg, S. 163 ff.

2.4.2 Kostenplanung

Fallstudie KaffeeLeben – Aufgabe F27

Wissen, Verstehen, Anwenden, Transfer
60 Minuten

---

1. Fragestellung

Im nächsten Projektmeeting ging es für das KATER-Team darum, die ursprüngliche Kostenschätzung aus dem Projektauftrag zu präzisieren. Stephan Geradewiese entschied sich, das Budget auf Basis der Arbeitspakete des Projektstrukturplans genauer zu berechnen.

Berechnen Sie den Kostenplan für den Projektplan.

2. Anregungen für Ihre Diskussion der Lösung

Als Projektmanager gilt es, sämtliche zu erwarteten Kosten für das Projekt zu berechnen. Eine verlässliche Methode, die Kosten möglichst genau zu schätzen, besteht darin, für jedes Arbeitspaket die darin enthaltenen Kostenbestandteile zu ermitteln und mit Geldbeträgen zu versehen. Dabei können die Kosten durch einen Vergleich zu früheren Projekten auf Basis der beruflichen Erfahrungen der Projektteammitglieder oder basierend auf konkreten Angeboten zusammengetragen werden. Die Summe der Kosten aller Arbeitspakete ergibt dann die Summe für den Kostenplan. Hinzuzufügen ist später noch die „Kontingenzreserve", welche diejenigen Kosten umfasst, die zur Handhabung von möglichen Risiken (als Ergebnis der Risikoanalyse) einzuplanen sind. Über dieses Projektbudget (Kostenplan + Kontingenzreserve) kann der Projektleiter verfügen. Davon abzugrenzen sind die Projektkosten (Projektbudget + Managementreserve), da das Unternehmen ggf. weitere Finanzmittel bereitstellen möchte, um unvorhergesehene Risiken oder Änderungen zu finanzieren (sog. „Managementreserve").

Auf eine Lösungsskizze zur Ermittlung des Kostenplans wird an dieser Stelle verzichtet – Ihre Lösung sollte Sie in Richtung folgender Werte führen:

- Tablets: 80.000 Euro (Annahme: 10 Tablets pro Filiale je 800 Euro)
- Aufrüstung WLAN Infrastruktur: 50.000 Euro (Annahme: je Filiale 5000 Euro)
- Contenterstellung über Medienagentur: 100.000 Euro (Annahme: basierend auf üblichen Tagessätzen von Agenturen)
- Schulung: 10.000 Euro (Schulungen hatte Herr Geradewiese zum Zeitpunkt des Projektantrags nicht bedacht!)
- Weiteres: 10.000 Euro (Materialien, Reisekosten zu den Filialen etc.)
- Kostenplan: ca. 250.000 Euro

3. Literaturempfehlungen

Gessler, Michael/Deutsche Gesellschaft für Projektmanagement (2016): Kompetenzbasiertes Projektmanagement (PM3): Handbuch für die Projektarbeit, Qualifizierung und Zertifizierung auf Basis der IPMA Competence Baseline, 8. Aufl., Nürnberg, S. 434 ff.

Meyer, Helga/Reher, Heinz-Josef (2020): Projektmanagement: Von der Definition über die Projektplanung zum erfolgreichen Abschluss, 2. Aufl., Wiesbaden, S. 177 ff.

Patzak, Gerold/Rattay, Günter (2018): Projektmanagement: Projekte, Projektportfolios, Programme und projektorientierte Unternehmen, 7. Aufl., Wien, S. 282 ff.

Project Management Institute (2017a): A guide to the project management body of knowledge, 6. Aufl., Newtown Square, S. 231 ff.

Timinger, Holger (2024): Modernes Projektmanagement: Mit traditionellem, agilem und hybridem Vorgehen zum Erfolg, 2. Aufl., Weinheim, S. 107 ff.

Aufgabe 1: Ursachen für Kostenabweichungen in der Projektkostenplanung

Wissen, Verstehen
20 Minuten

1. Fragestellung

Welche Gründe können dazu führen können, dass Projekte oftmals teurer werden als geplant? Erläutern Sie zwei mögliche Gründe.

2. Lösung

Zunächst einmal ist es wichtig zu betonen, dass die Kostenplanung immer nur eine Schätzung ist und damit auch von den tatsächlich anfallenden Kosten abweichen kann. Als mögliche Gründe seien hier 1.) Fehleinschätzungen durch den sogenannten Aufwandsoptimismus und 2.) Planungsfehler aufgrund mangelnder Sachkenntnis genannt. Die Grundlage der Kostenplanung ist der Projektstrukturplan.

Zu Fehleinschätzungen kann es kommen, wenn der Aufwand sehr optimistisch eingeschätzt wird und Kosten mit der sogenannten „rosaroten Brille" berechnet werden. Personal- und Sachkosten werden zu niedrig geschätzt und beispielsweise krankheitsbedingte Personalausfälle nicht eingeplant. Gesunder Optimismus mag zwar im wirklichen Leben hilfreich sein, im Projektmanagement hingegen kann er zu Fehleinschätzungen führen. Auch eine hohe Motivation und der Wille, ein Projekt um jeden Preis umzusetzen, oder einen guten Eindruck bei der Geschäftsführung respektive Vorstand zu hinterlassen, können dazu führen, dass zu optimistisch geschätzt wird. So kann es passieren, dass Projekte wohlwollend „schöngerechnet" werden und damit zumindest in kurzfristiger Perspektive als attraktiv gelten. Diese Kurzsichtigkeit kann sich jedoch im Projektverlauf rächen.

Aber auch ungenaue Planung, mangelnde Sachkenntnis oder mangelnde Erfahrung mit einem Projekt können zu einer falschen Schätzung der Kosten führen. Deshalb ist es wichtig, dass die Personen, die mit der Schätzung der Kosten betraut sind, Experten in dem entsprechenden Gebiet sind und Sachkenntnis mitbringen. Erfahrungswerte zu haben, kann sich bei der Kostenplanung positiv auswirken.

3. Hinweise zur Lösung

In der Praxis werden Projekte oft teurer als geplant. Die Hertie School of Governance analysierte in einer Studie 170 Projektvorhaben (Großprojekte) und kommt zu dem Ergebnis, dass die Diskrepanz zwischen Plan- und Mehrkosten bei durchschnittlich 73 % liegt. Prominente Beispiele für ehebliche Abweichungen von den geplanten und den tatsächlichen Kosten sind die Großprojekte Berliner Flughafen BER und die Elbphilharmonie. Die interessierte Leserschaft sei auf die Studie „Großprojekte in Deutschland. Zwischen Ambition und Realität" der Hertie School of Governance verwiesen.

4. Literaturempfehlungen

Fuhrmann, Bianca (2013): Projekt-Voodoo: Wie Sie die Tücken des Projektalltags meistern und selbst verfahrene Projekte in Erfolge verwandeln, Offenbach, S. 63 ff.

Hertie School of Governance (2015): Studie: Großprojekte in Deutschland – Zwischen Ambition und Realität. https://www.hertie-school.org/fileadmin/2_Research/2_Research_directory/Research_projects/Large_infrastructure_projects_in_Germany_Between_ambition_and_realities/1_Grossprojekte_in_Deutschland_-_Factsheet_1.pdf (Abruf am 18.03.2024).

Patzak, Gerold/Rattay, Günter (2018): Projektmanagement: Projekte, Projektportfolios, Programme und projektorientierte Unternehmen, 7. Aufl., Wien, S. 291 ff.

Aufgabe 2: Single-Choice-Aufgaben zu Kostenarten und Methoden der Projektkostenplanung

Wissen, Verstehen
8 Minuten

1. Fragestellung

Bitte tragen Sie bei den folgenden Aussagen ein, ob diese richtig („R") oder falsch („F") sind.

Tab. 2.23: Kostenarten und Methoden der Projektkostenplanung Single Choice.

Nr.		Richtig	Falsch
1.	Beim Life-Cycle-Costing werden Kosten entsprechend der Verursachung verteilt.		
2.	Ein Kennzeichen des Target-Costing ist die kunden- und strategieorientiere Gestaltung der Kostenstrukturen.		
3.	Eine Methode der Ermittlung der Zielkosten ist die „Market-into-Company"-Methode.		
4.	Die Life-Cycle-Costing-Methode ermöglicht eine lebenszyklusorientierte Betrachtung der Kosten bzw. Erlöse des gesamten Projektes.		
5.	Als „drifting costs" werden Kosten bezeichnet, die aus der Kontrolle laufen.		
6.	Als Gemeinkosten werden Kosten bezeichnet, die einem Kostenträger verursachungsgerecht zugewiesen werden können.		

2. Lösung

Tab. 2.24: Kostenarten und Methoden der Projektkostenplanung Single-Choice – Lösungen.

Nr.		Richtig	Falsch
1.	Beim Life-Cycle-Costing werden Kosten entsprechend seiner Verursachung verteilt.		F
2.	Ein Kennzeichen des Target-Costing ist die kunden- und strategieorientiere Gestaltung der Kostenstrukturen.	R	
3.	Eine Methode der Ermittlung der Zielkosten ist die „Market-into-Company"-Methode.	R	
4.	Die Life-Cycle-Costing-Methode ermöglicht eine lebenszyklusorientierte Betrachtung der Kosten bzw. Erlöse des gesamten Projektes.	R	
5.	Als „drifting costs" werden Kosten bezeichnet, die aus der Kontrolle laufen.		F
6.	Als Gemeinkosten werden Kosten bezeichnet, die einem Kostenträger verursachungsgerecht zugewiesen werden können.		F

3. Hinweise zur Lösung

1. **Falsch:** Die Life-Cycle-Costing-Methode ermöglicht eine lebenszyklusorientierte und damit dynamische und nicht nur, die sonst übliche statische Betrachtung der Kosten bzw. Erlöse des gesamten Projektes.
2. **Richtig:** Die Zielkosten werden bei der Methode des Target-Costings auch auf der Grundlage der Preisvorstellungen der Kunden ermittelt. „Market-into-Company"-Methode wird auch als die Reinform des Target-Costings bezeichnet.
3. **Richtig:** Eine Methode der Ermittlung der Zielkosten ist die „Market-into-Company"-Methode. Dabei dienen als Grundlage die Absatzpreise der Produkte zur Zielkostenfindung.
4. **Richtig:** Die Life-Cycle-Costing-Methode ermöglicht eine lebenszyklusorientierte Betrachtung der Kosten bzw. Erlöse des gesamten Projektes.
5. **Falsch:** Als „drifting costs" werden Standardkosten bezeichnet. Standardkosten sind vom Unternehmen geschätzte Kosten, die für die Herstellung eines Produktes veranschlagt werden. Im Rahmen der Zielkostenrechnung sind die Begriffe „allowable costs" und „target costs" zu differenzieren. „Allowable costs" sind Kosten, die für die Herstellung eines Produktes vom Markt erlaubt sind.
6. **Falsch:** Als Gemeinkosten werden Kosten bezeichnet, die nicht einem Kostenträger bzw. einer Kostenstelle verursachungsgerecht zugewiesen werden können. Beispiele hierfür sind Mieten, Abschreibungen, Energiekosten etc.

4. Literaturempfehlungen

Bea, Franz X./Scheurer, Steffen/Hesselmann, Sabine (2011): Projektmanagement, 2. Aufl., Konstanz/München, S. 197 ff.

Jung, Hans (2014): Controlling, 4. Aufl., München (gesamtes Werk).

Kerzner, Harold (2008): Projektmanagement: Ein systemorientierter Ansatz zur Planung und Steuerung, 2. Aufl., Bonn, S. 521 ff.

Schelle, Heinz/Ottmann, Roland/Pfeiffer, Astrid (2008): ProjektManager, 3. Aufl., Nürnberg, S. 209 ff.

2.4.3 Zeitplanung

Fallstudie KaffeeLeben – Aufgabe F28

Wissen, Verstehen, Anwenden, Transfer
45 Minuten

---

1. Fragestellung

Im nächsten Projektmeeting hatte Stephan Geradewiese vor, die Planung um die zeitliche Komponente zu ergänzen, schließlich musste er gegenüber Roman und Florentine im Projektplan auch eine Aussage darüber tätigen, wann mit dem Abschluss des Projektes zu rechnen ist.

Erstellen Sie eine Zeitplanung in Form eines Netzplans und ermitteln Sie dabei auch den „kritischen" Pfad. Nutzen Sie entweder den Projektstrukturplan (PSP) aus Aufgabe F27 oder arbeiten Sie mit dem Projektstrukturplan weiter, den Sie ggf. selbst entwickelt haben.

Sofern Sie den PSP aus Aufgabe F27 nutzen, verwenden Sie die Angaben in Tab. 2.25 auf der folgenden Seite.

2. Anregungen für Ihre Diskussion der Lösung

Für den Projektstrukturplan aus Aufgabe F27 sieht die Lösung wie in Abb. 2.6 auf der übernächsten Seite aus.

Tab. 2.25: Zeitangaben zur Erstellung eines Netzplans.

Aktivität (hier: Arbeitspakete aus dem PSP)	Vorgängeraktivität	Geschätzte Dauer (hier: in Werktagen)
Start		0
1.1.1.	Start	10
1.1.2.	1.1.1.	10
1.2.1.	1.1.2.	15
1.2.2.	1.2.1.	15
1.3.1.	Start	15
1.3.2.	1.3.1.	15
1.4.1.	1.2.2., 1.3.2.	10
1.4.2.	1.4.1.	2
1.4.3.	1.4.2.	15
1.4.4.	1.4.3.	5
1.5.1	1.4.4.	5
1.5.2.	1.5.1.	10
1.5.3	1.5.2.	5
1.5.4	1.5.3.	5
1.5.5	1.5.4.	10
1.5.6	1.5.5.	5
1.5.7.	1.5.6., 2.4.3., 3.3.3., 4.2.2.	10
2.1.1.	Start	15
2.1.2.	2.1.1	5
2.1.3.	2.1.2.	20
2.1.4.	2.1.3.	10
2.1.5.	2.1.4.	15
2.2.1.	2.1.5.	5
2.2.2.	2.2.1.	2
2.2.3.	2.2.2.	15
2.2.4.	2.2.3.	5
2.3.1.	2.2.4	20
2.3.2.	2.3.1.	40
2.4.1.	2.2.4.	20
2.4.2.	2.4.2.	10
2.4.3.	2.4.3.	5
3.1.1.	2.3.2.	5
3.1.2.	3.1.1.	3
3.2.1.	3.1.2.	10
3.2.2.	3.2.1.	10
3.3.1.	3.2.2.	5
3.3.2.	3.3.1.	5
3.3.3.	3.3.2.	10
4.1.1.	3.3.3.	5
4.1.2.	4.1.1.	10
4.2.1.	4.1.2.	20
4.2.2.	4.2.1.	5
Ende	1.5.7.	0

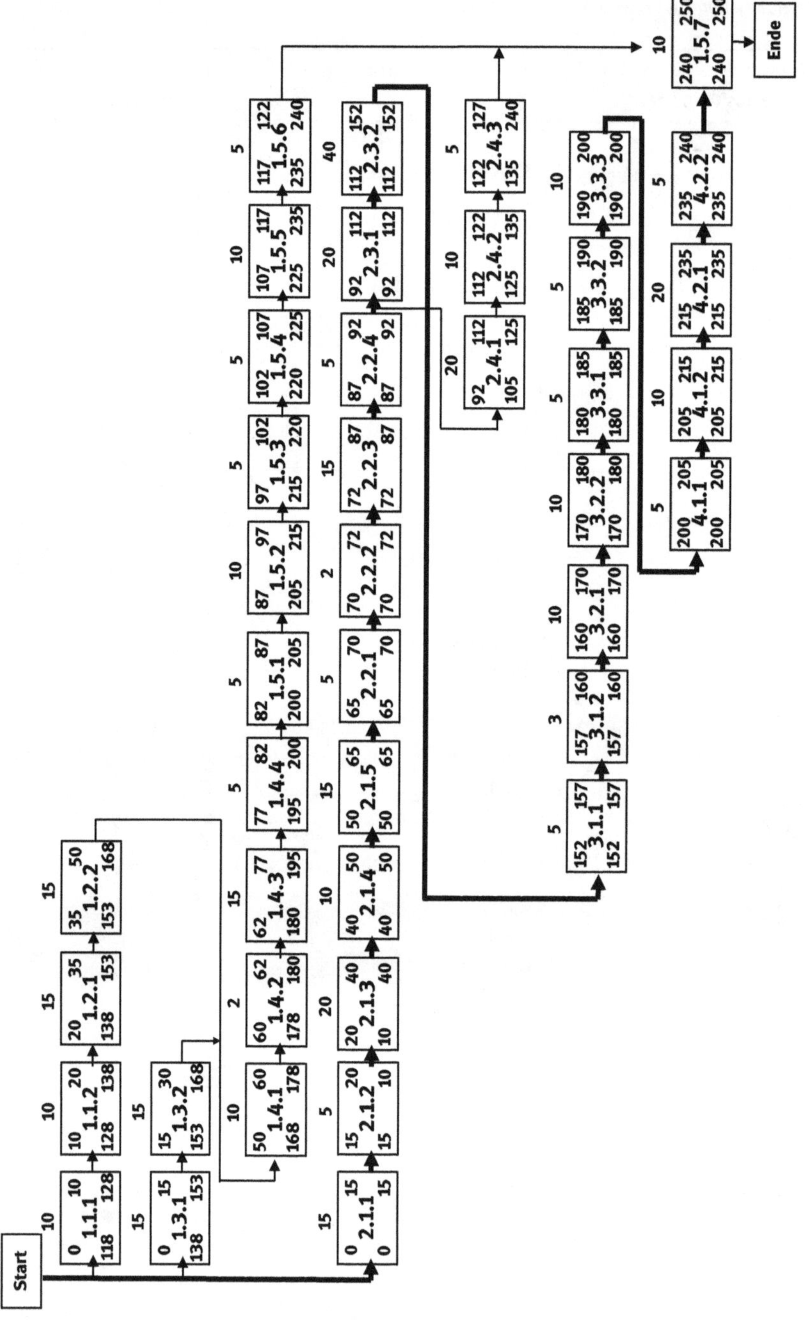

Abb. 2.6: Netzplan, Quelle: Eigene Darstellung.

Zunächst erstellen Sie den Netzplan als Grafik auf Basis der o. g. Angaben.
Die Berechnung erfolgt anschließend mit folgenden Angaben pro Aktivität:

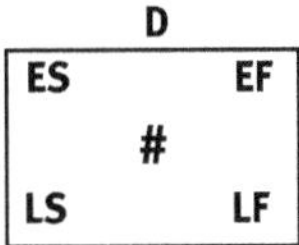

D = Dauer der Aktivität (hier: in Werktagen)
ES = Early Start (frühestmöglicher Startzeitpunkt der Aktivität)
EF = Early Finish (frühestmöglicher Fertigstellungszeitpunkt der Aktivität)
LS = Late Start (spätestmöglicher Startzeitpunkt der Aktivität)
LF = Late Finish (spätestmöglicher Fertigstellungszeitpunkt der Aktivität)

Schritt 1 – Vorwärtsrechnung:

$$ES + D = ES(\text{Nachfolger})$$

An Knotenpunkten den höchsten Wert verwenden

Schritt 2 – Rückwärtsrechnung:

$$LS - D(\text{Vorgänger}) = LS(\text{Vorgänger})$$

An Knotenpunkten den niedrigsten Wert verwenden

Der kritische Pfad ist die zusammenhängende Kette von Aktivitäten, bei denen ES = LS bzw. EF = LF ist. Der kritische Pfad weist somit keinen Zeitpuffer auf, d. h. eine Verzögerung bei einer dieser Aktivitäten führt – ohne Gegenmaßnahmen – zur Verspätung des Gesamtprojektes. In der vorliegenden Lösung ist dies die Kette mit den fett gedruckten Linien, beginnend bei 2.1.1. über 2.3.2. über 3.1.1 über 3.3.3 über 4.2.2 bis 1.5.7. Stephan Geradewiese sollte also als Projektmanager insbesondere bei diesen Aktivitäten genau auf die Einhaltung der Termine achten!

3. Literaturempfehlungen

Gessler, Michael/Deutsche Gesellschaft für Projektmanagement (2016): Kompetenzbasiertes Projektmanagement (PM3): Handbuch für die Projektarbeit, Qualifizierung und Zertifizierung auf Basis der IPMA Competence Baseline, 8. Aufl., Nürnberg, S. 375 ff.

Meyer, Helga/Reher, Heinz-Josef (2020): Projektmanagement: Von der Definition über die Projektplanung zum erfolgreichen Abschluss, 2. Aufl., Wiesbaden, S. 54 ff.

Patzak, Gerold/Rattay, Günter (2018): Projektmanagement: Projekte, Projektportfolios, Programme und projektorientierte Unternehmen, 7. Aufl., Wien, S. 242 ff.

Project Management Institute (2017a): A guide to the project management body of knowledge, 6. Aufl., Newtown Square, S. 187 ff.

Timinger, Holger (2024): Modernes Projektmanagement: Mit traditionellem, agilem und hybridem Vorgehen zum Erfolg, 2. Aufl., Weinheim, S. 97 ff.

Aufgabe 1: Verfahren der Terminplanung

Wissen, Verstehen
15 Minuten

1. Fragestellung

Die Planung des erforderlichen Zeitaufwandes für die Fertigstellung eines Projektes ist für das Projektmanagement eine große Herausforderung. Welche Verfahren zur Terminplanung stehen zur Verfügung?

2. Lösung

Zur Terminplanung stehen zur Verfügung:
1. Listungstechnik
2. Balkendiagrammtechnik
3. Netzplantechnik.

Zu 1.) Bei der Listungstechnik erfolgt die Terminplanung mithilfe von Listen. D. h. es werden in einer Liste bzw. Tabelle alle Vorgänge in einer zeitlich-logischen Reihenfolge aufgelistet und die Vorgangsdauer (der benötigte Zeitbedarf) jedes einzelnen Vorgangs sowie die Anfangs- und Endtermine eingetragen.

Zu 2.) Bei der Balkendiagrammtechnik werden die zeitlich-logischen Vorgänge in der Form von Balken über eine Zeitachse dargestellt. Ein Balkendiagramm ist ein Mittel zur Visualisierung der Vorgänge und der zeitlichen Reigenfolge. Auf der Ordinate werden die Vorgänge abgetragen und auf der Abszisse die entsprechende Zeitdauer des Arbeitsvorgangs. Die Länge der Balken repräsentiert die Vorgangsdauer. Die Balkendiarammtechnik in ihrer einfachsten Form ist nach seinem Erfinder Henry L. Gantt (1861–1919) als Gantt-Diagramm benannt.

Zu 3.) Die Netzplantechnik ist ein komplexeres Instrument. Während die Listungstechnik und die Balkendiagrammtechnik die zeitlichen Abfolgen von Arbeitsvorgängen visuell darstellen, ist die Netzplantechnik ein Verfahren, mit dem Abläufe analysiert und gesteuert werden können. Mit der Netzplantechnik wird die Dauer von Vorgängen dargestellt und die logischen Abhängigkeiten zwischen den Vorgängen und die zeitlichen Anordnungen aufgezeigt. Die Fallstudie F29 stellt die Netzplantechnik an einem praktischen Anwendungsbeispiel anschaulich dar.

3. Hinweise zur Lösung

Welche Techniken der Terminplanung zum Einsatz kommen, ist abhängig von der Komplexität des Projektes und dem Informationsbedarf. Bei einfachen und überschaubaren

Projekten eignet sich der Einsatz der Listungstechnik. Bei komplexen Projekten und vielen Verknüpfungen ist die Listungstechnik ungeeignet, da zeitliche Abhängigkeiten nicht ersichtlich sind. Ebenso wie bei de Listungstechnik eignet sich die Balkendiagrammtechnik nur für eine überschaubare Anzahl von Vorgängen und ist ungeeignet für die Anwendung bei komplexen Vorgängen. Die Netzplantechnik ist für komplexe Projekte das Instrument für die Terminplanung.

4. Literaturempfehlungen

Bea, Franz X./Scheurer, Steffen/Hesselmann, Sabine (2011): Projektmanagement, 2. Aufl., Konstanz/München, S. 168.

Heinrich, Harald (2015): Systemisches Projektmanagement: Grundlagen, Umsetzung, Erfolgskriterien, München, S. 64 ff.

Aufgabe 2: Single-Choice-Aufgaben zur Zeitplanung

Wissen, Verstehen
8 Minuten

1. Fragestellung

Bitte tragen Sie bei den folgenden Aussagen ein, ob diese richtig („R“) oder falsch („F“) sind.

Tab. 2.26: Zeitplanung Single Choice.

Nr.		Richtig	Falsch
1.	Meilensteine gliedern Projekte in Zeitabschnitte.		
2.	Die Bezeichnung „kritischer Pfad“ benennt den kürzesten Weg durch ein Projekt.		
3.	Das Ishikawa-Diagramm ist eine bewährte Methode zur Termin- bzw. Zeitplanung von Projekten.		
4.	Gantt-Diagramme werden auch als Balkenpläne bezeichnet und bilden die Terminplanung grafisch ab.		
5.	Das Ishikawa-Diagramm ist eine bewährte Methode zur Risikoanalyse von Projekten.		
6.	Die Netzplantechnik ist eine sehr einfache Methode zur Terminplanung im Projektmanagement.		
7.	Die Listungstechnik ist eine bewährte Methode zur Terminplanung im Projektmanagement.		
8.	Die Listungstechnik ist eine bewährte Methode zur Risikoanalyse im Projektmanagement.		

2. Lösung

Tab. 2.27: Zeitplanung Single Choice – Lösungen.

Nr.		Richtig	Falsch
1.	Meilensteine gliedern Projekte in Zeitabschnitte.	R	
2.	Die Bezeichnung „Kritischer Pfad" benennt den kürzesten Weg durch ein Projekt.		F
3.	Das Ishikawa-Diagramm ist eine bewährte Methode zur Termin- bzw. Zeitplanung von Projekten.		F
4.	Gantt-Diagramme werden auch als Balkenpläne bezeichnet und bilden die Terminplanung grafisch ab.	R	
5.	Das Ishikawa-Diagramm ist eine bewährte Methode zur Risikoanalyse von Projekten.		F
6.	Die Netzplantechnik ist eine sehr einfache Methode zur Terminplanung im Projektmanagement.		F
7.	Die Listungstechnik ist eine bewährte Methode zur Terminplanung im Projektmanagement.	R	
8.	Die Listungstechnik ist eine bewährte Methode zur Risikoanalyse im Projektmanagement.		F

3. Hinweise zur Lösung

1. **Richtig:** Meilensteine sind Ereignisse in einem Projekt, jedoch keine Zeitabschnitte. Sie sind wichtige Prüfpunkte, die Auskunft darüber geben können, ob das Projekt weiter fortgeführt wird oder ggf. umdisponiert werden muss. Meilensteine können motivationsfördernd und qualitätssichernd wirken.
2. **Falsch:** Die Bezeichnung „kritischer Pfad" benennt nicht den kürzesten Weg durch ein Projekt, sondern die längste Kette von Vorgängen und Meilensteinen ohne Pufferzeit. Vorgänge, die auf dem „kritischen Pfad" liegen, können nicht verschoben werden, ohne dass sich der Projektendtermin ändert.
3. **Falsch:** Das Ishikawa-Diagramm, benannt nach dem Begründer Kaoru Ishikawa, ist keine bewährte Methode zur Termin- bzw. Zeitplanung von Projekten, sondern ein Instrument zur Darstellung von Ursache- und Wirkungsbeziehungen.
4. **Richtig:** Gantt-Diagramme werden auch als Balkenpläne bezeichnet und bilden die Terminplanung grafisch ab. Eine weitere Bezeichnung ist die Balkendiagrammtechnik.
5. **Falsch:** Das Ishikawa-Diagramm ist ein Ursache-Wirkungsdiagramm. Im weiteren Sinne kann es als Ursache-Wirkungsinstrument im Rahmen des Risikomanagements eingesetzt werden. Ein klassisches Instrument zur Risikoanalyse ist es allerdings nicht.
6. **Falsch:** Die Netzplantechnik ist keine einfache Methode zur Terminplanung im Projektmanagement. Mit der Netzplantechnik werden die logischen und zeitlichen Ab-

folgen von Teilvorgängen grafisch dargestellt. Die Netzplantechnik ist ein Verfahren zur Terminplanung, das auf der Grafentheorie basiert und sich insbesondere für die Planung von Großprojekten eignet.

7. **Richtig:** Die Listungstechnik ist eine bewährte Methode zur Terminplanung im Projektmanagement. Sie eignet sich wegen ihrer Einfachheit für eine überschaubare Anzahl von Vorgängen.
8. **Falsch:** Die Listungstechnik ist keine bewährte Methode zur Risikoanalyse, sondern ein Instrument der Terminplanung.

4. Literaturempfehlungen

Bea, Franz X./Scheurer, Steffen/Hesselmann, Sabine (2011): Projektmanagement, 2. Aufl., Konstanz/München, S. 159 ff.

Corsten, Hans/Corsten, Hilde/Gössinger, Ralf (2008): Projektmanagement: Einführung, 2. Aufl., München, S. 118.

Kerzner, Harold (2008): Projektmanagement: Ein systemorientierter Ansatz zur Planung und Steuerung, 2. Aufl., Bonn, S. 457 ff.

Patzak, Gerold/Rattay, Günter (2018): Projektmanagement: Projekte, Projektportfolios, Programme und projektorientierte Unternehmen, 7. Aufl., Wien, S. 248 ff.

2.4.4 Risikoanalyse

Fallstudie KaffeeLeben – Aufgabe F29

Wissen, Verstehen, Anwenden, Transfer
30 Minuten

---

1. Fragestellung

Zum Abschluss der Projektplanung stand eine letzte Aufgabe an: die Planung von Risiken. Stephan Geradewiese hatte daran zunächst gar nicht gedacht. Jedoch gab in einem der vorhergehenden Projektmeetings die Kollegin Dany Schmidt-Hoppe Skepsis dahingehend zum Ausdruck, ob die (später noch auszuwählende) Medienagentur wirklich so zuverlässig arbeiten wird. Dany hatte durch ihren früheren Arbeitgeber sehr viel Erfahrung in der Steuerung von Dienstleistern und hatte schon die wildesten Dinge erlebt, so ihre Aussage. Stephan beschloss, diesen Hinweis aufzugreifen und gemeinsam mit dem Team zu prüfen, welche weiteren Risiken es geben könnte.

a) Erstellen Sie ein Risikoregister nach folgender Vorlage (Tab. 2.28).

Tab. 2.28: Risikoregister Vorlage.

Risiko	Auswirkung bei Eintritt	Eintrittswahrscheinlichkeit	Maßnahme

b) Welche Auswirkungen hat das Ergebnis Ihrer Analyse auf die bisherigen Planungskomponenten?

2. Anregungen für Ihre Diskussion der Lösung

a) Das Risikoregister ist eine Liste aller durch das Projektteam antizipierten Risiken, die im Projektverlauf eintreten könnten. Dabei müssen Risiken nicht nur negativer Art, sondern können auch positiver Natur sein (Chancen). Zur Risikoanalyse gehört auch, sich vorab zu überlegen, welche Maßnahmen entweder vorbeugend getroffen werden können oder als „Notfallplan" bereits vorweggedacht werden.
Maßnahmen, die jetzt schon vorbeugend beschlossen werden, sind „Arbeit" im Sinne des Projektes und erfordern eine Anpassung des PSP, der Zeitplanung und der Kostenplanung!
Erste Anregungen für Ihre Diskussion zur Identifikation von Risiken können sein:

Tab. 2.29: Mögliche Lösungen zum Risikoregister.

Risiko	Bewertung der Konsequenz	Eintrittswahr-scheinlichkeit	Maßnahme
Medienagentur arbeitet zu langsam	Hoch	Mittel	Fristen in den Vertrag aufnehmen
Medienagentur liefert unzureichende Qualität	Sehr hoch	Mittel	Referenzen einholen und in Auswahl berücksichtigen, konkrete Qualitätsziele im Vertrag aufnehmen, frühzeitig Prototyp zeigen lassen
Internetbandbreite reicht in Filiale nicht aus	Niedrig	Niedrig	Verfügbarkeit von Funkverbindungen als Alternative prüfen
Pilotphase nicht erfolgreich	Hoch	Mittel	Enge Begleitung der Pilotphase
Angebote von Lieferanten verzögern sich	Niedrig	Hoch	Voranfragen bei Lieferanten durchführen
Lieferverzug bei Technik/Tablets	Mittel	Mittel	Liefertermine vertraglich zusichern lassen
...	...	...	...

b) In der vorliegenden Lösungsskizze müssten etwa folgende Aktivitäten im PSP neu aufgenommen und damit auch im Netzplan sowie in der Kostenplanung zusätzlich berücksichtigt werden:
   - Einholen von Referenzen für die Medienagenturen: neues Arbeitspaket im Bereich 2.2. Da dieses Arbeitspaket auf dem kritischen Pfad liegen wird, verlängert sich dadurch der Endzeitpunkt des Projektes in jedem Fall!
   - Voranfragen bei Lieferanten: neues Arbeitspaket im Bereich 1.4
   - Verfügbarkeit von Funkverbindungen als Alternative: Erhöhung der Dauer des Arbeitspakets 1.1.2.
   - Prüfung von Prototypen bei der Contenterstellung: neues Arbeitspaket im Bereich 2.3.

3. Literaturempfehlungen

Gessler, Michael/Deutsche Gesellschaft für Projektmanagement (2016): Kompetenzbasiertes Projektmanagement (PM3): Handbuch für die Projektarbeit, Qualifizierung und Zertifizierung auf Basis der IPMA Competence Baseline, 8. Aufl., Nürnberg, S. 134 ff.

Meyer, Helga/Reher, Heinz-Josef (2020): Projektmanagement: Von der Definition über die Projektplanung zum erfolgreichen Abschluss, 2. Aufl., Wiesbaden, S. 143 ff.

Patzak, Gerold/Rattay, Günter (2018): Projektmanagement: Projekte, Projektportfolios, Programme und projektorientierte Unternehmen, 7. Aufl., Wien, S. 130 ff.

Project Management Institute (2017a): A guide to the project management body of knowledge, 6. Aufl., Newtown Square, S. 409 ff.

Timinger, Holger (2024): Modernes Projektmanagement: Mit traditionellem, agilem und hybridem Vorgehen zum Erfolg, 2. Aufl., Weinheim, S. 141 ff.

Aufgabe 1: Arten von Risiken

Wissen, Verstehen
10 Minuten

---

1. Fragestellung

Risikomaßnahmen können entsprechend ihrer Tragweite und der Eintrittswahrscheinlichkeit klassifiziert werden. Visualisieren Sie diesen Sachverhalt in einem Portfolio und tragen Sie die entsprechenden möglichen Strategien ein.

2. Lösung

Entsprechend ihrer Eintrittswahrscheinlichkeit (niedrig/hoch) und der Tragweite (niedrig/hoch) können Risiken branchenunabhängig und allgemein in vier Risikostrategien klassifiziert werden. Für Risiken mit einer niedrigen Eintrittswahrscheinlichkeit und einer niedrigen Tragweite ist die Strategie „Risikoakzeptanz“ zu wählen und damit Risiken bewusst in Kauf zu nehmen, weil man es sich quasi leisten kann sie einzugehen.

Abb. 2.7: Risikoportfolio, Quelle: Eigene Darstellung.

Für Risiken mit einer niedrigen Tragweite und einer hohen Eintrittswahrscheinlichkeit ist die Strategie „Risikoverminderung" zu wählen. D. h. die Eintrittswahrscheinlichkeiten für Risiken sind zu mindern oder die Tragweite des Schadens zu reduzieren. Das kann beispielsweise dadurch erfolgen, dass Projektstrukturpläne geändert, Ressourcen erhöht oder Zeitpuffer eingeplant werden. Die konkreten Maßnahmen werden in Abhängigkeit von dem konkreten Fall und der Branche variieren.

Risiken, die eine hohe Tragweite und eine hohe Eintrittswahrscheinlichkeit haben, sollten vermieden werden. Risiken, die den sogenannten „Projekttod" zur Folge haben, ein Geschäft ruinieren oder jemanden oder etwas in einer wie auch immer gearteten Form „umbringen", sollten vermieden werden. Das kann bedeuten, dass ein Projekt nicht durchgeführt wird, oder nur in Teilen vollendet wird. Eine sorgsame Abwägung ist hier vorzunehmen. Denn die Risikovermeidung bedeutet auch immer, dass Chancen nicht genutzt werden.

Bei der Risikoverlagerung werden die Risiken an Dritte übertragen. Der Abschluss einer Versicherung ist ein typisches Beispiel für eine Risikoverlagerung, bei der mögliche Schäden durch Dritte aufgegangen werden.

3. Hinweise zur Lösung

Bei der Darstellung handelt es sich um allgemeine und branchenunabhängige Hinweise zur Funktionsweise von allgemeinen Risikostrategien, die isoliert voneinander dargestellt sind. In der Praxis sind die Risiken unabhängig voneinander zu betrachten. Der Eintritt eines Schadensfalls kann andere Risiken nachhaltig beeinflussen. Weiterhin ist anzumerken, dass es sich die Risikopositionen in dem Portfolio ändern können, bedingt durch externe oder interne Faktoren.

4. Literaturempfehlungen

Bea, Franz X./Scheurer, Steffen/Hesselmann, Sabine (2011): Projektmanagement, 2. Aufl., Konstanz/München, S. 348 ff.

Bohinc, Thomas (2010): Grundlagen des Projektmanagements: Methoden, Techniken und Tools für Projektleiter, Offenbach am Main, S. 141 ff.

Jenny, Bruno (2009): Projektmanagement: Das Wissen für eine erfolgreiche Karriere, 3. Aufl., Zürich, S. 208–220.

Keßler, Heinrich/Winkelhofer, Georg (2004): Projektmanagement: Leitfaden zur Steuerung und Führung von Projekten, 4. Aufl., Berlin, S. 161.

Patzak, Gerold/Rattay, Günter (2018): Projektmanagement: Projekte, Projektportfolios, Programme und projektorientierte Unternehmen, 7. Aufl., Wien, S. 49 ff.

Sterrer, Christian/Winkler, Gernot (2010): Setting Milestones: Projektmanagement Methoden, Prozesse, Hilfsmittel, 2. Aufl., Wien, S. 112 f.

Aufgabe 2: Single-Choice-Aufgaben zu Risiken im Projekt

Wissen, Verstehen
10 Minuten

1. Fragestellung

Bitte tragen Sie bei den folgenden Aussagen ein, ob diese richtig („R“) oder falsch („F“) sind:

Tab. 2.30: Risiken im Projekt Single Choice.

Nr.		Richtig	Falsch
1.	Risikoakzeptanz als Maßnahme sollte gewählt werden, wenn Eintrittswahrscheinlichkeit und Tragweite niedrig sind.		
2.	Die Delphi-Methode ist ein Instrument, um Risiken zu identifizieren.		
3.	Die Orakel-Methode ist ein Instrument, um Risiken zu identifizieren.		
4.	Der Risikowert berechnet sich aus dem Produkt von Eintrittswahrscheinlichkeit und Schadenhöhe.		
5.	Im Projektmanagement und an der Börse gilt: Je höher das Risiko, desto höher der mögliche Gewinn.		
6.	Die Durchführung einer Risikoanalyse ist eine wichtige Aufgabe, die einmalig zu Projektbeginn durchgeführt werden sollte.		
7.	Unsicherheiten und Risiken sind Synonyme.		

2. Lösung

Tab. 2.31: Risiken im Projekt Single-Choice – Lösungen.

Nr.		Richtig	Falsch
1.	Risikoakzeptanz als Maßnahme sollte gewählt werden, wenn Eintrittswahrscheinlichkeit und Tragweite niedrig sind.	R	
2.	Die Delphi-Methode ist ein Instrument, um Risiken zu identifizieren.	R	
3.	Die Orakel-Methode ist ein Instrument, um Risiken zu identifizieren.		F
4.	Der Risikowert berechnet sich aus dem Produkt von Eintrittswahrscheinlichkeit und Schadenhöhe.	R	
5.	Im Projektmanagement und an der Börse gilt: Je höher das Risiko, desto höher der mögliche Gewinn.		F
6.	Die Durchführung einer Risikoanalyse ist eine wichtige Aufgabe, die einmalig zu Projektbeginn durchgeführt werden sollte.		F
7.	Unsicherheiten und Risiken sind Synonyme.		F

3. Hinweise zur Lösung

1. **Richtig:** Stehen Kosten und Nutzen einer Gegenmaßnahme in einem ungünstigen Verhältnis und ist die Eintrittswahrscheinlichkeit eines Ereignisses niedrig, so kann es sinnvoll sein, Risiken zu akzeptieren statt zu minimieren.
2. **Richtig:** Bei der Delphi-Methode handelt es sich um eine Methode zur Ermittlung von Prognosen, Meinungen oder Trends durch Experten. Die Prognosekraft und Qualität der Methode sind somit immer auch abhängig von den auserwählten Experten und deren Meinungen zu einem Sachverhalt.
3. **Falsch:** Die Orakel-Methode ist kein Instrument, um Risiken zu identifizieren, sondern dem Bereich der Esoterik zuzuordnen.
4. **Richtig:** Je höher der Risikowert, desto kritischer ist der Umgang mit dem Risiko zu beleuchten. Der Risikowert ist ein monetärer Wert der Folgen des Risikos. Bei der isolierten Analyse des Risikowertes werden keine gegenseitigen Abhängigkeiten betrachtet und somit ist die Aussagefähigkeit nur begrenzt.
5. **Falsch:** „Je höher das Risiko, desto höher der Gewinn" mag vielleicht an der Börse gelten, im Projektmanagement gilt dies jedoch nicht. Es gilt Risiken in Abhängigkeit des Risikowertes und weiterer Kriterien zu managen, d. h. zu vermeiden, abzuwehren, einzudämmen, Vorsorgestrategien zu etablieren oder ggf. zu akzeptieren.
6. **Falsch:** Die Durchführung einer Risikoanalyse ist keine einmalige Aufgabe, sondern muss in regelmäßigen Abständen wiederholt werden. Denn Risiken können sich hinsichtlich ihrer Eintrittswahrscheinlichkeit und Tragweite verändern. Neue Risiken können hinzukommen.
7. **Falsch:** Unsicherheit und Risiko sind keine Synonyme. In der Entscheidungslehre werden Risiken und Unsicherheiten bezüglich ihrer Eintrittswahrscheinlichkeiten

abgegrenzt. Risiko bezeichnet einen Sachverhalt, der mit gewissen Unsicherheiten verbunden ist. Allerdings können diese Unsicherheiten mit einer gewissen Eintrittswahrscheinlichkeit beziffert werden. Unsicherheit hingegen bezeichnet einen Sachverhalt, bei dem bei dem keine Eintrittswahrscheinlichkeiten benannt werden können.

4. Literaturempfehlungen

Bea, Franz X./Scheurer, Steffen/Hesselmann, Sabine (2011): Projektmanagement, 2. Aufl., Konstanz/München, S. 356 ff.

Heinrich, Harald (2015): Systemisches Projektmanagement: Grundlagen, Umsetzung, Erfolgskriterien, München, S. 74.

Jakoby, Walter (2015): Intensivtraining Projektmanagement: Ein praxisnahes Übungsbuch für den gezielten Kompetenzaufbau, Wiesbaden, S. 103 ff.

Jenny, Bruno (2009): Projektmanagement: Das Wissen für eine erfolgreiche Karriere, 3. Aufl., Zürich, S. 208 ff.

Schelle, Heinz/Ottmann, Roland/Pfeiffer, Astrid (2008): ProjektManager, 3. Aufl., Nürnberg, S. 149 ff.

Wanner, Roland (2022): Risikomanagement für Projekte: Risikomanagement für Projekte: Mit wirkungsvollem Risikomanagement sicher zum Projekterfolg, 3. Aufl., Leipzig (gesamtes Werk).

2.4.5 Dokumentation der Planung in einem Projektplan sowie Genehmigung des Projektplans

Fallstudie KaffeeLeben – Aufgabe F30

Wissen, Verstehen, Anwenden, Transfer
15 Minuten

---

1. Fragestellung

Nachdem die erste Genehmigungsrunde mit Florentine Gutmann und Roman Fertig erfolgreich verlief und sie als Auftraggeber den Projektauftrag genehmigt hatten, stand nun der Termin zur Besprechung des Projektplans bevor. Stephan Geradewiese wollte nichts falsch machen und sich gründlich auf den Termin vorbereiten.

a) Welche Unterlagen sollte Stephan Geradewiese auf jeden Fall zusammenstellen?
b) Worauf sollte er sich bezüglich des Gesprächs vorbereiten?
c) Mit welchem Ergebnis kann er rechnen?

2. Anregungen für Ihre Diskussion der Lösung

a) Die notwendigen Unterlagen, die Stephan Geradewiese vorab an die Auftraggeber versenden sollte, bestehen in jedem Fall aus: dem ursprünglichen Projektauftrag, dem Umfangsplan, dem Zeitplan, dem Kostenplan, dem Risikoregister. Für das Gespräch selbst sollte er weitere Detailinformationen bereithalten, wie z. B. Annahmen, die den einzelnen Planungskomponenten zugrunde liegen oder eine detaillierte Aufschlüsselung der Kosten pro Arbeitspaket.

b) Stephan Geradewiese sollte sich auf Rückfragen zu allen Details seiner Planungen vorbereiten, auch wenn einzelne Bestandteile vielleicht nicht von ihm direkt, sondern von einer/einem seiner erfahrenen Projektmitarbeiterinnen und -mitarbeiter erstellt wurden. Wichtig ist, dass er alle Angaben ehrlich vorträgt und dabei nichts beschönigt (z. B. indem er kürzere Termine oder niedrigere Kosten nennt, um die Auftraggeber davon zu überzeugen, das Projekt weiter zu verfolgen).

c) Es sind folgender Ergebnisse des Gespräches denkbar:
Projektplan wird genehmigt: In diesem Fall können Stephan Geradewiese und sein Team mit der in der Planung definierten Arbeit beginnen. Seine Leistung als Projektmanager wird zum Projektabschluss an der Einhaltung der vereinbarten Planungskomponenten gemessen.
Projektplan muss geändert werden bzw. wird mit Auflagen genehmigt: In diesem Fall müssen Stephan Geradewiese und sein Team die Planungen entsprechend der Vorstellungen der Auftraggeber anpassen. Auch hier gilt natürlich, die Anpassungen realistisch vorzunehmen und nichts „schönzurechnen".
Projektplan wird abgelehnt: In diesem Fall ist die Arbeit für Stephan Geradewiese beendet, das Projektteam wird nach Abschluss administrativer Aufgaben (z. B. Dokumentation des bereits Erarbeiteten) zeitnah aufgelöst. Dies muss kein Misserfolg für die bisherige Arbeit des Projektteams sein – im Gegenteil: Stellt sich durch die Planungsarbeit heraus, dass sich das Projekt für das Unternehmen nicht lohnt, sind wertvolle Ressourcen gespart worden!

3. Literaturempfehlungen

Meyer, Helga/Reher, Heinz-Josef (2020): Projektmanagement: Von der Definition über die Projektplanung zum erfolgreichen Abschluss, 2. Aufl., Wiesbaden, S. 196 ff.

Project Management Institute (2017a): A guide to the project management body of knowledge, 6. Aufl., Newtown Square, S. 82 ff.

Timinger, Holger (2024): Modernes Projektmanagement: Mit traditionellem, agilem und hybridem Vorgehen zum Erfolg, 2. Aufl., Weinheim, S. 89.

2.5 Projektsteuerungsphase

2.5.1 Leistungserstellung und Führung eines Projektteams

Fallstudie KaffeeLeben – Aufgabe F31

Wissen, Verstehen, Anwenden, Transfer
20 Minuten

---

1. Fragestellung

Das Team um Stephan Geradewiese konnte nach der Genehmigung des Projektplans durch die Auftraggeber mit den geplanten Arbeiten beginnen. Der Zeitplan war eng gesetzt und einige der bevorstehenden Aktivitäten auf dem kritischen Pfad bereiteten Stephan durchaus schlaflose Nächte. Daher dachte er sich, es sei am besten, jede freie Minute mit den definierten Arbeitspaketen zu verbringen und nichts anderes zu machen.

Geben Sie Stephan Geradewiese einen Rat, weswegen es gerade zu Beginn des Projektes so wichtig ist, etwas Zeit in das Thema Teamentwicklung zu investieren.

Später im Verlauf des Projektes stellte Stephan Geradewiese fest, dass Anne Schnell, Mitarbeiterin aus der Pilotfiliale und Mitglied des Projektteams, immer lustloser an ihre Aufgaben heranging. Es gab auch schon die ersten Verspätungen gegenüber dem Projektplan, was insbesondere deswegen ärgerlich war, weil Frau Schnells Arbeitspakete auf dem kritischen Pfad lagen. Mittlerweile bemerkten dies auch die anderen Teammitglieder – Herr Leermann und Frau Schmidt-Hoppe – und baten Stephan Geradewiese eindringlich, etwas in der Sache zu unternehmen.

a) Was sollte Stephan Geradewiese als Erstes unternehmen?
b) Welche grundsätzlichen Handlungsmöglichkeiten hat Stephan Geradewiese im Anschluss an das Gespräch?

2. Anregungen für Ihre Diskussion der Lösung

a) Recherchieren Sie zum Teamentwicklungs-Modell von Tuckman (1965). Aus dem Modell geht hervor, dass ein Team erst dann in der Lage ist, Leistungen zu erbringen („Performing“-Phase), wenn zuvor die unterschiedlichen Positionen, Ziele etc. der Teammitglieder ausgehandelt werden konnten („Storming“-Phase) und anschließend ein Gruppen- bzw. Wir-Gefühl entstehen konnte („Norming“-Phase). Ein häufiger Fehler in neu zusammengesetzten Teams ist es, dass der Teamleiter hofft, dass es keine Storming-Phase geben wird. In der Regel taucht diese Phase aber früher oder später auf. Diese Erkenntnisse sind umso bedeutsamer in einem Projektteam, das frisch zusammengestellt wurde und das einem hohen Handlungs- und Erfolgsdruck unterliegt. Eine Storming-Phase zum „falschen“ Zeitpunkt im Projektverlauf (etwa dann, wenn gerade ausschließlich Aktivitäten auf dem kritischen Pfad zu bearbeiten sind), kann zu enormen Problemen führen. Dementsprechend sollte der Projektleiter darauf achten, dass unterschiedliche Perspektiven, Vorstellungen oder gar potenzielle Konflikte frühzeitig thematisiert werden. Ebenfalls sollte der Projektleiter darauf achten, Möglichkeiten zum Aufbau eines „Wir-Gefühls“ zu schaffen, z. B. indem wöchentliche Teammeetings unmittelbar mit einem Mittagessen in der Kantine verknüpft werden oder mittels einer (kostengünstigen) Feier beim Erreichen eines hart erarbeiteten Meilensteins. Zudem sorgt eine vertrauensvolle Arbeitsatmosphäre dafür, dass Probleme im Projektteam schneller thematisiert und gelöst werden.

b) Stephan Geradewiese sollte mit Frau Schnell unverzüglich ein klärendes Gespräch führen. In diesem Gespräch sollte er durch Anwendung von Fragetechniken versuchen, die Gründe und Motive hinter Frau Schnells Verhalten zu eruieren (schließlich war sie ja zuvor immer sehr engagiert und zuverlässig). Manchmal liegen die Gründe auch außerhalb der Arbeit – wenn Stephan Geradewiese es geschafft hat, zuvor eine vertrauensvolle Arbeitsbeziehung aufzubauen, könnte dies möglich machen, dass Frau Schnell mit ihm über private Probleme spricht, sofern diese relevant für das Leistungsdefizit sind. Ebenfalls sollte Stephan, sofern zutreffend, Hilfe und Unterstützung anbieten (z. B., wenn sich herausstellt, dass Frau Schnell sich fachlich überfordert fühlt und doch nicht über die notwendigen Qualifikationen verfügt). Am Ende des Gesprächs sollte Stephan Geradewiese mit Frau Schnell konkrete Ziele bezüglich der erwarteten Leistung vereinbaren und auch, wie diese gemeinsam überprüft werden.

Im Idealfall verbessert sich durch das geführte Gespräch die Leistung von Frau Schnell wie vereinbart. Sofern dies ausbleibt, sollte Stephan Geradewiese ein weiteres Gespräch nach o. g. Muster führen, allerdings dann auch klar Konsequenzen bei erneutem Nicht-Einhalten der Vereinbarungen aufzeigen. Anschließend bleibt Stephan Geradewiese nur noch die Möglichkeit, Frau Schnell gegen eine(n) neuen Projektmitarbeiter/in auszutauschen, sofern entsprechende Ressourcen im Unternehmen verfügbar sind. Hierzu sollte er sich unbedingt vorher mit dem Vorgesetzten von Frau Schnell sowie mit den Auftraggebern abstimmen.

3. Literaturempfehlungen

Gessler, Michael/Deutsche Gesellschaft für Projektmanagement (2016): Kompetenzbasiertes Projektmanagement (PM3): Handbuch für die Projektarbeit, Qualifizierung und Zertifizierung auf Basis der IPMA Competence Baseline, 8. Aufl., Nürnberg, S. 238 ff.

Meyer, Helga/Reher, Heinz-Josef (2020): Projektmanagement: Von der Definition über die Projektplanung zum erfolgreichen Abschluss, 2. Aufl., Wiesbaden, S. 92 ff.

Patzak, Gerold/Rattay, Günter (2018): Projektmanagement: Projekte, Projektportfolios, Programme und projektorientierte Unternehmen, 7. Aufl., Wien, S. 180 ff.

Project Management Institute (2017a): A guide to the project management body of knowledge, 6. Aufl., Newtown Square, S. 336 ff.

Timinger, Holger (2024): Modernes Projektmanagement: Mit traditionellem, agilem und hybridem Vorgehen zum Erfolg, 2. Aufl., Weinheim, S. 362 ff.

Tuckman, Bruce W. (1965): Developmental sequence in small groups; in: Psychological Bulletin, 63. Jg., H. 6, S. 384–399, S. 384 ff.

Aufgabe 1: Machtquellen im Projektmanagement

Wissen, Verstehen
20 Minuten

1. Fragestellung

Welche Machtquellen sind im Projektmanagementprozess besonders wirksam? Nennen und erläutern Sie typische Quellen von Macht im Projektmanagementprozess.

Projektmanagementprozesse sind anders als die klassischen Linienorganisationen nicht primär auf hierarchische Strukturen ausgerichtet, sondern leben von flachen, eher weniger wahrnehmbaren und wirksamen Hierarchien. Damit könnte auch verbunden sein, dass Machtausübung in Projekten weniger beobachtet werden kann. Das ist sicher tendenziell aufgrund der Grundstruktur des Projektmanagements richtig.

Trotzdem ist unabhängig davon feststellbar, dass Menschen Allianzen eingehen, sie nutzen andere, um ihre eigenen Ziele zu erreichen. Sie schmieden Intrigen und organisieren Koalitionen. Klassische Quellen von formeller Macht speisen sich u. a. aus Arbeitsverträgen und den damit verbundenen übertragenen Befugnissen. Das ist wirksam, jedoch allein langfristig nur begrenzt tragfähig. Formelle Macht besteht u. a. darin, anderen etwas zukommen zu lassen, was sie gerne hätten oder Sanktionen auszusprechen. Eine eher unterschwellige Ausübung von Macht besteht darin, Informationen zu geben oder vorzuenthalten. Macht entsteht auch dort, wo Fachwissen exklusiv vorhanden ist und nicht von vornherein mit anderen bereitwillig geteilt wird.

Die Frage ist, aus welchen Quellen sich die Macht im Projektmanagement vor allem speisen kann. Der selbstkritische Umgang mit den Möglichkeiten ist dann ein Handlungsfeld, das im Sinne einer Optimierung von Projektmanagementprozessen interessant wird.

2. Lösung

Macht ergibt sich im Projektmanagement für Projektleiter z. B. dadurch, dass sie Budgets verwalten, entsprechend gewähren oder vorenthalten können. Sofern vereinbart, besteht ebenfalls die Möglichkeit, über formelle Weisungsbefugnis Macht auszuüben.

Nicht selten entsteht Macht in Projekten über die Beherrschung exklusiver Technologien im Bereich von Informations- und Kommunikationstechnologien. Das gilt auch für das Durchschauen von Abläufen verschiedenster Art, die nicht allen Projektmitgliedern bekannt sind und von einzelnen Personen beherrscht werden. Ist etwa die vertiefte Kenntnis von Regeln und Anweisungen nicht durchgängig vorhanden, erhalten Projektmitglieder eine herausragende Stellung, ggf. auch eine daraus ableitbare Deutungshoheit und u. U. beträchtliche Macht.

Zum Teil wird Macht an Projektleiter oder Projektmitglieder von Linienvorgesetzten auf Zeit verliehen, die dann innerhalb des Projektes die Stellung der Projektleiter stärken. Das gilt auch für das Eingehen von Allianzen, die innerhalb und außerhalb des Projektes informell geschmiedet werden und Einfluss auf den Verlauf und die Ergebnisse des Projektes erlangen.

3. Hinweise zur Lösung

In der Führungsforschung wird häufig zwischen einer Macht unterschieden, die für soziale Ziele eingesetzt wird und einer solchen, die der Vervollkommnung eigener Interessen dient (vgl. dazu Weibler 2023, S. 158 f.). Die Unterscheidung wird in der Regel benutzt, um Macht kritisch zu bewerten. In der Forschung haben diese machtbasenorientierten Ansätze besondere Bedeutung gewonnen.

Machtbasen sind in diesem Kontext Ressourcen, die Menschen einsetzen können, um andere zu bestimmten Handlungen zu bringen (siehe Lösungstext). Sie können in ihrer Wirkung überaus bedeutsam sein und beeinflussen u. U. das Ergebnis des Projektes. Im ungünstigen Fall wird dann eine sachliche Lösung behindert oder sogar verhindert.

Ein Gegenmittel gegen derartige Verzerrungen im Prozess ist zum Beispiel die Anwendung von Managementtools, die das Geschehen transparent machen und den Betroffenen die Möglichkeit bieten, sich geschützt zu Wort zu melden.

4. Literaturempfehlungen

Kuster, Jürg et al. (2022): Handbuch Projektmanagement: Agil – Klassisch – Hybrid, 5. Aufl., Berlin, S. 358 ff.

Stelzer-Rothe, Thomas et al. (2016): Projekte systemisch managen! Wie Sie soziale und rationale Prozesse in Projekten achtsam steuern, Berlin, S. 35 ff.

Weibler, Jürgen (2023): Personalführung, 3. Aufl., München, S. 158–165.

Aufgabe 2: Gefahren von Teamstrukturen

Wissen, Verstehen
15 Minuten

---

1. Fragestellung

Die Form von Teams mit einer sehr flachen Hierarchie ist einerseits vorteilhaft, jedoch andererseits mit Risiken behaftet. Zeigen Sie besondere Gefahren auf, die bei Teamstrukturen vorhanden sein können.

2. Lösung

Wer in Teams arbeitet oder gearbeitet hat, wird erfahren haben, dass nicht immer alles so abläuft, wie idealisierte Teambeschreibungen dies vermitteln. Mitunter wird sogar von einem Mythos Team gesprochen. Wer in Teams arbeitet oder als Projektleiter Führungsverantwortung hat, sollte sich die Risiken klar machen, die bei aller Wertschätzung der Vorteile, die sich durch die Kombination verschiedenster Kompetenzen ableiten lassen, in Gruppenprozessen bestehen. Einige davon werden im Folgenden beschrieben.

Das Risiko der getroffenen Entscheidungen ist in Teams „auf viele Schultern verteilt“. Das erhöht die Bereitschaft, Risiken einzugehen. Gruppeneffekte, die darin bestehen, dass sich einzelne Mitglieder nicht als Außenseiter oder Bedenkenträger sehen wollen, unterstützen diesen Effekt.

Teams müssen sich neu organisieren, um sich wirklich zu finden, wenn sie hochgradig erfolgreich sein wollen. Das kostet Zeit. Wenn Teammitglieder ausgetauscht werden, durchlaufen sie die weiter oben genannten Phasen der Gruppenentwicklung erneut.

Mitunter werden Nivellierungseffekte in Teams beobachtet, da besonders leistungsfähige Mitglieder sich aus den bereits genannten Gründen einer Sonderstellung zurückhalten. Die für das Geschehen so wichtigen besonders innovativen und kreativen Teammitglieder werden dann ihre volle Leistungskraft nicht entfalten. Nicht zu unterschätzen sind auch die intransparenten „Hackordnungen“, die einzelne Projektmitglieder in ihrer Wirksamkeit beeinträchtigen.

Dies macht insgesamt deutlich, dass jedes Projekt einen hohen Grad an Selbstreflexionsmöglichkeiten bieten sollte, die sinnvollerweise institutionalisiert werden. An die Teammitglieder stellt dies die Anforderung, dass sie bereit und in der Lage sein müssen, sich auf derartige mitunter durchaus höchst sensible Prozesse einzulassen.

Nicht zuletzt ist das sogenannte Gruppendenken von Bedeutung. Bei hoher Kohäsion (Zusammenhalt) und starken Interdependenzen (gegenseitige Abhängigkeiten) zwischen den Gruppenmitgliedern ist die Wahrscheinlichkeit von Konformität zum Teil dramatisch erhöht. Dies führt zu Entscheidungen, die nicht mehr kreativ und dem Problem angemessen sind, sondern zu fatalen Fehlentscheidungen führen können. Beispiele hierfür sind die Challenger-Katastrophe aus dem Jahre 1986 und der „Fastzusammenbruch“ des weltweiten Finanzsystems Ende des ersten Jahrzehnts des 21. Jahrhunderts (vgl. Weibler 2023, S. 92).

3. Hinweise zur Lösung

Janis (1982, zitiert in Weibler 2023 und der dort angegebenen Quelle, S. 92) weist auf einen Katalog von Maßnahmen hin, der neben den bereits genannten Ansätzen dazu beitragen soll, das Problem des Gruppendenkens abzuschwächen. Dazu gehören die folgenden Punkte:

- Aufklärung über die Gefahren des Gruppendenkens
- Zurückhaltung (insbesondere des Vorgesetzten/Mächtigen eines Projektes) bei eigenen Stellungnahmen
- Einführung eines „Advocatus Diaboli“ (nimmt die Position einer Gegenseite ein) durch wechselnde Gruppenmitglieder
- Einbeziehung externer Beobachter und Kritiker
- Einsetzung einer Parallelgruppe zur Bearbeitung desselben Problems
- sorgfältige Analyse der Argumente einer Gegenseite.

Gerade das letzte Vorgehen erinnert an die Vorgehensweise, der auf Aristoteles gründenden und im Mittelalter zum Beispiel von Thomas von Aquin wieder aufgegriffenen Gedanken, die Argumente der jeweiligen Gegenseite ausführlich zu durchdenken und erst dann die eigenen Ideen zu verfolgen. Halten sich die Beteiligten an die genannten Grundsätze, ist das Problem des Gruppendenkens zumindest abgeschwächt.

4. Literaturempfehlungen

Janis, Irving L. (1982): Groupthink: Psychological studies of policy decisions and fiascoes, Boston. (gesamtes Werk).

Kuster, Jürg et al. (2022): Handbuch Projektmanagement: Agil – Klassisch – Hybrid, 5. Aufl., Berlin, S. 402 f.

Stelzer-Rothe, Thomas et al. (2016): Projekte systemisch managen! Wie Sie soziale und rationale Prozesse in Projekten achtsam steuern, Berlin, S. 35 ff.

Weibler, Jürgen (2023): Personalführung, 4. Aufl., München, S. 80 ff.

2.5.2 Berichtswesen

Fallstudie KaffeeLeben – Aufgabe F32

Wissen, Verstehen, Anwenden, Transfer
10 Minuten

---

1. Fragestellung

Stephan Geradewiese fühlte sich sehr unwohl. In zwei Stunden stand das monatliche Projektstatusmeeting mit Florentine und Roman an und er hatte eigentlich keine guten Nachrichten. Frau Schnell hatte ihm und Herrn Eisenhart vor einer Woche mitgeteilt, dass Sie bei KaffeeLeben kündigen und jetzt ihren Resturlaub antreten würde. Sie hatte sich in den letzten Monaten nach einer neuen Stelle umgeschaut, die näher an ihrem Wohnort lag, damit sie nicht pendeln müsse. Bei einem Bäcker in ihrem Dorf wurde sie fündig. Bei KaffeeLeben hatte sie sich stets wohl gefühlt, aber die lange Fahrt war einfach zu viel. Das erklärte – rückblickend – nun auch, wieso sie beim KATER-Projekt nicht mehr so richtig Gas gegeben hatte. Dennoch machte sich Herr Geradewiese Vorwürfe – vielleicht hätte er etwas tun können, um sie zu halten? Zudem befürchtete er, dass die Auftraggeber ihn dafür mitverantwortlich machen könnten. Infolgedessen gab es nun erhebliche Verzögerungen. Frau Schnell war zuletzt mit dem Vorgang „3.2.1. – Sammlung Feedback Kunden" als einzige Projektressource betraut. Durch ihren Weggang stand die Arbeit nun still! Stephan Geradewiese traute sich gar nicht, das Thema gegenüber Florentine und Roman anzusprechen. Gerade Roman war so enthusiastisch – schließlich war das Projekt ja seine Idee. Und in den bisherigen Statusmeetings konnte Stephan Geradewiese immer nur positive Nachrichten vermelden, da alles genau planmäßig verlief. Und nun das! Bestimmt würde er sich viel Ärger einhandeln, das würde er gerne vermeiden. Vielleicht hatten Roman und Florentine noch gar nichts von der Kündigung von Frau Schnell über den Filialleiter Herrn Eisenhart erfahren. Herr Eisenhart hatte für den Filialbetrieb auch schon eine neue Mitarbeiterin als Ersatz eingestellt. Stephan Geradewiese erwog, das Thema zu verschweigen und den Auftraggebern zu berichten, dass das Projekt weiterhin gut lief. Irgendwie würde er sich in den nächsten Tagen etwas einfallen lassen, das Projekt wieder auf Kurs zu kriegen.

Wie soll sich Stephan Geradewiese im Projektstatusmeeting gegenüber den Auftraggebern verhalten?

2. Anregungen für Ihre Diskussion der Lösung

Hier gibt es nur eine zulässige Variante: Stephan Geradewiese muss die Projektsituation so berichten, wie sie tatsächlich ist. Das heißt, er muss über die Tatsache der fehlenden Projektressource Frau Schnell offen sprechen und auch über die Auswirkungen in Bezug auf den Projektterminplan. Er sollte das Treffen vor allem nutzen, um eine neue Ressource als Ersatz für Frau Schnell in sein Projektteam zu bekommen! Wenn er die Auftraggeber anschwindeln würde, indem er den wahren Projektstatus beschönigt und dies später auffliegt, wäre die Vertrauensbasis zwischen ihm als Projektleiter und den Auftraggebern stark beschädigt.

3. Literaturempfehlungen

Gessler, Michael/Deutsche Gesellschaft für Projektmanagement (2016): Kompetenzbasiertes Projektmanagement (PM3): Handbuch für die Projektarbeit, Qualifizierung und Zertifizierung auf Basis der IPMA Competence Baseline, 8. Aufl., Nürnberg, S. 633 ff.

Meyer, Helga/Reher, Heinz-Josef (2020): Projektmanagement: Von der Definition über die Projektplanung zum erfolgreichen Abschluss, 2. Aufl., Wiesbaden, S. 227 ff.

Patzak, Gerold/Rattay, Günter (2018): Projektmanagement: Projekte, Projektportfolios, Programme und projektorientierte Unternehmen, 7. Aufl., Wien, S. 349 ff.

Project Management Institute (2017a): A guide to the project management body of knowledge, 6. Aufl., Newtown Square, S. 105 ff.

Timinger, Holger (2024): Modernes Projektmanagement: Mit traditionellem, agilem und hybridem Vorgehen zum Erfolg, 2. Aufl., Weinheim, S. 124 ff.

Aufgabe 1: Angaben im Fortschrittsbericht

Wissen, Verstehen
15 Minuten

---

1. Fragestellung

Welche Angaben sollte ein Fortschrittsbericht (Statusbericht) in einem Projektmanagementprozess sinnvollerweise enthalten?

Berichte wecken gelegentlich bei denjenigen, die sie erstellen sollen, unangenehme Assoziationen. Sie werden häufig als belastend empfunden. Die Idee des Berichts beinhaltet allerdings etwas, was für den Erfolg des Projektes von großem Wert ist.

Zum einen wird den verantwortlichen Stellen und den Entscheidungsträgern (Auftraggeber, Kunden, Lenkungsausschuss) in gewissen Abständen das Projekt in Erinnerung gerufen. Zum anderen wird ermöglicht, dass die Rückkopplung im Zweifel wichtige Hinweise auf den weiteren Ablauf des Projektes ergibt. So können im günstigen Fall Bedenken zum Verlauf des Projektes aufgenommen und in die Problemlösung eingearbeitet werden. Die Frequenz der Berichte richtet sich idealerweise nach der Dringlichkeit Informationen auszutauschen. Das kann wöchentlich oder monatlich in einem festen Rhythmus vereinbart und durch Sonderberichte ergänzt werden.

2. Lösung

Die einfachste und vielleicht auch am meisten akzeptierte Form des Fortschrittsberichts ist auf zwei Fragen reduziert:
- Was läuft gut?
- Wo läuft etwas nicht nach Plan?

Der folgende Katalog hat sich in einem Fortschrittsbericht als sehr hilfreich erwiesen.

Tab. 2.32: Inhalte eines Fortschrittsberichts (Statusbericht, Projektbericht, One Pager), Quelle: In Anlehnung an Kuster et al. 2022, S. 193.

Inhalte eines Fortschrittsberichts
Gestartete oder abgeschlossene Arbeitspakete
Vergleiche von Plan/Ist-Stand bezogen auf Zeit, Kosten und Ressourcen
Erreichbarkeit der Meilensteine des Projektes
Nennung der neuen Probleme seit dem letzten Statusbericht
Maßnahmen und Verantwortliche für die Lösung der Probleme
Nennung neuer Risiken im Projekt
Gegebenenfalls Anforderung von Managementunterstützung

3. Hinweise zur Lösung

In der Organisationswirklichkeit wird das Berichtswesen von den Beteiligten im Projekt mitunter als übertrieben empfunden. Das wirkt sich in aller Regel auf die Motivation derjenigen aus, die die Berichte erstellen. Die für die Inhalte eines Berichts Verantwortlichen sind deshalb gut beraten, die einzelnen Punkte der Berichte gut in ihrer Differenzierung und Aussagekraft zu bedenken.

Eine von den Betroffenen nicht nachvollziehbare Fülle an Berichtspunkten führt im Zweifel zu einem Alibibericht oder zu potemkinschen Dörfern, sind also im Grunde nicht zielführend und eher behindernd, weil sie Zeit stehlen und den Projektablauf unnötig verzögern. Auch hier gilt, ähnlich wie bei den Ausführungen zum Thema Gruppendenken, dass eine unabhängige Prüfung des Berichtswesens von Menschen vorgenommen werden sollte, die den notwendigen Abstand zum Projekt und den Regelungen haben, um diese kritisch in den Blick nehmen zu können.

4. Literaturempfehlungen

Kuster, Jürg et al. (2022): Handbuch Projektmanagement: Agil – Klassisch – Hybrid, 5. Aufl., Berlin, S.193 f.

Timinger, Holger (2024): Modernes Projektmanagement: Mit traditionellem, agilem und hybridem Vorgehen zum Erfolg, 2. Aufl., Weinheim, S. 126 f.

Aufgabe 2: Ampelsysteme im Projektmanagement-Berichtswesen

Wissen, Verstehen
10 Minuten

---

1. Fragestellung

Was sind Ampelsysteme im Rahmen des Projektmanagement-Berichtswesens und welche Gefahr lauert in Ampelsystemen?

Ein gravierendes Problem in allen Abläufen der sich zunehmend dynamisierenden Organisationen ist es, den Überblick zu behalten, obwohl sich die Geschäftsprozesse beschleunigen und eine wahre Flut von Informationen auf die einzelnen Akteure gegeben ist. Deshalb ist es mitunter überaus hilfreich, komplexere Sachverhalte durch einfache Instrumente zu unterstützen. Dabei wird die Anschaulichkeit durch aussagekräftige Visualisierungen unterstützt. Im Falle von Berichten innerhalb von Projekten haben sich sogenannte Ampelsysteme bewährt, die auf einfache Art und Weise den Entscheidungs- und Handlungsbedarf in Projekten aufzeigen.

2. Lösung

Für den raschen Überblick werden in Projekten Ampelsymbole eingesetzt, die einen Blick auf die einzelnen Berichtspunkte und den daraus folgenden Bedarf für weitere Überlegungen verdeutlichen.

Tab. 2.33: Beispielhafte Erläuterung der Ampelstellung in einem Fortschrittsbericht, Quelle: In Anlehnung an Timinger 2024, S. 127.

Ampelstellung:	Handlungsbedarf:	Ampelstellung:
Rot	Der Auftraggeber (z. B. die Geschäftsführung) ist gefordert, Entscheidungen im Projekt zu fällen.	
Gelb	Der **Projektleiter** ist zu einer Entscheidung aufgefordert.	
Grün	Es sind keine Soll-Ist Differenzen vorhanden.	

Ob die Ampelsymbole aussagekräftig sind, hängt entscheidend davon ab, ob die einzelnen Stufen in ihrem Inhalt von den Beteiligten einheitlich definiert werden. Ansonsten liegt es nahe, dass Missverständnisse und Fehlsteuerungen das Projekt nachhaltig und ungünstig beeinflussen.

3. Hinweise zur Lösung

Ampelberichte haben in der Praxis neben dem Problem der Definition der einzelnen Stufen noch ein weiteres Problem. Wer dazu neigt, die einzelnen Probleme eher auf Grün zu setzen, wird möglicherweise in späteren Phasen des Projektes Rechenschaft ablegen müssen, warum er oder sie nicht früher auf Probleme hingewiesen hat. Umgekehrt ist der häufige Einsatz der roten Ampel für viele der Hinweise darauf, dass hier ein Bremser am Werk ist.

Der bereits erwähnte Schulungsbedarf für die am Projekt Beteiligten ist deshalb auch in diesem Kontext bedeutsam. Die Reflexion der eigenen Risikofreude oder Zurückhaltung sollte in der Vorbereitung eines Projektes ein Thema sein. Allerdings muss hinzugefügt werden, dass erwachsene eher risikoscheue Menschen oder solche, die tendenziell zum Eingehen von Risiken neigen, nicht durch ein ein- oder zweitägiges Verhaltenstraining zu einem ausgeglicheneren Verhalten im Alltag bewegt werden können. Wer Teammitglieder in Projekten einsetzt, sollte sich deshalb fragen, ob er oder sie grundsätzlich in der Lage ist, aus vorhandenen Informationen rational nachvollziehbare Schlüsse zu ziehen. Die Personalentwicklungsmaßnahme kann dann dahingehend weitere Gewissheit bringen.

4. Literaturempfehlungen

Kuster, Jürg et al. (2022): Handbuch Projektmanagement: Agil – Klassisch – Hybrid, 5. Aufl., Berlin, S. 194.
Timinger, Holger (2024): Modernes Projektmanagement: Mit traditionellem, agilem und hybridem Vorgehen zum Erfolg, 2. Aufl., Weinheim, S. 126 f.

2.5.3 Change-Request-Management

Fallstudie KaffeeLeben – Aufgabe F33

Wissen, Verstehen, Anwenden, Transfer
30 Minuten

---

1. Fragestellung

Stephan Geradewiese hatte sich dazu entschlossen, gegenüber den Auftraggebern die Wahrheit zu sagen und über derzeitigen Projektstatus aufgrund von Frau Schnells Ausscheiden offen zu berichten. Wie zu erwarten, waren Roman und Florentine nicht begeistert von den Verzögerungen, erkannten aber auch, dass Stephan Geradewiese nicht viel gegen den Weggang von Frau Schnell hätte unternehmen können. Außerdem war er nicht ihr disziplinarischer Vorgesetzter: Dies war der Filialleiter Herr Eisenhart. Roman und Florentine wollten jedoch unbedingt am geplanten Termin festhalten, der zufällig mit dem Firmenjubiläum zusammenfiel und im Rahmen einer speziellen Jubiläums-Kampagne sollte das Tablet-Angebot „ganz groß rauskommen", wie Roman es formulierte. Sie baten Stephan Geradewiese, einen Vorschlag auszuarbeiten, wie das Projekt noch „gerettet" werden könnte und verabredeten sich gleich für den nächsten Tag.

Gemeinsam mit dem Projektteam diskutierte Stephan Geradewiese anschließend mögliche Lösungen zur Beschleunigung, nachdem die ursprünglich Frau Schnell zugewiesene Aktivität „3.2.1. – Sammlung Feedback Kunden" stillstand. Zum Glück konnte er Florentine und Roman davon überzeugen, unmittelbar einen neuen Projektmitarbeiter ins Team aufnehmen zu können, sodass die ursprüngliche Personalkapazität wiederhergestellt war. Im technischen Einkauf (Einkauf von Geräten aller Art) gab es einen engagierten Mitarbeiter, der sich durch sein Studium zudem gut mit IT und statistischen Auswertungen auskannte, Leonard Dehne. Vor allem IT-Hardware begeisterte ihn schwer. Er war der ideale Ersatz für Frau Schnell und konnte alle noch ausstehenden Arbeiten im Bereich „3. Pilot" übernehmen. Zudem konnte er von seiner Abteilung zu 100 % für das Projekt zur Verfügung gestellt werden, so wichtig war Roman die pünktliche Fertigstellung zum Jubiläum. Der derzeitige Stand des Projektes (nur Auszug der verbleibenden Arbeiten auf dem kritischen Pfad) stellte sich wie folgt dar:

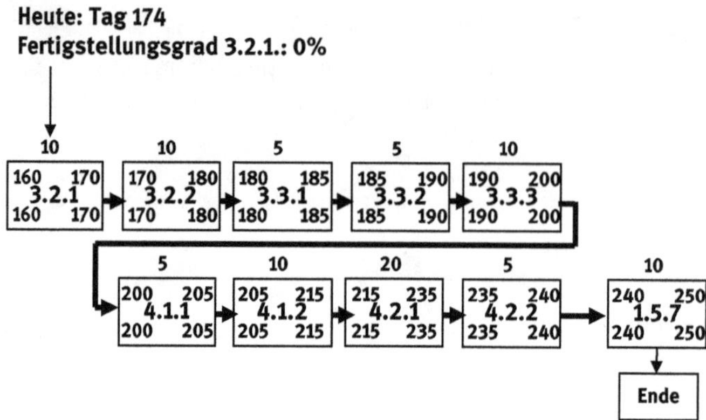

Abb. 2.8: Verbleibende Arbeiten, Quelle: Eigene Darstellung.

a) Welche Möglichkeit sehen Sie, das Projekt zu beschleunigen?
b) Wie wäre das Vorgehen gegenüber den Auftraggebern?

2. Anregungen für Ihre Diskussion der Lösung

a) Da Herr Dehne nicht 50 %, sondern 100 % der Zeit zur Verfügung stand und die Aktivitäten 3.2.1. (Sammlung Kundenfeedback) und 3.2.2. (Sammlung Mitarbeiterfeedback) inhaltlich unabhängig voneinander waren, konnten diese parallelisiert werden (offenbar hatte Stephan Geradewiese dies in der Planung übersehen!). Gleiches galt für die Auswertungen der Befragungsdaten in 3.3.1. und 3.3.2.
Somit ergäbe sich folgender, neuer Netzplan, mit dem der ursprüngliche Termin tatsächlich gehalten werden könnte:

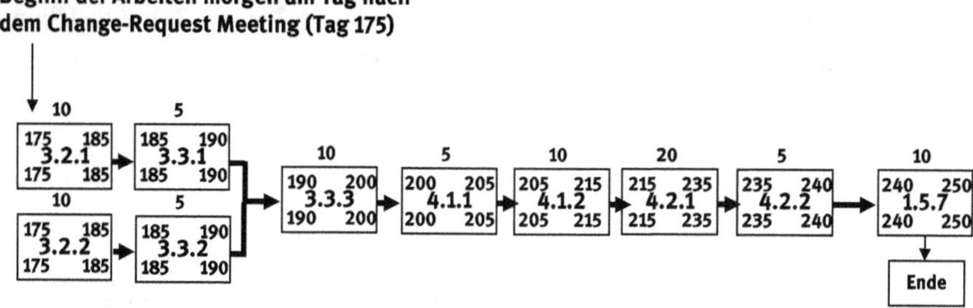

Abb. 2.9: Neuer Netzplan, Quelle: Eigene Darstellung.

b) Dieser Netzplan musste zunächst als „Change-Request" (Änderung gegenüber dem bisherigen Genehmigungsstand in Form des Projektplans) beim morgigen Treffen mit den Auftraggebern vorgestellt werden. Sofern die Auftraggeber ihn genehmigten, konnte die vorgeschlagene Änderung in den Projektplan aufgenommen werden, der dann in der überarbeiteten Fassung als neue Vereinbarung Gültigkeit haben würde. Auf keinen Fall konnte Stephan Geradewiese die Änderungen eigenmächtig entscheiden, auch wenn sie im vorliegenden Fall dazu führte, dass der ursprünglich geplante Endtermin wieder eingehalten wurde.

3. Literaturempfehlungen

Gessler, Michael/Deutsche Gesellschaft für Projektmanagement (2016): Kompetenzbasiertes Projektmanagement (PM3): Handbuch für die Projektarbeit, Qualifizierung und Zertifizierung auf Basis der IPMA Competence Baseline, 8. Aufl., Nürnberg, S. 536 ff.

Meyer, Helga/Reher, Heinz-Josef (2020): Projektmanagement: Von der Definition über die Projektplanung zum erfolgreichen Abschluss, 2. Aufl., Wiesbaden, S. 206 ff.

Patzak, Gerold/Rattay, Günter (2018): Projektmanagement: Projekte, Projektportfolios, Programme und projektorientierte Unternehmen, 7. Aufl., Wien, S. 386 ff.

Project Management Institute (2017a): A guide to the project management body of knowledge, 6. Aufl., Newtown Square, S. 113 ff.

Timinger, Holger (2024): Modernes Projektmanagement: Mit traditionellem, agilem und hybridem Vorgehen zum Erfolg, 2. Aufl., Weinheim, S. 163 ff.

Aufgabe 1: Ursachen für Veränderungen im Projekt

Wissen, Verstehen
15 Minuten

---

1. Fragestellung

Welche Ursachen liegen typischerweise vor, wenn sich innerhalb eines Projektes notwendiger Veränderungsbedarf ergibt, der durch ein angemessenes Änderungsmanagement (Change-Request-Management) bewältigt werden sollte?

Die im Laufe des Projektes beobachtbaren Veränderungen bei Projektzielen oder Prozessen erfordern adäquate Reaktionen auf Seiten der Projektverantwortlichen. So gibt es externe oder interne Auslöser von Veränderungen, die dazu führen, den ursprünglichen Projektplan oder die Art der Zusammenarbeit zu verändern. Die hier folgenden Hinweise beziehen sich auf die klassische (traditionelle) Vorgehensweise in Projekten.

2. Lösung

Tab. 2.34: Typische Ursachen/Auslöser von Projektänderungen, Quelle: In Anlehnung an Kuster et al. 2022, S. 203 und Timinger 2024, S. 163 f.

Typische Ursachen/Auslöser von Projektänderungen:
Wünsche von Kunden
Reklamationen von Kunden
Fehler in der Entwicklung
Zusätzliche Informationen, die dem Projektteam zur Verfügung stehen
Nicht mehr verfügbare Ressourcen
Zu knapp kalkulierte Ressourcen

3. Hinweise zur Lösung

Häufig wird zwischen notwendigen und sinnvollen Veränderungen unterschieden. Erstere sind für den Projekterfolg unabdingbar. Sinnvolle Änderungen führen zu Verbesserungen oder zu einer Erhöhung der Wettbewerbsfähigkeit. Was auf den eingereichten Antrag zutrifft, ist gelegentlich nicht ganz eindeutig zu sagen, allerdings dringend zu reflektieren.

Die Entscheidung über Veränderungen wird entweder vom Projektmanager, einer Änderungsstelle im Unternehmen oder über eine Änderungskonferenz durchgeführt. Entscheidend ist, dass die Beteiligten die notwendige Kenntnis darüber haben, die Entscheidung rational zu treffen. Es ist anzuraten, umfassend Sichtweisen und Perspektiven auf die Problemstellung in die Entscheidungssituation einzubeziehen. Das bedingt in vielen Fällen, dass verschiedene interne Berater aus den Organisationseinheiten des Unternehmens und/oder externe Berater (u. a. Stakeholder) eingeladen werden.

4. Literaturempfehlungen

Kuster, Jürg et al. (2022): Handbuch Projektmanagement: Agil – Klassisch – Hybrid, 5. Aufl., Berlin, S. 204.

Timinger, Holger (2024): Modernes Projektmanagement: Mit traditionellem, agilem und hybridem Vorgehen zum Erfolg, 2. Aufl., Weinheim, S. 163 ff.

Aufgabe 2: Inhalte von Change-Requests

Wissen, Verstehen
15 Minuten

1. Fragestellung

Was sollten sogenannte Change-Requests enthalten?

Um Change-Requests bearbeiten zu können, empfiehlt es sich, die Regularien für Änderungswünsche festzuhalten, um einen erfolgreichen Prozess einzuleiten. Das kann auf den ersten Blick sehr formell wirken. In der Praxis lässt sich beobachten, dass die wenigsten Projekte daran scheitern, dass sie das Änderungsmanagement zu stark formalisieren. Projekte scheitern jedoch vielfach daran, dass das Änderungsmanagement nicht systematisch genug geplant und umgesetzt wird.

2. Lösung

Tab. 2.35: Kernfragen eines Change-Requests, Quelle: In Anlehnung an Kuster et al. 2022, S. 204.

Kernfragen eines Change-Requests:
Um welche Art einer Änderung handelt es sich? (z. B. Ablauf von Prozessen oder veränderte Ressourcen)
Was sind die genauen Gründe für den Änderungsantrag?
Welche Auswirkungen hat der Änderungsantrag?Wirkungsfelder der Änderung: – Arbeitspakete – Projektkosten – Dauer – Sicherheit – Risiken – Wirkungen bei Nichtausführung der Veränderung – Vernetzung mit anderen prozessrelevanten Faktoren (Wirkungszusammenhänge mit anderen Änderungen)
Welche Instanz ist für die Entscheidung über den Änderungsantrag zuständig?
Hat der Kunde dem Änderungsantrag zugestimmt (falls der Antrag direkte Wirkungen auf den Kunden hat)?
Wird der Änderungsantrag genehmigt?

3. Hinweise zur Lösung

Wie bei allen anderen Entscheidungen ist auch beim Change-Request die Frage sorgfältig zu prüfen, ob die einzelnen Änderungen für die Betroffenen nachvollziehbar sind. Erschließt sich der Sinn der intendierten Handlungen nicht, wird die Umsetzung in hohem Maße gefährdet. Es lohnt sich deshalb, großen Wert darauf zu legen, die Frage zu klären, was im Einzelnen nachvollziehbar sein sowie ausführlich begründet werden muss, damit es den Beteiligten leichtfällt, das Gewünschte umzusetzen.

4. Literaturempfehlungen

Kuster, Jürg et al. (2022): Handbuch Projektmanagement: Agil – Klassisch – Hybrid, 5. Aufl., Berlin, S. 204.

Timinger, Holger (2024): Modernes Projektmanagement: Mit traditionellem, agilem und hybridem Vorgehen zum Erfolg, 2. Aufl., Weinheim, S. 163 ff.

2.5.4 Risiko-Controlling im Projektmanagement

Fallstudie KaffeeLeben – Aufgabe F34

Wissen, Verstehen, Anwenden, Transfer
10 Minuten

1. Fragestellung

Im Laufe des Projektes „KATER“ haben Stephan Geradewiese und das Projektteam regelmäßig das in der Planungsphase erstellte Risikoregister (vgl. Aufgabe F30) besprochen und aktualisiert.

a) Welche Aufgaben konnte das Projektteam somit sicherstellen? Recherchieren Sie, welche Aufgaben nach PMI zur Projektmanagementaufgabe Risikocontrolling gehören.
b) Welches Projektrisiko hat das Projektteam zuvor nicht identifiziert, wenn Sie die Inhalte der vorgehenden Aufgaben F34 und F35 betrachten. (Die Antwort kann je nachdem, was Sie in Ihrer Diskussion der Aufgabe F30 in das Risikoregister aufgenommen haben, natürlich anders ausfallen!)

2. Anregungen für Ihre Diskussion der Lösung

a) Gemäß PMI sind mit dem Projektmanagementprozess „Risiken überwachen“ (engl. Monitor Risks) folgende Aufgaben verbunden:
   - Ermittlung, ob umgesetzte Risikobewältigungsmaßnahmen wirkungsvoll sind
   - Prüfen, ob sich der Grad des Gesamtrisikos im Projekt geändert hat
   - Prüfen, ob sich der Status von Einzelrisiken geändert hat
   - Identifikation neuer Einzelrisiken
   - Evaluation des Risikomanagementansatzes für das Projekt an sich
   - Prüfung und Aktualisierung von Planungsannahmen
   - Prüfung der Einhaltung von Verfahrensanweisungen und Richtlinien (des Projektmanagements bzw. des Unternehmens)
   - Änderung von Risikozuschlägen für Zeitplanung/Kostenplanung
   - Prüfen, ob das Vorgehen im Projekt insgesamt noch angemessen ist
b) Das Projektteam hat den Ausfall oder Austausch von Mitarbeiterressourcen nicht als Risiko identifiziert.

3. Literaturempfehlungen

Gessler, Michael/Deutsche Gesellschaft für Projektmanagement (2016): Kompetenzbasiertes Projektmanagement (PM3): Handbuch für die Projektarbeit, Qualifizierung und Zertifizierung auf Basis der IPMA Competence Baseline, 8. Aufl., Nürnberg, S. 149 ff.

Patzak, Gerold/Rattay, Günter (2018): Projektmanagement: Projekte, Projektportfolios, Programme und projektorientierte Unternehmen, 7. Aufl., Wien, S. 424 ff.
Project Management Institute (2017a): A guide to the project management body of knowledge, 6. Aufl., Newtown Square, S. 454 ff.

Aufgabe 1: Phasen der Strukturierung eines Risikoprozesses

Wissen, Verstehen
20 Minuten

1. Fragestellung

Beschreiben Sie kurz die Phasen der sinnvollen Strukturierung eines Risikoprozesses innerhalb des Projektmanagements! Nennen und erläutern Sie die einzelnen Phasen.

Die schon häufig in den Aufgaben erwähnten Risiken des Projektes sind ein wesentlicher Bestandteil des Gesamtprozesses. Unterschätzte Risiken bergen die Gefahr, dass das Projekt scheitert. Überschätzte Risiken kosten u. U. unnötige Vorsorgemaßnahmen.

2. Lösung

Die folgende Darstellung gibt einen schematisierten Überblick über einen Risikoprozess, der auch im Rahmen eines Projektmanagementprozesses eingesetzt werden kann.

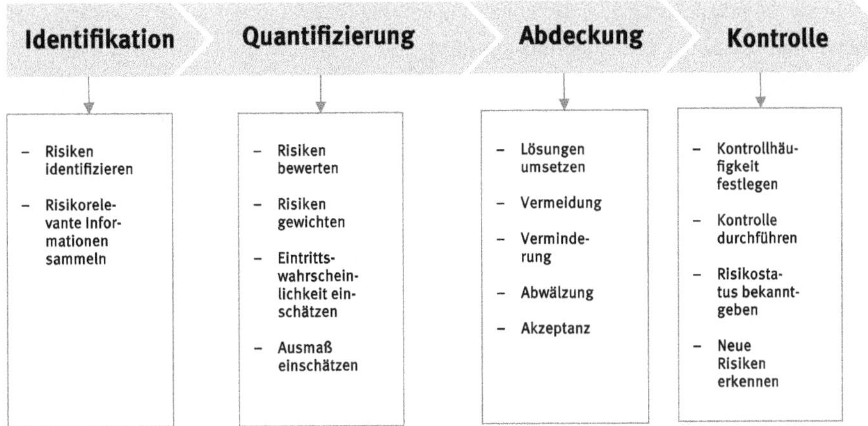

Abb. 2.10: Phasen eines Risikoprozesses im Rahmen eines Projektmanagements, Quelle: In Anlehnung an Kuster et al. 2022, S. 91.

3. Hinweise zur Lösung

Wie so häufig im Leben, sind nicht so sehr die Risiken ein Problem, die man sieht, sondern die, die man überhaupt nicht wahrnimmt. Um die relevanten Risiken zu erkennen, braucht es Erfahrung. Sollte diese nicht in ausreichendem Maße vorhanden sein, ist zusätzliche Beratung notwendig. Das kostet zwar Zeit und Geld, verhindert allerdings, dass Risiken, die nicht gesehen werden, zu massiven Auswirkungen führen können.

Das tragische Beispiel, über das in diesem Zusammenhang berichtet wird, bezieht sich auf Challenger-Katastrophe aus dem Jahr 1986, bei der ein porös gewordener Dichtungsring wahrscheinlich der Auslöser war. Das Problem, dass Kälte den Dichtungsring porös machen kann, wurde nicht erkannt und führte zu einer der folgenschwersten Unfälle in der Raumfahrtgeschichte.

4. Literaturempfehlungen

Kuster, Jürg et al. (2022): Handbuch Projektmanagement: Agil – Klassisch – Hybrid, 4. Aufl., Berlin, S. 91 ff.

Aufgabe 2: Risikokategorien im Rahmen der Risikoanalyse

Wissen, Verstehen
15 Minuten

---

1. Fragestellung

Benennen Sie mindestens drei Risikokategorien, die im Rahmen der Risikoanalyse auftreten können und geben Sie jeweils ein Beispiel.

Für viele Situationen gilt die Beobachtung, dass es eigentlich nicht die Probleme sind, die nur schwer lösbar sind oder die gar nicht lösbar erscheinen, an denen ein Vorhaben endgültig scheitert. Für beide Sachverhalte gilt, dass man mindestens aktiv an einer positiven Entwicklung der Situation arbeiten kann, wenn man das will.

Tückisch sind Situationen, in denen man die Probleme gar nicht sieht. Aus diesem Grunde bietet es sich beim Risikomanagement an, die brisanten Risikokategorien systematisch zu benennen und anschließend zu durchdenken, um Entscheidungen für die Bewältigung der damit verbundenen Probleme zu identifizieren.

2. Lösung

In der Lösungsübersicht finden Sie insgesamt sechs Kategorien vor.

Tab. 2.36: Risikokategorien und Beispiele, Quelle: In Anlehnung an Kuster et al. 2022, S. 92.

Risikokategorie:	Beispiel:
Methodische Risiken	Komplexität des Problems ist hoch
Technologische Risiken	Materialeigenschaften werden falsch eingeschätzt
Wirtschaftliche Risiken	Veränderung der Bonität der Geschäftspartner beobachtbar
Personelle Risiken	Krankheit von Projektmitgliedern gegeben
Politische Risiken	Veränderung der Unternehmensstrategie beobachtbar
Wettbewerbs- und Marktrisiken	Günstigere Konkurrenzprodukte vorhanden
Rechtliche Risiken	Vertragsklauseln werden falsch bewertet

3. Übung

Stellen Sie sich vor, Sie wollen die Risiken, die auf Sie im Rahmen einer Hochschulprüfung zukommen, zunächst benennen. Versuchen Sie in einem zweiten Schritt die Risiken in ihrer Priorität zu bewerten, um sie anschließend durch geeignete Maßnahmen auf ein kalkulierbares Maß zu reduzieren oder zu eliminieren. Vergessen Sie nicht, sich nach der bestandenen Prüfung über Ihren Erfolg zu freuen.

4. Literaturempfehlungen

Kuster, Jürg et al. (2022): Handbuch Projektmanagement: Agil – Klassisch – Hybrid, 5. Aufl., Berlin, S.91 ff.

Timinger, Holger (2024): Modernes Projektmanagement: Mit traditionellem, agilem und hybridem Vorgehen zum Erfolg, 2. Aufl., Weinheim, S. 136 ff.

2.6 Projektabschluss-Phase

2.6.1 Abnahmeerklärung des Auftraggebers

Fallstudie KaffeeLeben – Aufgabe F35

Wissen, Verstehen, Anwenden, Transfer
10 Minuten

1. Fragestellung

Nach etwas mehr als einem Jahr intensiver Arbeit war es geschafft. Stephan Geradewiese war stolz, zusammen mit seinem schlagkräftigen Team bestehend aus Niels Leermann, Dany Schmidt-Hoppe und Leonard Dehne das Projekt erfolgreich zum Abschluss geführt zu haben. Die Geräte waren nach der erfolgreichen Pilotphase in allen zehn Filialen pünktlich zum Firmenjubiläum ausgerollt und mit ansprechenden Inhalten zum Thema Kaffee geladen. Florentine Gutmann und vor allem Roman Fertig konnten als Auftraggeber mit der Arbeit des Projektteams eigentlich nur zufrieden sein, da waren sie sich alle einig.

Vor Ihnen lag nur noch ein letztes Treffen mit den Auftraggebern, um das Projekt offiziell zu beenden.

a) Erläutern Sie, warum es nicht ausreicht, es bei der unbestreitbaren Tatsache zu belassen, dass die Tablets in den Filialen ausgerollt sind und warum es dennoch notwendig ist, dass eine Abnahmeprüfung (Produktübergabe) der Auftraggeber stattfindet.
b) Welche Inhalte sollte Stephan Geradewiese in sein Abnahmeprotokoll (oder Übergabeprotokoll) aufnehmen?

2. Anregungen für Ihre Diskussion der Lösung

a) Ein gemeinsames Treffen, in dem der Auftraggeber die Liefergegenstände des Projektes übergeben bekommt, ist unabdingbar. Es stellt den juristischen Abschluss des Projektes dar und spannt damit den Bogen zum juristischen Beginn des Projektes durch den Projektauftrag. Selbst wenn es bei einem Projekt innerhalb des Unternehmens kaum zu einer juristischen Auseinandersetzung kommen wird, schafft das Abnahmemeeting ein gemeinsames Verständnis zwischen Auftraggeber und Projektleiter (sowie dem Projektteam) darüber, ob bzw. dass das Projekt erfolgreich war, und dass es abgeschlossen werden kann.
b) Stephan Geradewiese sollte vor allem folgende Punkte aufführen:
   - Aufzählung der übergebenen Liefergegenstände
   - Aufzählung der durchgeführten Tests
   - Ggf. festgestellte Fehler oder Mängel
   - Ggf. vorhandene Nachforderungen der Auftraggeber
   - Ggf. künftige Betreuungsarbeiten in der Einsatzphase (also nach Projektabschluss)

Je genauer er sein Protokoll verfasst, desto geringer die Wahrscheinlichkeit späterer Missverständnisse über den Umfang und die Qualität der gelieferten Leistung sowie Nachforderungen.

3. Literaturempfehlungen

Gessler, Michael/Deutsche Gesellschaft für Projektmanagement (2016): Kompetenzbasiertes Projektmanagement (PM3): Handbuch für die Projektarbeit, Qualifizierung und Zertifizierung auf Basis der IPMA Competence Baseline, 8. Aufl., Nürnberg, S. 735 ff.

Meyer, Helga/Reher, Heinz-Josef (2020): Projektmanagement: Von der Definition über die Projektplanung zum erfolgreichen Abschluss, 2. Aufl., Wiesbaden, S. 253 ff.

Patzak, Gerold/Rattay, Günter (2018): Projektmanagement: Projekte, Projektportfolios, Programme und projektorientierte Unternehmen, 7. Aufl., Wien, S. 472 ff.

Project Management Institute (2017a): A guide to the project management body of knowledge, 6. Aufl., Newtown Square, S. 121 ff.

Timinger, Holger (2024): Modernes Projektmanagement: Mit traditionellem, agilem und hybridem Vorgehen zum Erfolg, 2. Aufl., Weinheim, S. 127 ff.

Aufgabe 1: Instrumente zum Projektabschluss

Wissen, Verstehen
10 Minuten

---

1. Fragestellung

Nennen Sie zwei wichtige Instrumente, die notwendig sind, um ein Projekt abzuschließen. Erläutern Sie diese beiden Instrumente kurz.

2. Lösung

Die Instrumente sind das Projektabschlussgespräch und der Projektabschlussbericht.

Zum Projektabschlussgespräch finden sich alle beteiligten Akteure ein, nämlich der Auftraggeber des Projektes, der Projektleiter und das Projektteam. Es wird bei dem Gespräch intendiert, die Aktivitäten und Ergebnisse des abgeschlossenen Projektes konstruktiv-kritisch zu reflektieren. Hinsichtlich der gesetzten Projektziele wird ein Soll-Ist-Vergleich unternommen, bei dem insbesondere die Qualität, die Fristen und die Kosten hinsichtlich Einhaltung bzw. Abweichungen analysiert werden. Aus den Abweichungsanalysen werden Erkenntnisse für mögliche Folgeprojekte gewonnen.

Im Projektabschlussbericht werden die Ergebnisse des Projektabschlussgespräches protokolliert. Faktisch handelt es sich um dessen Verschriftlichung, wobei insbesondere die kritischen Details aus den einzelnen Projektphasen, inklusive Verbesserungsvorschläge und Lernergebnisse, dokumentiert werden.

3. Hinweise zur Lösung

Beide Instrumente dienen dazu in verbaler bzw. in schriftlicher Form, dem Projektauftraggeber transparent zu machen, inwieweit die Projektziele, die sich im Kern stets am sog. „Magischen Dreieck des Projektmanagements" (Qualität/Zeit/Kosten) orientieren, erfüllt wurden. Zugleich sollen Abweichungen kommuniziert werden, sodass sich für die Akteure zukünftige Interventionsmöglichkeiten eröffnen.

4. Literaturempfehlungen

Bergmann, Rainer/Garrecht, Martin (2021): Organisation und Projektmanagement, 3. Aufl., Berlin und Heidelberg, S. 356 ff.

Madauss, Bernd-J. (2020): Projektmanagement: Theorie und Praxis aus einer Hand, 8. Aufl., Berlin/Heidelberg/Wiesbaden, S. 107 ff.

Meyer, Helga/Reher, Heinz-Josef (2020): Projektmanagement: Von der Definition über die Projektplanung zum erfolgreichen Abschluss, 2. Aufl., Wiesbaden, S. 249 ff.

Aufgabe 2: Inhalte des Projektabschlussberichts

Verstehen, Anwenden
8 Minuten

1. Fragestellung

Sie haben sich nach dem Ende Ihres BWL-Studiums für eine Projektkarriere entschieden und an einem Projekt zur Erstellung einer Kommunikationskampagne mitgearbeitet. Das Projekt ist beendet. Sie sind nun mit dem ersten Entwurf zur Erstellung eines Projektabschlussberichts beauftragt. Sie überlegen, welche Inhalte der Bericht enthalten sollte. Konzentrieren Sie sich auf die fünf wichtigsten Inhalte. Welche fünf W-Fragen würden Sie sich stellen, bevor Sie mit dem Entwurf beginnen?

2. Lösung

(1) Wie war die Zusammenarbeit mit dem Auftraggeber?
(2) Was wurde im Projekt erreicht?
(3) Was kann beim nächsten Projekt besser gemacht werden?
(4) Welche Erfahrungen und welche neuen Erkenntnisse wurden erlangt?
(5) Wie können diese für folgende Projekte genutzt werden?

3. Hinweise zur Lösung

Zur Frage (1): Diese Frage kann anhand folgender Aspekte beantwortet werden: Klare/unklare Vorgabe der Projektziele, Umgang mit Projektabweichungen, Einschätzung von Risiken im Bearbeitungsverlauf.

Zur Frage (2): Die Phasen der Planung, Realisierung und des Abschlusses werden über einen Projektstrukturplan bei der Auftragsvergabe antizipiert. Die Überprüfung der Projekt- und Teilprojektziele wird durch ein punktuelles oder ein permanentes Berichtswesen ermöglicht. Schon in der Planungsphase ist beispielsweise zu überprüfen, ob das Lastenheft, das der Auftraggeber erstellt, mit dem Pflichtenheft, das die Projektleitung zur Lösung der Aufgabe bzw. der Teilaufgaben skizziert, kongruent ist.

Zur Frage (3): Hier geht es primär um die Analyse von Projektabweichungen und der Erarbeitung von Verbesserungsvorschlägen.

Zur Frage (4): Die Beantwortung der vorherigen (dritten) W-Frage führt zu Lernergebnissen, denn alle Projektteilnehmer können aus Abweichungen lernen, Wissen wird generiert.

Zur Frage (5): Die in den Projekten erarbeiteten Lösungswege stellen Verfahrenswissen dar, das für Folgeprojekte von Nutzen sein kann.

4. Literaturempfehlungen

Madauss, Bernd-J. (2020): Projektmanagement: Theorie und Praxis aus einer Hand, 8. Aufl., Berlin/Heidelberg/Wiesbaden, S. 107 ff.

2.6.2 Erstellung einer Nachkalkulation und eines Abschlussberichts

Fallstudie KaffeeLeben – Aufgabe F36

Wissen, Verstehen, Anwenden, Transfer
15 Minuten

---

1. Fragestellung

Stephan Geradewiese hatte ein erfolgreiches Abnahmemeeting hinter sich gebracht. Roman und Florentine waren sehr zufrieden mit den Tablets und dem Inhalt. Roman sagte sogar „Mensch, Stephan, das ist wirklich noch besser, als ich es mir vorgestellt hatte." Stephan Geradewiese war richtig stolz auf sich und vor allem auf sein hervorragendes Team. Es war Mittwochnachmittag und er hatte nur noch zwei Arbeitstage vor sich. Am Wochenende sollte es zur Belohnung für die vielen Mühen in einen Kurzurlaub gehen – zwei Wochen Strand mit seiner Familie. Morgen stand das Projektabschlusstreffen mit dem Team an und dann waren die Arbeiten am Projekt beendet. Plötzlich erschien eine neue E-Mail in seinem Postfach:

Von: Andreas Theke

An: Stephan Geradewiese

Datum: Mittwoch, 17:10 Uhr | **Priorität:** !!

Hallo Stephan,

herzlichen Glückwunsch, ich habe gehört, dass das KATER-Projekt erfolgreich beendet ist. Da hast Du Dir etwas Erholung wirklich verdient.

Schickst Du mir vor Deinem Urlaub unbedingt bitte noch eine abschließende Kostenkalkulation zu? Die brauche ich wirklich dringend, um nächste Woche den Quartalsabschluss zu machen. Sorry, hätte ich Dir eigentlich früher sagen sollen, habe ich aber leider vergessen – zu viel zu tun, kennst Du ja.

Das Formular findest Du bequem unter V:\Verwaltung\Controlling\Vorlagen\Projekte\Projektabschluss

Ich hoffe Du kommst damit klar, ich bin selbst auf dem Absprung und habe bis zum Wochenende frei, Junggesellenabschied von einem Bekannten!

Viele Grüße
Andi

Leiter Controlling
KaffeeLeben

Abb. 2.11: E-Mail Andreas Theke.

„Auch das noch, typisch Andi aus dem Controlling", dachte sich Stephan Geradewiese. Es blieb ihm nichts anderes übrig, als heute noch etwas länger im Büro zu bleiben.

a) Aus welchem Grund ist eine Nachkalkulation sinnvoll und nicht nur „lästiges Beiwerk", wie Stephan Geradewiese es möglichweise beim Lesen der E-Mail empfindet? Wieso ist das Projekt nicht mit der Abnahmeerklärung beendet?
b) Wie erfolgt eine Nachkalkulation?

2. Anregungen für Ihre Diskussion der Lösung

a) Die Nachkalkulation stellt den letzten Plan-Ist-Vergleich – jenen zum Ende des Projektes – dar. Die Nachkalkulation kann erst erfolgen, wenn die Liefergegenstände abgenommen wurden, da es ja möglich ist, dass die Auftraggeber diese nicht abnehmen und Änderungen – ggf. mit Kostenauswirkung – fordern. Zum Zeitpunkt der Abnahme sind erst zwei der drei Planungskomponenten hinsichtlich ihrer Einhaltung zu beurteilen: Umfang (Liefergegenstände) und Zeit. Erst durch die abschließende Kalkulation kann der Projekterfolg – und damit die Leistung des Projektleiters – endgültig beurteilt werden (Planungskomponente: Kosten). Somit ist eine abschließende Kalkulation aller Kosten ein Pflichtbestandteil jedes Projektes.
b) Die Nachkalkulation erfolgt idealerweise auf Arbeitspaketebene. Für jedes Arbeitspaket sollte Stephan Geradewiese die geplanten Kosten (inkl. Change-Requests) den Ist-Kosten gegenüberstellen und eventuelle Abweichungen ermitteln. Die Summen ergeben dann die Gesamt-Ist-Kosten sowie die Gesamtabweichung zum Projektende. Für die Abweichungen sollte Stephan Geradewiese eine Abweichungsanalyse durchführen, d. h. eine Identifikation der Abweichungsursachen (personell, technisch, organisatorisch) vornehmen.

3. Literaturempfehlungen

Gessler, Michael/Deutsche Gesellschaft für Projektmanagement (2016): Kompetenzbasiertes Projektmanagement (PM3): Handbuch für die Projektarbeit, Qualifizierung und Zertifizierung auf Basis der IPMA Competence Baseline, 8. Aufl., Nürnberg, S. 737 ff.

Meyer, Helga/Reher, Heinz-Josef (2020): Projektmanagement: Von der Definition über die Projektplanung zum erfolgreichen Abschluss, 2. Aufl., Wiesbaden, S. 253 ff.

Patzak, Gerold/Rattay, Günter (2018): Projektmanagement: Projekte, Projektportfolios, Programme und projektorientierte Unternehmen, 7. Aufl., Wien, S. 477 ff.

Project Management Institute (2017a): A guide to the project management body of knowledge, 6. Aufl., Newtown Square, S. 757 ff.

Timinger, Holger (2024): Modernes Projektmanagement: Mit traditionellem, agilem und hybridem Vorgehen zum Erfolg, 2. Aufl., Weinheim, S. 127 ff.

Aufgabe 1: Nachkalkulation

Wissen, Verstehen
5 Minuten

1. Fragestellung
Was verstehen Sie unter der Nachkalkulation von Projekten? Welchen Zweck hat sie?

2. Lösung
Die Nachkalkulation von Projekten enthält die Gegenüberstellung der geplanten Kosten zu den tatsächlich angefallenen Kosten einzelner Arbeitspakete und/oder des gesamten Projektes. Sie hat mindestens vier Zwecke:
- Nachweis für den Projektauftraggeber, dass die finanziellen Mittel wie geplant eingesetzt wurden
- Ursachenanalyse bei einer Abweichung von Soll-Kosten und Ist-Kosten
- Begründung für die mögliche Aufstockung finanzieller Mittel
- Sammeln von Erfahrungen bezüglich der Kostenschätzung für zukünftige Projekte

3. Hinweise zur Lösung
Die Nachkalkulation wird vom Projektleiter verantwortet. Sie beschreibt die Projektleistungen, meist verschiedene Arbeitspakete, denen die geplanten Kosten zugeordnet werden. Die zugeordneten Budgets werden in der Nachkalkulation dahingehend erfasst, inwiefern diese eingehalten, über- oder unterschritten wurden. So wird ein systematischer Soll-Ist-Vergleich der Projektkosten gewährleistet. Daraus lassen sich sachliche, zeitliche und personelle Ursachen schlussfolgern, die im Rahmen des Projektcontrollings konstruktive Beiträge zur Gewinnung von Lernerfahrungen und Erarbeitung von Verbesserungsvorschlägen liefern.

4. Literaturempfehlungen
Patzak, Gerold/Rattay, Günter (2018): Projektmanagement: Projekte, Projektportfolios, Programme und projektorientierte Unternehmen, 7. Aufl., Wien, S. 477 f.

Schelle, Heinz (2014): Projekte zum Erfolg führen: Projektmanagement systematisch und kompakt, 7. Aufl., München, S. 193 ff.

Aufgabe 2: Quantitative und qualitative Nutzenbewertung im Rahmen eines Projektabschlussberichts

Bewerten
12 Minuten

1. Fragestellung

Welche Möglichkeiten gibt es, den quantitativen und den qualitativen Nutzen eines formal abgeschlossenen Projektes zu bewerten? Warum ist mit der Erstellung des Projektabschlussberichts das Projekt im weiteren Sinne noch nicht zu Ende?

2. Lösung

Das Projektabschlussgespräch, der Projektabschlussbericht und die Nachkalkulation liefern im Rahmen des Projektcontrollings diejenigen Informationen, anhand derer der Projektnutzen quantitativ und qualitativ bewertet werden kann. Die zu bewertenden Kriterien sind in erster Linie

- Zielerreichung
- Zielorientierung
- Führungseffizienz
- Prozesseffizienz
- Kundenzufriedenheit
- Mitarbeiterzufriedenheit
- Zufriedenheit der Stakeholder.

In quantitativer Hinsicht können diese Kriterien über ein Punktebewertungssystem beurteilt werden. In qualitativer Hinsicht ist – oft in Ergänzung zu den Punktbewertungsverfahren – die Verschriftlichung der Reflexionen sinnvoll.

Auch wenn ein Projekt formal abgeschlossen ist, wird es eine Reihe offener Punkte geben, die auch nach dem Projektende von Relevanz sind. Im Rahmen des Projektes wurden Erfahrungen generiert, die auf künftige Potenziale der Optimierung verweisen. Daher bietet es sich an, eine Liste mit offenen Punkten zu führen, die fortgesetzt und abgearbeitet wird.

3. Hinweise zur Lösung

„Nach dem Spiel ist vor dem Spiel!" Diese Erkenntnis lieferte der frühere Fußballbundestrainer Sepp Herberger. Dieser kluge Satz lässt sich ohne weiteres auf das Projektmanagement übertragen. Projekte sind nicht selten Episoden im Kontext langangesetzter Implementierungen oder gar im Rahmen langfristiger Veränderungsprozesse (z. B. Einführung neuer Software, Gestaltung von Digitalisierungsprozessen und/oder der digitalen Transformation von Geschäftsmodellen, Umsetzung der Datenschutzgrundverordnung, aufbau- und ablauforganisatorische Gestaltung des Risikomanagements). Mit anderen Worten: Projekte sind niemals in sich geschlossen, sondern stehen nicht selten in einem übergeordneten Zusammenhang mit der Unternehmensführung.

4. Literaturempfehlungen

Patzak, Gerold/Rattay, Günter (2018): Projektmanagement: Projekte, Projektportfolios, Programme und projektorientierte Unternehmen, 7. Aufl., Wien, S. 478 ff.

Schelle, Heinz (2014): Projekte zum Erfolg führen: Projektmanagement systematisch und kompakt, 7. Aufl., München, S. 295 ff.

2.6.3 Wissensbewahrung und Projektabschluss mit dem Projektteam

Fallstudie KaffeeLeben – Aufgabe F37

Wissen, Verstehen, Anwenden, Transfer
10 Minuten

---

1. Fragestellung

Stephan Geradewiese bereitete sich gerade auf das Projektabschlussmeeting mit dem Projektteam vor, welches morgen stattfinden sollte und anschließend in ein gemeinsames Abendessen münden sollte. Da die Abnahme sowie die Nachkalkulation bereits erledigt waren, lag sein Fokus auf der Sammlung von „Lessons Learned".

a) Aus welchen Gründen ist die Sammlung von „Lessons Learned" zum Abschluss eines Projektes von hoher Bedeutung?
b) In welchen Folgeprojekten, die eventuell bei KaffeeLeben in der Zukunft stattfinden, könnten die gesicherten Erfahrungen von Nutzen sein?

2. Anregungen für Ihre Diskussion der Lösung

a) Als Nutzenpotenziale der Wissensbewahrung aus dem Projekt können genannt werden:
   - Umsetzung des Konzeptes „Lernende Organisation"
   - Ermöglichung eines Wissenstransfers, um die im Projekt gemachten Erfahrungen auch anderen Personen im Unternehmen zugänglich zu machen (z. B. andere Projektleiter)
   - Dokumentation des erworbenen Wissens, um es (ggf. selbst) in Folgeprojekten in der Zukunft anzuwenden
   - Beschleunigung der Arbeit und Reduktion von Fehlern in künftigen Projekten in allen Phasen des Projektmanagements
   - Optimierung vorhandener Projektmanagementinstrumente, wie z. B. Vorlagen, Listen, Formulare

   Das „Wissen" bezieht sich dabei sowohl auf die Anwendung von Projektmanagement-Methoden als auch auf die inhaltliche Arbeit im Projekt (z. B. bezüglich technischer Verfahren etc.)
b) Mögliche Nutzenpotenziale einer Wissenssicherung zum Abschluss des KATER-Projektes für Folgeprojekte von KaffeeLeben sind u. a., aber nicht ausschließlich:
   - Nutzung sämtlicher erworbenen inhaltlichen Kenntnisse für den im Projekt entwickelten Prozess zur kontinuierlichen Pflege des Contents auf den Tablets

- Professionalisierung des Projektmanagements allgemein, da KaffeeLeben ein recht junges Unternehmen ist, welches bisher verhältnismäßig wenige Projekte durchgeführt hat und daher zurzeit noch einen eher geringen Projektmanagement-Reifegrad aufweist.
- Übertragung von Erkenntnissen zur Lieferantenauswahl auf weitere (IT-)Projekte.
- Übertragung von Erfahrungen zur Steuerung externer (Beratungs-)Dienstleister (hier: die externe Medienagentur) auf weitere Projekte, bei denen Dienstleistungen von außen bezogen werden.
- Nutzung der Erfahrungen zur interdisziplinären Zusammenarbeit im Projektteam (Führung, Kollaboration etc.) für weitere Projekte
- Individuelles Feedback für jedes einzelne Projektmitglied sowie für Stephan Geradewiese als Projektleiter ist für die jeweilige persönliche Kompetenzentwicklung wertvoll.
- Sowie weitere Aspekte aus Ihrer Diskussion!

3. Literaturempfehlungen

Gessler, Michael/Deutsche Gesellschaft für Projektmanagement (2016): Kompetenzbasiertes Projektmanagement (PM3): Handbuch für die Projektarbeit, Qualifizierung und Zertifizierung auf Basis der IPMA Competence Baseline, 8. Aufl., Nürnberg, S. 746 ff.

Meyer, Helga/Reher, Heinz-Josef (2020): Projektmanagement: Von der Definition über die Projektplanung zum erfolgreichen Abschluss, 2. Aufl., Wiesbaden, S. 254 ff.

Patzak, Gerold/Rattay, Günter (2018): Projektmanagement: Projekte, Projektportfolios, Programme und projektorientierte Unternehmen, 7. Aufl., Wien, S. 485 ff.

Project Management Institute (2017a): A guide to the project management body of knowledge, 6. Aufl., Newtown Square, S. 121 ff.

Timinger, Holger (2024): Modernes Projektmanagement: Mit traditionellem, agilem und hybridem Vorgehen zum Erfolg, 2. Aufl., Weinheim, S. 132 ff.

Aufgabe 1: Wissensbewahrung im Projektmanagement

Wissen, Verstehen
8 Minuten

---

1. Fragestellung

Verdeutlichen Sie den Zusammenhang zwischen der Wissensbewahrung und der Projektabschlussphase!

2. Lösung

Die Bewahrung von Projektwissen steht in einem übergeordneten Zusammenhang mit den sog. Bausteinen des Wissensmanagements. Auf der Steuerungsebene gibt es Wissensziele, deren Erreichung über ein Wissenscontrolling überprüft wird. Auf der Gestaltungsebene wird Wissen gewonnen, übertragen, genutzt und schließlich bewahrt. Das bewahrte Wissen kann als die Grundlage für das Controlling von Wissen verstanden werden. Der Baustein der Wissensbewahrung auf der Gestaltungsebene bildet zugleich das Scharnier zur Steuerungsebene. Die Steuerungsebene ermöglicht den Soll-Ist-Vergleich, die Abweichungsanalyse und die Interventionen. In der Projektabschlussphase werden diejenigen Daten und Informationen sowie das Wissen ausgewertet, welche die Möglichkeit bieten, das gesamte Projekt auf kritisch-konstruktive Weise zu reflektieren. Im protokollierten Projektabschlussgespräch und im Projektabschlussbericht wird das Projektwissen materialisiert. Weitere materielle Wissensträger zur Speicherung des Projektwissens sind computerbasierte Trägermedien, wie z. B. Projektdatenbanken und entsprechende Software für das Projektmanagement.

3. Hinweise zur Lösung

Zweifelsohne kann, soll und muss das Projektwissen auf materiellen Wissensträgern gespeichert werden. Hierbei handelt es sich um explizites Wissen, welches jedem Berechtigten im Unternehmen zugänglich ist. Eine Herausforderung stellt die Speicherung und Bewahrung von Erfahrungswissen dar. Dieses Wissen ist von impliziter Natur, aber kann durchaus von erfolgskritischer Qualität sein. So gewinnen einzelne Mitglieder des Projektteams, aber auch das gesamte Team Wissen (z. B. bei der Arbeit mit Anspruchsgruppen), welches nur begrenzt auf materiellen Trägern gespeichert werden kann. Es existiert von daher Erfahrungs- und Expertenwissen, das eben ausschließlich durch personelle Wissensträger verfügbar gemacht werden kann. Dieses ist nicht ohne weiteres abrufbar. Von daher ist der Weggang von Projektmitgliedern besonders sensibel zu behandeln.

4. Literaturempfehlungen

Dröber, Susanne (2013): Wissensmanagement in Projekten, Saarbrücken. (gesamtes Werk).

Probst, Gilbert/Raub, Steffen/Romhardt, Kai (2012): Wissen managen: Wie Unternehmen ihre wertvollste Ressource optimal nutzen, 7. Aufl., Wiesbaden, S. 197 ff.

von der Oelsnitz, Dietrich/Hahmann, Martin (2003): Wissensmanagement. Strategie und Lernen in wissensbasierten Unternehmen, Stuttgart, S. 99 ff. und S. 156 ff.

Aufgabe 2: Speicherung und Aktualisierung des Projektwissens zum Projektabschluss

---

Wissen, Verstehen, Anwenden
12 Minuten

---

1. Fragestellung

Wie kann das Erfahrungswissen aus dem Projektteam gespeichert und aktualisiert werden? Welches Instrument des Teamlernens eignet sich dafür besonders?

2. Lösung

Die im Projekt gemachten Erfahrungen und die daraus gewonnenen Lernergebnisse verdichten sich zu neuem Wissen. Nach Ablauf des Projektes erfolgt ein sogenanntes Debriefing, in dem sich die Projektmitglieder mit vier Fragen auseinandersetzen:

(1) Was sollte erreicht werden?
(2) Was wurde tatsächlich erreicht?
(3) Warum wurde es (nicht) erreicht?
(4) Wie kann es verbessert werden?

Das formulierte Projektziel (1) wird einem Soll-Ist-Vergleich (2) und einer anschließenden Abweichungsanalyse (3) unterzogen, um handlungsverbessernde Leistungssteigerungen, Lessons Learned und Best Practices abzuleiten (4). Diese vier Fragen sind in ein regelmäßiges Feedbacklernen eingebunden, im Rahmen dessen Projektwissen gespeichert und aktualisiert werden kann.

Als Instrument des regelmäßigen Projektteamlernens hat sich der sogenannte After Action Review (AAR) etabliert. In Analogie zum PDCA-Zyklus bzw. dem Demingkreis (Plan – Do – Check – Act, benannt nach dem Qualitätsmanagementvordenker William Edwards Deming) lässt sich ein solches Teamlerninstrument nicht nur in der Projektabschlussphase, sondern auch im laufenden Projektgeschehen einsetzen.

Der After Action Review (AAR) ist in einen Lernzyklus eingebunden, in dem Erfahrungen aus dem letzten Projekt, ggf. einer vorherigen Projektphase durch die Erarbeitung eines Handlungsplans mit Anweisungen und Verbesserungen dokumentiert werden. Die Dokumentation trägt wiederum zur Umsetzung des Handlungsplans in der kommenden Aktion bei, um anschließend einmal mehr reflektiert zu werden.

3. Hinweise zur Lösung

Die praktische Umsetzung des AAR auf den Steuerungs- und Gestaltungsebenen des Projektmanagements ist nur dann erfolgsversprechend, wenn bestimmte „weiche" Faktoren auf der Ebene des Bewusstseins der Akteure und auf der Ebene der Projektkultur gewährleistet sind. Dies sind insbesondere psychologische Faktoren, wie positive Gefühle des Vertrauens und der Sicherheit. In einer angstfreien Projektkultur, in der uneingeschränkt Wissen geteilt wird, sind entsprechende Erfolge zu erwarten.

4. Literaturempfehlungen

Busch, Michael W./von der Oelsnitz, Dietrich (2018): Teammanagement: Grundlagen erfolgreichen Zusammenarbeitens, Stuttgart, S. 180 ff.

Zell, Helmut (2018): Projektmanagement – lernen, lehren und für die Praxis, 10. Aufl., Norderstedt, S. 123 ff.

2.7 Agile Projektmanagementmethoden

2.7.1 Abgrenzung zum klassischen Projektmanagement sowie Agiles Manifest

Fallstudie KaffeeLeben – Aufgabe F38

Wissen, Verstehen, Anwenden, Transfer
20 Minuten

---

1. Fragestellung

Im Rahmen des Workshops zur Wissensbewahrung/Lessons Learned stellte Niels Leermann aus der IT die Frage: „Hätten wir unser Projekt nicht auch agil mit Scrum durchführen können? Bei uns in der IT ist das eigentlich mittlerweile üblich und wir haben damit sehr gute Erfahrungen gemacht." Es entbrannte eine kleine Diskussion über das Für und Wider klassischer versus agiler Projektmanagementansätze. Im Ergebnis konnte sich das Team nicht einigen, ob agiles Projektmanagement hier funktioniert hätte.

a) Was wären Ihrer Einschätzung nach die konkreten Voraussetzungen für das KATER-Projekt gewesen, um erfolgreich mit Scrum arbeiten zu können?
b) Wie hätte ein entsprechender Ansatz für das KATER-Projekt aussehen können?

2. Anregungen für Ihre Diskussion der Lösung

a) Folgende Voraussetzungen wären idealweise notwendig gewesen, um das KATER-Projekt auch agil durchzuführen:
   - Klares Verständnis der Scrum-Rollen bei allen Beteiligten
   - Unternehmenskulturelle Voraussetzungen (geringere Hierarchieorientierung in agilen-Projekten als in klassischen Projekten; geringerer Fokus auf „Planbarkeit bei zum Ende" auf Seiten des Auftraggebers)
   - Zeitliches Commitment von Florentine Gutmann und Roman Fertig als Product Owner, an Meetingterminen zu definierten Zeitpunkten teilzunehmen (Sprint Planning Meeting, Sprint Review Meeting, Sprint Retrospective Meeting)
   - Stephan Geradewiese und alle Projektmitglieder müssten neben ihren weiteren Linienaufgaben die Zeit haben, ein tägliches Daily Scrum Meeting durchzuführen.
   - Sowie weitere Aspekte aus Ihrer Diskussion.
b) Ob alle o. g. Kriterien erfüllbar gewesen wären, darf bezweifelt werden. So wird z. B. die Projektmitarbeiterin Anne Schnell, die in den ersten zwei Dritteln des Projektverlaufs Teil des Teams war, kaum die Möglichkeit haben, an einem Daily Scrum teilzunehmen, da sie ja Mitarbeiterin in einer Filiale (mit Schichtdiensten!) ist und nur zu 50 % für das Projekt zur Verfügung stand. Auch ist es unwahrscheinlich, dass beide Geschäftsführer zu den in Scrum vorgesehenen, an einem strikten Takt ori-

entierten, Meetingablauf immer gemeinsam hätten teilnehmen können. Denkbar wären folgende Ansätze zur Anwendung von Scrum:

- Florentine und Roman entscheiden sich, dass nur einer von ihnen Product Owner ist und die Termine möglich macht.
- Die Teile des Projektstrukturplans, die sich mit der Contententwicklung beschäftigen, eignen sich inhaltlich sehr gut für eine iterative Entwicklung und damit einen agilen Ansatz. Im Ergebnis wäre dann ein „hybrides Projektmanagement“ angewendet worden, d. h. innerhalb eines insgesamt klassisch gemanagten Projektes wären Teilarbeiten agil bearbeitet worden.
- Der sich an das KATER-Projekt anschließende Prozess der Contentpflege könnte ebenfalls grundsätzlich agile Steuerungselemente nutzen.
- Sowie weitere Aspekte aus Ihrer Diskussion.

3. Literaturempfehlungen

Pichler, Roman (2008): Scrum: Agiles Projektmanagement erfolgreich einsetzen, Heidelberg, S. 9 ff., S. 81 ff.

Project Management Institute (2017b): Agile practice guide, Newtown Square, S. 7 ff., S. 26 ff.

Schwaber, Ken (2003): Agile project management with Scrum, Redmond, S. 25 ff., S. 53 ff., S. 133 ff.

Schwaber, Ken/Sutherland, Jeff (2020): Der Scrum Guide – Der gültige Leitfaden für Scrum: Die Spielregeln, https://scrumguides.org/docs/scrumguide/v2020/2020-Scrum-Guide-German.pdf (Abruf am 18.03.2024) oder in der jeweils aktuellen Fassung unter www.scrum.org

Timinger, Holger (2024): Modernes Projektmanagement: Mit traditionellem, agilem und hybridem Vorgehen zum Erfolg, 2. Aufl., Weinheim, S. 186 ff., S. 281 ff.

Aufgabe 1: Unterschiede zwischen „klassischem“ und agilem Projektmanagement

---

Wissen, Verstehen
5 Minuten

---

1. Fragestellung

Bitte tragen Sie bei den folgenden Aussagen ein, ob sie auf „klassisches“ („K“) oder agiles Projektmanagement („A“) zutreffen.

a) ☐ Der Umfang ist während des Projektverlaufs als eher fest definiert anzusehen, während Kosten und Zeit davon abgeleitet bzw. auf dieser Basis geschätzt werden.

b) ☐ Regelmäßige Anforderungsänderungen sind willkommen.

c) ☐ Ein gleichmäßiges Arbeitstempo auf unbegrenzte Zeit halten zu können, ist ein wesentliches Merkmal.

d) ☐ Späte Änderungen im Projektverlauf können zu Abstrichen in der Qualität führen.

e) ☐ Der Kunde teilt zu Projektbeginn mit, was er haben möchte.

f) ☐ Die Planungskomponente „Zeit“ ist als fest anzusehen.

2. Lösung

a) K Der Umfang ist während des Projektverlaufs als eher fest definiert anzusehen, während Kosten und Zeit davon abgeleitet bzw. auf dieser Basis geschätzt werden.

b) A Regelmäßige Anforderungsänderungen sind willkommen.

c) A Ein gleichmäßiges Arbeitstempo auf unbegrenzte Zeit halten zu können, ist ein wesentliches Merkmal.

d) K Späte Änderungen im Projektverlauf können zu Abstrichen in der Qualität führen.

e) K Der Kunde bzw. Auftraggeber teilt zu Projektbeginn mit, was er haben möchte.

f) A Die Planungskomponente „Zeit" ist als fest anzusehen.

3. Hinweise zur Lösung

Klassisches Projektmanagement basiert darauf, dass zu Projektbeginn, spätestens jedoch zum Abschluss der Planungsphase feststeht, welcher Umfang zu liefern ist. Basis dafür sind Vorgaben auf Seiten des Kunden bzw. Auftraggebers. Für diesen zu leistenden Umfang wird in der Planungsphase ermittelt, welche Kombination von Zeit- und Kapitaleinsatz (Budget) nötig ist. Im agilen Projektmanagement hingegeben stehen die Planungskomponenten Zeit und Kosten immer für eine bestimmte Zeit, nämlich die Dauer eines Sprints, fest: Die Dauer eines Sprints (typischerweise vier Wochen) ist zu seinem Beginn definiert. Für die Dauer des Sprints ist ebenfalls festgelegt, wie viele Mitarbeiterinnen und Mitarbeiter im Entwicklungsteam arbeiten, womit auch die Mitarbeiterkosten als fix angesehen werden können. Auf Basis des Sprint Plannings (Sprint Backlog) ist ebenfalls zu Sprint-Beginn definiert, in welcher Höhe ggf. Sachkosten einzuplanen sind. Häufige Planänderungen stellen für klassisch gesteuerte Projekte Herausforderungen dar: Über Change-Request-Prozesse ist für jede geplante Änderung eine Umplanung des Projektes vorzunehmen und vom Auftraggeber freizugeben. Insbesondere bei späten Planänderungen kann dies enorme Kostensteigerungen oder qualitative Abstriche notwendig machen. Aufgrund der durch die Sprints jeweils kurzen Planungszyklen in agilen Projekten können hier Änderungen in einen der nächsten Sprints einfließen. Das Halten eines gleichmäßigen Arbeitstempos ist ein wesentliches Merkmal agiler Projekte, da das Entwicklerteam somit eine immer bessere Einschätzung seiner kapazitativen Leistung pro Sprint erreichen kann (sog. Velocity). Zudem sind agile Projekte prinzipiell ohne ein vorab definiertes Projektende angelegt.

4. Literaturempfehlungen

Pichler, Roman (2009): Scrum – Agiles Projektmanagement erfolgreich einsetzen, Heidelberg, S. 9 ff., S. 81 ff.

Project Management Institute (2017b): Agile Practice Guide, Newtown Square, S. 7 ff., S. 26 ff.

Schwaber, Ken/Sutherland, Jeff (2020): Der Scrum Guide – Der gültige Leitfaden für Scrum: Die Spielregeln, https://scrumguides.org/docs/scrumguide/v2020/2020-Scrum-Guide-German.pdf (Abruf am 18.03.2024) oder in der jeweils aktuellen Fassung unter www.scrum.org

Timinger, Holger (2024): Modernes Projektmanagement: mit traditionellem, agilem und hybridem Projektmanagement zum Erfolg, 2. Aufl., Weinheim, S. 182 ff.

Aufgabe 2: Das agile Manifest

Wissen, Verstehen
5 Minuten

1. Fragestellung

Bitte tragen Sie bei den folgenden Aussagen ein, ob diese richtig („R“) oder falsch („F“) sind:

Tab. 2.37: Das agile Manifest – Single Choice.

Nr.	Aussage	Richtig	Falsch
1	Das agile Manifest ist im Jahr 2018 entstanden.		
2	Das agile Manifest befreit Projekte von den Zwängen der Planung.		
3	Das agile Manifest stellt Individuen und Interaktion über Prozesse und Werkzeuge.		
4	Das agile Manifest betont, dass eine umfassende Dokumentation stets Vorrang vor funktionierender Software hat.		
5	Das agile Manifest stellt Kundenorientierung über die Anpassung an neue Anforderungen.		
6	Das agile Manifest stellt Kundenorientierung über Vertragsverhandlungen.		
7	Das agile Manifest stellt die Anpassung an neue Anforderungen über die Verfolgung eines Plans.		
8	Das agile Manifest stellt Kundenorientierung über die Verfolgung eines Plans.		

2. Lösung

Tab. 2.38: Das agile Manifest – Lösungen.

Nr.	Aussage	Richtig	Falsch
1	Das agile Manifest ist im Jahr 2018 entstanden.		F
2	Das agile Manifest befreit Projekte von den Zwängen der Planung.		F
3	Das agile Manifest stellt Individuen und Interaktion über Prozesse und Werkzeuge.	R	
4	Das agile Manifest betont, dass eine umfassende Dokumentation stets Vorrang vor funktionierender Software hat.		F
5	Das agile Manifest stellt Kundenorientierung über die Anpassung an neue Anforderungen.		F
6	Das agile Manifest stellt Kundenorientierung über Vertragsverhandlungen.	R	
7	Das agile Manifest stellt die Anpassung an neue Anforderungen über die Verfolgung eines Plans.	R	
8	Das agile Manifest stellt Kundenorientierung über die Verfolgung eines Plans.		F

3. Hinweise zur Lösung

Das „Agile Manifest" wurde 2001 von 17 Softwareentwicklern verfasst, u. a. Ken Schwaber und Jeff Sutherland. Es bildet das Fundament des agilen Projektmanagements. Es entstand in Bezug auf Softwareentwicklung. Agile Projekte integrieren den Kunden stärker und werten das „Ausprobieren" bzw. einen „Zwischenliefergegenstand" stärker als einen „soliden Plan". Selbstorganisation steht im Vordergrund.

Das Agile Manifest im Wortlaut (Beck et al. 2001):

> „We are uncovering better ways of developing software by doing it and helping others do it. Through this work we have come to value:
>
> Individuals and interactions over processes and tools
> Working software over comprehensive documentation
> Customer collaboration over contract negotiation
> Responding to change over following a plan
>
> That is, while there is value in the items on the right, we value the items on the left more."

4. Literaturempfehlungen

Beck, Kent et al. (2001): Manifesto for Agile Software Development, https://agilemanifesto.org (Abruf am 18.03.2024)

Pichler, Roman (2009): Scrum – Agiles Projektmanagement erfolgreich einsetzen, Heidelberg, S. 1 ff.

Project Management Institute (2017b): Agile Practice Guide, Newtown Square, S. 8 ff.

Timinger, Holger (2024): Modernes Projektmanagement: mit traditionellem, agilem und hybridem Projektmanagement zum Erfolg, 2. Aufl., Weinheim, S. 183 f.

2.7.2 Grundlage von Scrum als zentraler Ansatz

Fallstudie KaffeeLeben – Aufgabe F39

Wissen, Verstehen, Anwenden, Transfer
20 Minuten

---

1. Fragestellung

In den Tagen nach der Lessons-Learned-Diskussion um den möglichen Einsatz von Scrum, dachte Stephan Geradewiese häufiger darüber nach, wie das Projekt wohl für ihn anders verlaufen wäre, wenn sie mit Scrum gearbeitet hätten und er die Position des „Scrum Master" eingenommen hätte. War das nicht einfach nur eine englischsprachige, modern klingende Bezeichnung für „Projektleiter"? Oder steckte doch mehr dahinter?

Betrachten Sie Ihre Ergebnisse aus Aufgabe F22 (Rollen im Projekt). Grenzen Sie die Rolle des Projektleiters von der Rolle des Scrum Masters anhand nachfolgender Tabelle ab:

Tab. 2.39: Abgrenzung Projektleiter und ScrumMaster.

	Stephan Geradewiese in der Rolle „Projektleiter“	Stephan Geradewiese in der Rolle „Scrum Master“
Einflussbereich	Management der temporären Organisation („Projekt“), die zur Erreichung der Projektziele etabliert wurde	
Mitarbeiterverantwortung	Mitarbeiterinnen und Mitarbeiter aus verschiedenen Geschäftseinheiten, die zur Erfüllung der Aufgaben im Projekt beteiligt sein müssen (Projektteam)	
Weisungsbefugnis	Fachlich	
Finanzielle Verantwortung	Budget des Projektes	
Zeitliche Gültigkeit der Rolle	Bis zum Projektende	
Zeitlicher Umfang	Vermutlich nur einen Teil seiner Arbeitszeit	

2. Anregungen für Ihre Diskussion der Lösung

Die Rolle des Scrum Masters grenzt sich wie folgt von der des Projektleiters ab:

Tab. 2.40: Abgrenzung Projektleiter und Scrum Master – Lösungen.

	Stephan Geradewiese in der Rolle „Projektleiter“	Stephan Geradewiese in der Rolle „Scrum Master“
Einflussbereich	Management der temporären Organisation („Projekt“), die zur Erreichung der Projektziele etabliert wurde	Unterstützung des sich selbst organisierenden Scrum-Teams bei der Anwendung von Scrum, mit dem Ziel, den durch das Scrum-Team genierten Wert zu maximieren
Mitarbeiterverantwortung	Mitarbeiterinnen und Mitarbeiter aus verschiedenen Geschäftseinheiten, die zur Erfüllung der Aufgaben im Projekt beteiligt sein müssen (Projektteam)	Keine
Weisungsbefugnis	Fachlich	Keine
Finanzielle Verantwortung	Budget des Projektes	Keine
Zeitliche Gültigkeit der Rolle	Bis zum Projektende	Bis das Product-Backlog keine Einträge mehr enthält
Zeitlicher Umfang	Vermutlich nur einen Teil seiner Arbeitszeit	Nur einen Teil seiner Arbeitszeit

3. Literaturempfehlungen

Pichler, Roman (2008): Scrum: Agiles Projektmanagement erfolgreich einsetzen, Heidelberg, S. 19 ff.

Project Management Institute (2017b): Agile practice guide, Newtown Square, S. 154.

Schwaber, Ken (2003): Agile project management with Scrum, Redmond, S. 25 ff., S. 53 ff.

Schwaber, Ken/Sutherland, Jeff (2020): Der Scrum Guide – Der gültige Leitfaden für Scrum: Die Spielregeln, https://scrumguides.org/docs/scrumguide/v2020/2020-Scrum-Guide-German.pdf (Abruf am 18.03.2024) oder in der jeweils aktuellen Fassung unter www.scrum.org

Timinger, Holger (2024): Modernes Projektmanagement: Mit traditionellem, agilem und hybridem Vorgehen zum Erfolg, 2. Aufl., Weinheim, S. 190 f.

Aufgabe 1: Die Theoriebasis von Scrum

Wissen, Verstehen
15 Minuten

---

1. Fragestellung

a) Was wird unter „empirischer Prozesssteuerung“ im Rahmen von Scrum verstanden?
b) Welches sind die beiden zentralen Merkmale von Scrum?
c) Welche drei Säulen tragen die empirische Prozesssteuerung in Scrum?
d) Aus welchen Werten besteht die Wertebasis bei Scrum?

2. Lösung

a) Scrum nutzt die empirische Prozessteuerung als theoretisches Fundament, wonach Wissen aus Erfahrungen gewonnen wird und Entscheidungen auf der Basis bekannten Wissens getroffen werden.
b) Der Scrum-Ansatz zeichnet sich durch zwei zentrale Merkmale aus:
   - iterativ (= wiederholend)
   - inkrementell (= schrittweise, aufeinander aufbauend)
c) Drei Säulen tragen jede empirische Prozesssteuerung und damit Scrum:
   - Transparenz: Wesentliche Aspekte müssen für diejenigen sichtbar sein, die für das Ergebnis verantwortlich sind. Aspekte müssen gemeinsam definiert werden, so dass es ein gemeinsames Verständnis gibt (Beispiel: technische Begriffe oder „Definition of Done“).
   - Überprüfung: Zwischenergebnisse müssen regelmäßig geprüft werden, um Abweichungen zu erkennen.
   - Anpassung: Wenn Abweichungen vorliegen, sind der Prozess oder das Material so schnell wie möglich anzupassen.
d) Die fünf Werte lauten: Commitment, Fokus, Offenheit, Respekt und Mut.

3. Hinweise zur Lösung

Die Theoriebasis von Scrum erscheint zunächst wenig praxisrelevant, da sie im Alltag eines Scrum-Teams kein „Gesprächsthema" ist. Nichtsdestotrotz hat die Theoriebasis eine hohe Relevanz, um die Wirkprinzipien von Scrum zu durchdringen. Erst durch das Begreifen der beiden zentralen Merkmale und der drei Säulen der empirischen Prozesssteuerung offenbart sich dem Scrum-Anwender, wieso Scrum so viel Wert auf regelmäßige Teambesprechungen in Form von Daily Scrums, Sprint Planning Meetings, Sprint Review Meetings und Sprint Retrospective Meetings legt und wie die „ordnungsgemäße", disziplinierte Durchführung dieser Besprechungen zur Qualität des Produkt(inkrement)s und der Qualität der Zusammenarbeit im Team beitragen. Der Scrum Guide beschreibt diese grundlegenden Gedanken auf den ersten Seiten ausführlich.

4. Literaturempfehlungen

West, Dave (2016): Updates to the Scrum Guide: The 5 Scrum values take center stage, https://www.scrum.org/resources/blog/5-scrum-values-take-center-stage (Abruf am 18.03.2024)

Pichler, Roman (2009): Scrum – Agiles Projektmanagement erfolgreich einsetzen, Heidelberg, S. 1 ff.

Schwaber, Ken/Sutherland, Jeff (2020): Der Scrum Guide – Der gültige Leitfaden für Scrum: Die Spielregeln, https://scrumguides.org/docs/scrumguide/v2020/2020-Scrum-Guide-German.pdf (Abruf am 18.03.2024) oder in der jeweils aktuellen Fassung unter www.scrum.org

Timinger, Holger (2024): Modernes Projektmanagement: mit traditionellem, agilem und hybridem Projektmanagement zum Erfolg, 2. Aufl., Weinheim, S. 182 ff.

Aufgabe 2: Rollen im Scrum-Team

Wissen, Verstehen
15 Minuten

---

1. Fragestellung

a) Beschreiben Sie die Rollen Product-Owner, Entwickler und Scrum-Master in tabellarischer Form, indem Sie die jeweilige Verantwortung, Befugnisse und Eigenschaften abgrenzen.
b) Wie viele Personen sollte die jeweilige Rolle umfassen?
c) Welche der Rollen übernimmt die Projektleitung?

2. Lösung

a) **Tab. 2.41:** Charakterisierung der Rollen im Scrum-Team – Lösung, Quelle: Eigene Darstellung in Anlehnung an Timinger, Holger (2024): Modernes Projektmanagement: mit traditionellem, agilem und hybridem Projektmanagement zum Erfolg, Weinheim, S. 189.

	Product Owner	Entwickler	Scrum Master
Verantwortung	– Produktziel entwickeln und explizit kommunizieren – Wertmaximierung des Produkts – Sicherstellen, dass das Product Backlog transparent ist, sichtbar ist und verstanden wird	– Exklusive Erstellung des Produktinkrements – Qualitätsverantwortlich in Bezug auf das Produktinkrement durch die Einhaltung der „Definition of Done“	– Verständnis aller Beteiligten für Scrum herstellen – Ordnungsgemäße Durchführung von Scrum – Beseitigung von Hindernissen für das Team
Befugnisse	– Erstellen des Product Backlogs – Priorisieren der Einträge des Product Backlogs	– selbstorganisiert (original: „self-managing“) – Festlegung, wie der jeweilige Sprint umzusetzen ist	– Leiten von Veränderungen bei der Einführung und Weiterentwicklung von Scrum
Eigenschaften	– Sehr gutes Produktverständnis – Sehr gutes Kundenverständnis	– Zusammenstellung interdisziplinärer Experten – Sehr gute fachliche Kompetenzen	– Sehr gute Scrum-Kompetenzen – Sehr gute Coaching-Kompetenzen

b) Laut Scrum-Guide sind die Rollen idealerweise wie folgt besetzt:
   - Product-Owner: eine Person
   - Entwickler: idealerweise zwischen drei und acht Personen
   - Scrum Guide: eine Person

   Dabei können Product Owner und Scrum Master für mehrere Scrum-Teams tätig sein.

c) In Scrum gibt es keinen Projektleiter. Weder der Product Owner noch der Scrum Master sind mit dieser im „klassischen“ Projektmanagement wesentlichen Rolle gleichzusetzen.

3. Hinweise zur Lösung

Der Scrum Guide definiert die Rollen sehr klar und grenzt diese trennscharf ab. In Scrum soll es ebenfalls nur die definierten Rollen und keine weiteren geben. Innerhalb der Gruppe der Entwickler sollen ebenfalls keine weiteren Jobtitel oder ähnliche „feste Aufgabenzordnungen“, wie z. B. Tester, Entwickler, Qualitätssicherer usw., vorgenommen werden. Auch wenn der Scrum Master im englischsprachigen Original des Scrum Guides als „true leader“ umschrieben wird, ist dieser nicht einer klassischen Leadership-Rolle mit Führungs- bzw. Leitungsverantwortung gleichzusetzen. Vielmehr soll die Rolle des Scrum Masters als „Servant Leader“, welcher dem Projekt und seiner Beteiligten „dient“, verstanden werden.

4. Literaturempfehlungen

Pichler, Roman (2009): Scrum – Agiles Projektmanagement erfolgreich einsetzen, Heidelberg, S. 9 ff.

Project Management Institute (2017b): Agile Practice Guide, Newtown Square, S. 41

Schwaber, Ken/Sutherland, Jeff (2020): Der Scrum Guide – Der gültige Leitfaden für Scrum: Die Spielregeln, https://scrumguides.org/docs/scrumguide/v2020/2020-Scrum-Guide-German.pdf (Abruf am 18.03.2024) oder in der jeweils aktuellen Fassung unter www.scrum.org

Timinger, Holger (2024): Modernes Projektmanagement: mit traditionellem, agilem und hybridem Projektmanagement zum Erfolg, 2. Aufl., Weinheim, S. 189 ff.

Aufgabe 3: Mini-Fall – Ausgestaltung von Rollen im Scrum-Projekt

---

Wissen, Verstehen, Anwenden, Transfer
20–30 Minuten

---

1. Fragestellung

Hinweis: Der Einleitungstext der Mini-Fallstudie wiederholt sich im weiteren Verlauf des Buches, damit jede Aufgabe für sich gelöst werden kann.

Sie haben die Führungsposition „Leiter Gebäudemanagement“ der „Hahnenfelder Wumms SE“ inne. Sie arbeiten in einem mittelständischen Unternehmen mit ca. 500 Mitarbeiterinnen und Mitarbeitern. In den letzten Jahren ist Ihre Mitarbeiterzahl deutlich angestiegen, während die vorhandenen Büroflächen in Ihrem einzigen Gebäude konstant geblieben sind. Mittlerweile sind deutlich spürbare Engpässe entstanden, was die Verfügbarkeit von Besprechungsräumen angeht. Daher haben Sie sich von der Geschäftsleitung die Genehmigung erteilen lassen, ein Projekt zur Optimierung der Situation starten zu können. Da Ihr Kollege aus der IT immer von „Agilem Projektmanagement“ geschwärmt hat, wollen Sie dies nun auch anwenden und einfach mal ausprobieren. Für das Projekt „Optimierung von Meetingräumen“ sind Sie daher der Product Owner.

Ihrem Vorgesetzten, dem Geschäftsführer Dr. Ralf Schlau, war es jedoch sehr wichtig, dass zwischen Ihnen „alles beim Alten“ bleibt und Herr Dr. Schlau sich darauf verlassen kann, dass Sie ihn möglichst wenig mit Details zum Projektverlauf behelligen. Er freut sich jedoch schon auf das finale Ergebnis in drei Monaten und hat sich diesen Termin im Kalender bereits eingetragen. Soeben hat das halbstündige Sprint Review Meeting stattgefunden und nun sind sie auch schon auf dem Weg ins Wochenende. Es gibt Fortschritte am Inkrement, aber so richtig glücklich sind Sie mit dem Verlauf nicht. Nächste Woche Mittwoch wollen Sie auch Herrn Dr. Schlau einen Zwischenbericht abgeben. Bei Ihrem letzten Zwischenbericht vor dreieinhalb Wochen hatte Herr Dr. Schlau

Ihnen gegenüber Kritik geäußert, welche Sie dem Team in der Folgewoche mitgeteilt hatten. Zu Ihrer Ernüchterung konnten Sie von denen sich daraus ergebenden Änderungen eben gerade im Sprint Review Meeting nichts wiederfinden – das Team hat offenbar noch nichts umgesetzt. Dies überrascht und verärgert Sie, da Sie doch gehört haben, dass bei Scrum immer alles so schnell und flexibel ginge. Sie fragen sich auch zunehmend, ob Sie mit Frau Flink wirklich die beste Person als projektleitende Scrum Masterin ausgewählt haben. Eigentlich ist sie immer Ihre beste Mitarbeiterin gewesen und hat schon viele Projekte außerordentlich erfolgreich geleitet, aber in diesem Projekt scheint sie ihre übliche Durchsetzungsfähigkeit und Führungsstärke als Projektleiterin nicht zu erfüllen. Sie zweifeln, ob der Schwenk auf die neuen, hochgelobten agilen Methoden wirklich richtig war.

a) Welche Probleme lassen sich in diesem Projekt identifizieren?
b) Welche Maßnahmen sollten dringend unternommen werden?

2. Lösung

a) Folgende Probleme sind in Abweichung zu den Vorgaben des Scrum Guides festzustellen:
   - „Einfach mal ausprobieren" funktioniert nicht – offenbar hat es keine Einführung in die Funktionsweise von Scrum gegeben.
   - Der Geschäftsführer hat nicht erfüllbare Erwartungen in Aussicht gestellt bekommen. Bei agilen Projekten wäre mehr Präsenz seitens des Kunden (hier der Geschäftsführer) mindestens in Sprint Review Meetings erforderlich.
   - Das Sprint Review Meeting ist vermutlich viel zu kurz.
   - Im Anschluss an das Sprint Review Meeting hätte das Sprint Retrospective Meeting stattfinden müssen, um über die Verbesserung der Arbeit im Team zu sprechen.
   - Die Zwischenberichte an Herrn Dr. Schlau sind entkoppelt vom Rhythmus der Scrum-Ereignisse. Es wäre besser, den Geschäftsführer als wichtigen Stakeholder zu einigen Meetings einzuladen (z. B. Sprint Planning oder Sprint Review).
   - Auch ist es nicht hilfreich, dass der Product Owner offenbar keine vollständige Entscheidungsbefugnis über das Produkt hat und Feedback des Geschäftsführers mitten im Sprint eingestreut wird. Nach abgeschlossenem Sprint Planning ist der Arbeitsumfang zunächst bis zum Ende des Sprints fixiert. Dies scheint dem Product Owner nicht klar zu sein.
   - Die Rolle von Frau Flink scheint falsch definiert zu sein. Als Scrum Masterin ist sie nicht die Projektleiterin. Im Rahmen von Scrum gibt es keinen Projektleiter.
   - Frau Flink kann ihre Führungskompetenzen nicht zum Einsatz bringen, es ist unklar, ob sie auch über die notwendigen Coaching- und Moderationskompetenzen sowie über ausreichend Wissen über Scrum verfügt. Zumindest hat sie in den vergangenen Wochen nicht auf die Einhaltung der Scrum-Regeln hingewirkt.

b) Folgende Maßnahmen sind dringend erforderlich:
   - Schulung aller Beteiligten inklusive des Geschäftsführers zu Scrum.
   - Erstellung eines Impediment-Backlogs und Bearbeitung der Themen durch Frau Flink.
   - Durchführung der Scrum-Ereignisse entsprechend der Vorgaben des Scrum Guides. Insbesondere sollte Herr Dr. Schlau mindestens an den Sprint Review Meetings teilnehmen.
   - Übertragung von Entscheidungskompetenzen von Herrn Dr. Schlau auf den Product Owner.
   - Etablierung von Frau Flink als Scrum Master und Verzicht auf die Erwartung, dass sie als Projektleiterin agieren würde.

3. Hinweise zur Lösung

Die Ausgestaltung eines Scrum-Projektes möglichst nah an den Regeln des Scrum Guides ist elementar. Selbstverständlich können erfahrene Scrum-Anwender auch unternehmensspezifische Adaptionen vornehmen – wichtig ist, dass sie die Auswirkungen abschätzen können und die Adaptionen nicht negativ auf die Qualität von Produkt und Zusammenarbeit wirken. Im vorliegenden Fall wird auch deutlich, dass die Einführung agiler Arbeitsweisen oft an tradierten Gewohnheiten und der Unternehmenskultur scheitern kann bzw. dass diese sie zumindest erschweren.

4. Literaturempfehlungen

Pichler, Roman (2009): Scrum – Agiles Projektmanagement erfolgreich einsetzen, Heidelberg, S. 9 ff.

Project Management Institute (2017b): Agile Practice Guide, Newtown Square, S. 41

Schwaber, Ken/Sutherland, Jeff (2020): Der Scrum Guide – Der gültige Leitfaden für Scrum: Die Spielregeln, https://scrumguides.org/docs/scrumguide/v2020/2020-Scrum-Guide-German.pdf (Abruf am 18.03.2024) oder in der jeweils aktuellen Fassung unter www.scrum.org

Timinger, Holger (2024): Modernes Projektmanagement: mit traditionellem, agilem und hybridem Projektmanagement zum Erfolg, 2. Aufl., Weinheim, S. 189 ff.

Aufgabe 4: Scrum Artefakte

Wissen, Verstehen
10 Minuten

---

1. Fragestellung

Bitte tragen Sie bei den folgenden Aussagen ein, ob diese richtig („R“) oder falsch („F“) sind.

Tab. 2.42: Scrum Artefakte.

Nr.	Aussage	Richtig	Falsch
1	Die Definition-of -Done ist dem Produktziel zuzuordnen.		
2	Das Product-Backlog wird zu Projektbeginn gemeinsam mit dem Auftraggeber verabschiedet und bildet die Basis für den Vertrag.		
3	Das Product Backlog beinhaltet User Stories und Epics.		
4	Im Product Backlog werden alle Funktionalitäten, Verbesserungen usw. aufgelistet, die in künftigen Produktinkrementen (Releases) enthalten sein sollen.		
5	Mehrere Scrum Teams können an einem gemeinsamen Produkt arbeiten. Es gibt dann nur ein gemeinsames Product Backlog.		
6	Das Team muss ein gemeinsames Verständnis einer Definition of Done haben.		
7	Die Story Points geben an, wie attraktiv eine Aufgabe für den jeweiligen Entwickler ist.		
8	Das Sprint Backlog besteht aus dem Sprint-Ziel, den für den Sprint ausgewählten Product-Backlog-Einträgen sowie einem umsetzbaren Plan für die Lieferung des Increments.		

2. Lösung

Tab. 2.43: Scrum Artefakte – Lösung.

Nr.	Aussage	Richtig	Falsch
1	Die Definition of Done ist dem Produktziel zuzuordnen.		F
2	Das Product Backlog wird zu Projektbeginn gemeinsam mit dem Auftraggeber verabschiedet und bildet die Basis für den Vertrag.		F
3	Das Product Backlog beinhaltet User Stories und Epics.	R	
4	Im Product Backlog werden alle Funktionalitäten, Verbesserungen usw. aufgelistet, die in künftigen Produktinkrementen (Releases) enthalten sein sollen.	R	
5	Mehrere Scrum Teams können an einem gemeinsamen Produkt arbeiten. Es gibt dann nur ein gemeinsames Product Backlog.	R	
6	Das Team muss ein gemeinsames Verständnis einer Definition of Done haben.	R	
7	Die Story Points geben an, wie attraktiv eine Aufgabe für den jeweiligen Entwickler ist.		F
8	Das Sprint Backlog besteht aus dem Sprint-Ziel, den für den Sprint ausgewählten Product-Backlog-Einträgen sowie einem umsetzbaren Plan für die Lieferung des Inkrements.	R	

3. Hinweise zur Lösung

Die Artefakte von Scrum repräsentieren Arbeit oder Wert. Sie sind dafür ausgelegt, die Transparenz von Schlüsselinformationen zu maximieren. So haben alle, die sie überprüfen, die gleiche Grundlage für Anpassungen. Jedes Artefakt beinhaltet ein Commitment, um sicherzustellen, dass Informationen bereitgestellt werden, welche Transparenz und Fokus verbessern, um den Fortschritt messbar zu machen:

- Für das Product Backlog ist es das Produktziel.
- Für das Sprint Backlog ist es das Sprintziel.
- Für das Increment ist es die Definition of Done.

Das Product Backlog ist zwar die einzige Anforderungsquelle für Arbeiten bzw. Änderungen am Produkt. Es ist allerdings niemals vollständig, d. h. es ist „lebendig" und wird während des Projektes aktualisiert und detailliert. Es besteht aus User Stories und Epics. Jede User Story wird mit einem Punktwert in ihrer „Größe" (= Komplexität, Aufwand) geschätzt.

4. Literaturempfehlungen

Pichler, Roman (2009): Scrum – Agiles Projektmanagement erfolgreich einsetzen, Heidelberg, S. 25 ff.

Project Management Institute (2017b): Agile Practice Guide, Newtown Square, S. 49 ff.

Schwaber, Ken/Sutherland, Jeff (2020): Der Scrum Guide – Der gültige Leitfaden für Scrum: Die Spielregeln, https://scrumguides.org/docs/scrumguide/v2020/2020-Scrum-Guide-German.pdf (Abruf am 18.03.2024) oder in der jeweils aktuellen Fassung unter www.scrum.org

Timinger, Holger (2024): Modernes Projektmanagement: mit traditionellem, agilem und hybridem Projektmanagement zum Erfolg, 2. Aufl., Weinheim, S. 191 ff.

Aufgabe 5: Mini-Fall – Erstellung eines Product Backlogs

Wissen, Verstehen, Anwenden, Transfer
20–30 Minuten

---

1. Fragestellung

Hinweis: Der Einleitungstext der Mini-Fallstudie wiederholt sich, damit jede Aufgabe für sich gelöst werden kann.

Sie haben die Führungsposition „Leiter Gebäudemanagement" der „Hahnenfelder Wumms SE" inne. Sie arbeiten in einem mittelständischen Unternehmen mit ca. 500 Mitarbeitern. In den letzten Jahren ist Ihre Mitarbeiterzahl deutlich angestiegen, während die vorhandenen Büroflächen in Ihrem einzigen Gebäude konstant geblieben sind. Mittlerweile sind deutlich spürbare Engpässe entstanden, was die Verfügbarkeit von Besprechungsräumen angeht. Daher haben Sie sich von der Geschäftsleitung die Genehmigung erteilen lassen, ein Projekt zur Optimierung der Situation starten zu können. Da Ihr Kollege aus der IT immer so von „Agilem Projektmanagement" geschwärmt hat, wollen Sie dies nun auch anwenden und einfach mal ausprobieren. Für das Projekt „Optimierung von Meetingräumen" sind Sie daher der Product Owner.

Heute treffen Sie sich mit Ihrem Entwicklungsteam und dem Scrum Master zur erstmaligen Erstellung des Product Backlogs. Folgende Aspekte sind für Sie in der nachfolgenden Diskussion aus Product Owner Sicht wichtig:

- Sie sind der Auffassung, dass die Buchung von Besprechungsräumen sehr lange dauert, da aktuell ein Buchungsformular auf Papier ausgefüllt werden muss und per Hauspost an das Facility Management gesendet wird. Der Anfragende erhält dann per E-Mail eine Rückmeldung. Das könnte durchaus vereinfacht werden, hatten Sie sich schon öfter gedacht.
- Wenn sich nach der Raumbuchung Catering-Wünsche ändern, z. B. weil sich die Anzahl der Besprechungsteilnehmer ändert, ergibt sich ein hoher Rücksprachebedarf. Hier ist schon oft etwas schief gegangen und es gab hinterher Beschwerden bei Ihren Mitarbeiterinnen und Mitarbeitern, obwohl die nichts dafürkonnten.
- Es hat sich eine Mentalität entwickelt, in der Räume zum Teil nicht mehr gebucht werden, sondern morgens ein „Windhundrennen" um freie Räume stattfindet, nach dem Motto „wer zuerst kommt, malt zuerst".
- Es ist auch schon mal zu Doppelbuchungen gekommen, weil irgendwelche Formulare falsch abgelegt waren.
- Insgesamt scheint eine IT-Lösung sinnvoll zu sein.
- Aus Projektteams haben Sie schon oft den Wunsch gehört, dass diese gerne ganztägig für eine ganze Woche oder gar einen ganzen Monat einen dauerhaften „Projektraum" zugewiesen bekommen.
- Es gibt immer wieder Anfragen für Moderationsmaterialien in den Räumen. Bisher bietet das Facility Management hier nichts an.
- Aus dem Projektteam „Fitness first, make work healthy again!" haben Sie die Anfrage erhalten, ob die traditionelle Kekspackung des Caterings auch durch Joghurts, Gemüsesnacks und Obst ersetzt werden könne.

Entwickeln Sie sinnvolle User Stories und Epics auf Basis der vorliegenden Informationen.

2. Anregungen für Ihre Diskussion der Lösung

Diese Aufgabe verfügt über keine Musterlösung – alles hängt von Ihrer Kreativität ab! Mögliche User Stories könnten lauten:

- Als Projektleiter will man zeitnah Räume zur Verfügung haben, so dass der Zeitplan des Projektes eingehalten werden kann.
- Als Raumbuchender möchte man einfach und schnell Räume und Raumressourcen buchen können, so dass die Termine einfach und schnell stattfinden können.
- Als Raumbuchender benötigt man individuelle Raumausstattungen, z. B. Wünsche hinsichtlich Bestuhlung, Moderationsmaterialien und Präsentationstechnik.
- Als Besprechungsorganisator wünscht man sich gesunde Snacks und Getränke anstelle der üblichen Kekspackung und Limonaden.

- Als Catering-Mitarbeiterin/Mitarbeiter wünscht man sich eine klare Anforderungsliste für die Bereitstellung ausreichender Mengen an Getränken und Snacks zur richtigen Uhrzeit.
- Als Mitarbeiterin/Mitarbeiter wünscht man sich ein digitales Tool, um unkompliziert Buchungen von Besprechungsräumen vorzunehmen.
- ...

Mögliche Epics könnten lauten:
- Übersicht über freie Räume
- Verknüpfung mit Outlook-Kalender
- Variable Möbel
- Kostenstellenverrechnung
- ...

Darüber hinaus sind weitere Möglichkeiten denkbar, je nachdem wie Ihre Diskussion verläuft.

3. Hinweise zur Lösung

Eine User Story ist eine recht konkrete Anforderung, die aus Sicht einer bestimmten Rolle (z. B. Nutzer) geschrieben wird. Ein Epic ist eine „große", aber noch vage User Story, deren Anforderungen derzeit nur grob beschreibbar sind. Entscheidend ist vor allem die Einnahme einer Nutzerperspektive und dadurch die Beschreibung aus Nutzersicht.

User Stories sind für alle sichtbar zu sammeln und nach und nach mit weiteren Angaben angereichert werden. In einem weiteren Schritt erfolgt für jede User Story durch die Entwickler eine Aufwandsschätzung, z. B. mittels Planning Poker. Anschließend sind die User Stories durch den Product Owner zu priorisieren, d. h. zu sortieren. Das Product Backlog bildet die Basis für jedes Sprint Planning und „lebt", d. h. es ist möglich, dass es niemals „abgearbeitet" ist.

4. Literaturempfehlungen

Pichler, Roman (2009): Scrum – Agiles Projektmanagement erfolgreich einsetzen, Heidelberg, S. 34 ff.

Project Management Institute (2017b): Agile Practice Guide, Newtown Square, S. 60 ff.

Schwaber, Ken/Sutherland, Jeff (2020): Der Scrum Guide – Der gültige Leitfaden für Scrum: Die Spielregeln, https://scrumguides.org/docs/scrumguide/v2020/2020-Scrum-Guide-German.pdf (Abruf am 18.03.2024) oder in der jeweils aktuellen Fassung unter www.scrum.org

Timinger, Holger (2024): Modernes Projektmanagement: mit traditionellem, agilem und hybridem Projektmanagement zum Erfolg, 2. Aufl., Weinheim, S. 191 ff.

Aufgabe 6: Scrum-Ereignisse

1. Fragestellung

Bitte tragen Sie bei den folgenden Aussagen ein, ob diese richtig („R") oder falsch („F") sind.

Tab. 2.44: Scrum-Ereignisse.

Nr.	Aussage	Richtig	Falsch
1	Scrum-Ereignisse sind gemeinsame Aktivitäten im Team, d. h. Besprechungen und Arbeitsphasen. Das Team hat bestenfalls selbst zu entscheiden, ob es diese Besprechungen durchführen oder eher am Produkt arbeiten möchte.		
2	Mit Ausnahme des Sprints sind die Ereignisse eine Gelegenheit zur Überprüfung und Anpassung entsprechend des empirischen Prinzips.		
3	Die Dauer eines Sprints wird jedes Mal erneut festgelegt und bleibt bewusst flexibel (agil), damit z. B. Urlaubszeiten oder anderen Aufgaben der Entwickler berücksichtigt werden können.		
4	Wenn am Ende eines Sprints kein potenziell auslieferbares Produktinkrement entsteht, ist dies nicht tragisch – es ist eben agil.		
5	Das Sprint Planning hat eine Timebox von acht Stunden bei einem vierwöchigen Sprint.		
6	Beim Daily Scrum wird regelmäßig das Product Backlog besprochen und angepasst.		
7	Ziel des Sprint Reviews ist es vor allem, das Produktinkrement zu überprüfen (empirisches Prinzip).		
8	Das Sprint Review ist eine Möglichkeit zur Überprüfung und dient der Anregung von Feedback zur Arbeitsweise. Die Teilnahme ist freiwillig.		

2. Lösung

Tab. 2.45: Scrum-Ereignisse – Lösung.

Nr.	Aussage	Richtig	Falsch
1	Scrum-Ereignisse sind gemeinsame Aktivitäten im Team, d. h. Besprechungen und Arbeitsphasen. Das Team hat bestenfalls selbst zu entscheiden, ob es diese Besprechungen durchführen oder eher am Produkt arbeiten möchte.		F
2	Mit Ausnahme des Sprints sind die Ereignisse eine Gelegenheit zur Überprüfung und Anpassung entsprechend des empirischen Prinzips.	R	
3	Die Dauer eines Sprints wird jedes Mal erneut festgelegt und bleibt bewusst flexibel (agil), damit z. B. Urlaubszeiten oder anderen Aufgaben der Entwickler berücksichtigt werden können.		F
4	Wenn am Ende eines Sprints kein potenziell auslieferbares Produktinkrement entsteht, ist dies nicht tragisch – es ist eben agil.		F
5	Das Sprint Planning hat eine Timebox von acht Stunden bei einem vierwöchigen Sprint.	R	
6	Beim Daily Scrum wird regelmäßig das Product Backlog besprochen und angepasst.		F
7	Ziel des Sprint Reviews ist es vor allem, dass Produktinkrement zu überprüfen (empirisches Prinzip).	R	
8	Das Sprint Review ist eine Möglichkeit zur Überprüfung und dient der Anregung von Feedback zur Arbeitsweise. Die Teilnahme ist freiwillig.		F

3. Hinweise zur Lösung

Scrum-Ereignisse sind vorgeschrieben und finden in einer bestimmten Regelmäßigkeit statt. Andere, nicht in Scrum definierte Besprechungen sollten möglichst vermieden werden. Alle Sprints haben die gleiche Dauer, d. h. während der Projektlaufzeit bleibt die Dauer konstant. Nur so ist das Team in der Lage, im Projektverlauf eine zutreffendere Einschätzung über die eigene Arbeitskapazität (Anzahl umsetzbarer Story Points = Velocity) zu entwickeln und auf dieser Basis das Sprint Backlog zu planen. Am Ende des Sprints wird ein nutzbares und potenziell auslieferbares Produktinkrement („Done") hergestellt. Beim Daily Scrum wird das Sprint Backlog besprochen und bei Bedarf angepasst. Das Sprint Review ist eine Möglichkeit zur Überprüfung und dient der Anregung von Feedback zur Arbeitsweise. Obligatorische Teilnehmer sind: Developer, Product Owner, Scrum Master. Der Scrum Master nimmt als gleichberechtigtes Mitglied teil.

4. Literaturempfehlungen

Pichler, Roman (2009): Scrum – Agiles Projektmanagement erfolgreich einsetzen, Heidelberg, S. 81 ff.

Project Management Institute (2017b): Agile Practice Guide, Newtown Square, S. 50 ff.

Schwaber, Ken/Sutherland, Jeff (2020): Der Scrum Guide – Der gültige Leitfaden für Scrum: Die Spielregeln, https://scrumguides.org/docs/scrumguide/v2020/2020-Scrum-Guide-German.pdf (Abruf am 18.03.2024) oder in der jeweils aktuellen Fassung unter www.scrum.org

Timinger, Holger (2024): Modernes Projektmanagement: mit traditionellem, agilem und hybridem Projektmanagement zum Erfolg, 2. Aufl., Weinheim, S. 202 ff.

Aufgabe 7: Mini-Fall – Das Daily Scrum

1. Fragestellung

Hinweis: Der Einleitungstext der Mini-Fallstudie wiederholt sich, damit jede Aufgabe für sich gelöst werden kann.

Sie haben die Führungsposition „Leiter Gebäudemanagement" der „Hahnenfelder Wumms SE" inne. Sie arbeiten in einem mittelständischen Unternehmen mit ca. 500 Mitarbeiterinnen und Mitarbeitern. In den letzten Jahren ist ihre Mitarbeiterzahl deutlich angestiegen, während die vorhandenen Büroflächen in ihrem einzigen Gebäude konstant geblieben sind. Mittlerweile sind deutlich spürbare Engpässe entstanden, was die Verfügbarkeit von Besprechungsräumen angeht. Daher haben Sie sich von der Geschäftsleitung die Genehmigung erteilen lassen, ein Projekt zur Optimierung der Situation starten zu können. Da Ihr Kollege aus der IT immer von „Agilem Projektmanagement" geschwärmt hat, wollen Sie dies nun auch anwenden und einfach mal ausprobieren. Für das Projekt „Optimierung von Meetingräumen" sind Sie daher der Product Owner.

Heute ist Mittwoch und es findet das erste Daily Scrum Meeting diese Woche statt. Am Montag ist es ausgefallen, weil Frau Flink, die Scrum Masterin des Projektes, einen Tag frei hatte. Nach einer kurzen Begrüßung durch Sie beginnt das Meeting. Wie üblich geht es in der Besprechung „reihum". Nach 25 Minuten spricht Herr Ernst ausführlich verschiedene Probleme an, die ihm in der letzten Woche aufgefallen sind. Sie sind positiv überrascht, dass Herr Ernst seine Arbeit so genau nimmt! Es entsteht eine regelrechte Diskussion, vor allem zwischen Herrn Ernst und seiner Kollegin Frau Fleißig, die beide an eng aneinandergekoppelten Themen arbeiten. Sie freuen sich und gießen sich noch einen zweiten Kaffee ein: Der kollegiale Austausch läuft richtig gut und als gute Führungskraft wollen Sie das nicht einbremsen. Frau Flink hat sich intensiv Notizen gemacht und sich ansonsten angenehm im Hintergrund gehalten, da der Austausch auch ohne Moderation sehr gut funktioniert hat. Nach 45 Minuten ist das Daily Scrum beendet.

Wie beurteilen Sie dieses Daily Scrum Meeting?

2. Lösung

Während es erfreulich ist, dass die Zusammenarbeit im Team funktioniert und ein kollegialer Austausch besteht, gibt es einige erhebliche Defizite, die seitens der Scrum Masterin abgestellt werden sollten:

- Das Daily Scrum hat jeden Tag stattzufinden, auch wenn der Scrum Master verhindert sein sollte. Keinesfalls hat das Meeting grundlos auszufallen, so wie gestern (Dienstag).
- Das Daily Scrum hat eine Timebox von 15 Minuten, der Scrum Master hat durch entsprechende Moderation auf die Einhaltung Wert zu legen. Ziel des Daily Scrums ist ein effizienter Austausch – keine „Kaffeerunde".
- Ausführliche Vorträge, wie der von Herrn Ernst, haben nicht Gegenstand des Meetings zu sein. Vielmehr hat jeder Teilnehmer kurz und knapp darauf einzugehen, was gestern hinsichtlich des Sprint-Ziels durch sie/ihn bearbeitet wurde, welche Aufgaben für heute geplant sind und ob es ggf. Hindernisse gibt.
- Bilaterale Themen können zwar im Daily-Scrum identifiziert werden, sollten allerdings dann außerhalb des Meetings nur unter denjenigen vertieft besprochen werden, die es betrifft.
- Sie haben die Rolle des Product-Owners noch nicht richtig verinnerlicht, denn als Product Owner sind Sie nicht die Führungskraft der Entwickler.
- Frau Flink hat als Scrum Masterin ihre Moderationsrolle sichtbarer zu machen. Ebenfalls sollte sie Ihnen noch einmal die Grundzüge des Daily Scrums und der Product-Owner-Rolle näherbringen.

3. Hinweise zur Lösung

Die stringente Einhaltung der im Scrum Guide definierten Rollen und die adäquate Durchführung der Besprechungen (Ereignisse) im Sinne der Vorgaben des Scrum Guides tragen erheblich zum Erfolg bei. Es ist vor allem die Aufgabe des Scrum Masters, die zielführende Anwendung von Scrum im Scrum-Team sicherzustellen.

4. Literaturempfehlungen

Pichler, Roman (2009): Scrum – Agiles Projektmanagement erfolgreich einsetzen, Heidelberg, S. 104 ff.

Project Management Institute (2017b): Agile Practice Guide, Newtown Square, S. 53.

Schwaber, Ken/Sutherland, Jeff (2020): Der Scrum Guide – Der gültige Leitfaden für Scrum: Die Spielregeln, https://scrumguides.org/docs/scrumguide/v2020/2020-Scrum-Guide-German.pdf (Abruf am 18.03.2024) oder in der jeweils aktuellen Fassung unter www.scrum.org

Timinger, Holger (2024): Modernes Projektmanagement: mit traditionellem, agilem und hybridem Projektmanagement zum Erfolg, 2. Aufl., Weinheim, S. 208 ff.

Literatur

Adžić, Mihael (2006): Matrixstrukturen in multinationalen Unternehmen: Anwendungsfelder, Informationsfluss und Erfolgsfaktoren, Wiesbaden.

Barrow, Bryan (2017): 50 quick and easy ways to become brilliant at stakeholder management: How you can master stakeholder management in just 30 days, Swindon.

Bauer, Joachim (2011): Schmerzgrenze. Vom Ursprung alltäglicher und globaler Gewalt, München.

Bauer, Joachim (2014): Prinzip Menschlichkeit. Warum wir von Natur aus kooperieren, Hamburg.

Bauer, Joachim (2015): Arbeit: Warum sie uns glücklich oder krank macht, München.

Bea, Franz X./Scheurer, Steffen/Hesselmann, Sabine (2011): Projektmanagement, 2. Aufl., Konstanz/München.

Bea, Franz X./Göbel, Elisabeth (2019): Organisation: Theorie und Gestaltung, 5. Aufl., München/Tübingen.

Beck, Kent et al. (2001): Manifesto for Agile Software Development, https://agilemanifesto.org (Abruf am 18.03.2024).

Bergmann, Rainer/Garrecht, Martin (2021): Organisation und Projektmanagement, 3. Aufl., Berlin.

Binner, Hartmut F. (2016): Methoden-Baukasten für ganzheitliches Prozessmanagement: Systematische Problemlösungen zur Organisationsentwicklung und -gestaltung, Wiesbaden.

Bohinc, Thomas (2010): Grundlagen des Projektmanagements: Methoden, Techniken und Tools für Projektleiter, Offenbach am Main.

Bühner, Rolf (2004): Betriebswirtschaftliche Organisationslehre, 10. Aufl., München/Wien.

Burke, Rory (2004): Projektmanagement: Planungs- und Kontrolltechniken, Bonn.

Busch, Michael W./von der Oelsnitz, Dietrich (2018): Teammanagement: Grundlagen erfolgreichen Zusammenarbeitens, Stuttgart.

Csikszentmihalyi, Mihaly (2021): Flow und Kreativität. Wie Sie Ihre Grenzen überwinden und das Unmögliche schaffen, Stuttgart.

Coase, Ronald (1937): The Nature of the Firm; in: Economica, Vol. 4, No. 16, pp. 386–405.

Corsten, Hans/Corsten, Hilde/Gössinger, Ralf (2008): Projektmanagement: Einführung, 2. Aufl., München.

Doppler, Klaus/Lauterburg, Christoph (2014): Change Management: Den Unternehmenswandel gestalten, Frankfurt/New York.

Dröber, Susanne (2013): Wissensmanagement in Projekten, Saarbrücken.

Fiedler, Rudolf (2014): Organisation kompakt, 3. Aufl., München.

Fließ, Sabine (2006): Prozessorganisation in Dienstleistungsunternehmen, Stuttgart.

Franken, Rolf/Franken, Swetlana (2011): Integriertes Wissens- und Innovationsmanagement. Mit Fallstudien und Beispielen aus der Praxis, Wiesbaden.

Freeman, R. Edward (1984): Strategic management: A stakeholder approach, Cambridge.

Freeman, R. Edward (2010): Strategic management: A stakeholder approach, Cambridge.

Freeman, R. Edward (2014): https://redwardfreeman.com/ (Abruf am 18.03.2024).

Fuhrmann, Bianca (2013): Projekt-Voodoo: Wie Sie die Tücken des Projektalltags meistern und selbst verfahrene Projekte in Erfolge verwandeln, Offenbach.

Gadatsch, Andreas (2023): Grundkurs Geschäftsprozess-Management: Analyse, Modellierung, Optimierung und Controlling von Prozessen, 10. Aufl., Wiesbaden.

Gaitanides, Michael (2012): Prozessorganisation: Entwicklung, Ansätze und Programme des Managements von Geschäftsprozessen, 3. Aufl., München.

Gairing, Fritz (2017): Organisationsentwicklung: Geschichte – Konzepte – Praxis, Stuttgart.

Galbraith, Jay R. (2009): Designing matrix organizations that actually work: how IBM, Procter & Gamble, and others design for success, San Francisco.

Goleman, Daniel (2003): Emotionale Führung, Berlin.

Gessler, Michael/Deutsche Gesellschaft für Projektmanagement (2016): Kompetenzbasiertes Projektmanagement (PM3): Handbuch für die Projektarbeit, Qualifizierung und Zertifizierung auf Basis der IPMA Competence Baseline, 8. Aufl., Nürnberg.

https://doi.org/10.1515/9783111199818-004

Glasl, Friedrich (2022): Selbsthilfe in Konflikten. Konzepte – Übungen – Praktische Methoden, Stuttgart.

Große-Halbuer, Andreas (2008): Warum es Unternehmen überhaupt gibt. https://www.wiwo.de/politik/deutschland/wirtschaft-warum-es-unternehmen-ueberhaupt-gibt/5487448.html (Abruf vom 17.09.2019).

Gulick, Luther H. (1937): Papers on the science of administration, New York.

Gutenberg, Erich (1983): Grundlagen der Betriebswirtschaftslehre, Band 1: Die Produktion, 24. Aufl., Berlin.

Heinrich, Harald (2015): Systemisches Projektmanagement: Grundlagen, Umsetzung, Erfolgskriterien, München.

Hertie School of Governance (2015): Studie: Großprojekte in Deutschland – Zwischen Ambition und Realität. https://www.hertie-school.org/fileadmin/2_Research/2_Research_directory/Research_projects/Large_infrastructure_projects_in_Germany_Between_ambition_and_realities/1_Grossprojekte_in_Deutschland_-_Factsheet_1.pdf (Abruf am 18.03.2024).

Hüther, Otto (2023): Alleinherrscher oder Halbstarke?, https://www.forschung-und-lehre.de/management/alleinherrscher-oder-halbstarke-275 (Abruf vom 18.03.2024).

Imperative Group Inc./LinkedIn Inc. (Hrsg.) (2022): Workforce Purpose Index, New York 2022 PDF online unter https://www.imperative.com/2022-workforce-purpose-index (Abruf am 18.03.2024).

Jakoby, Walter (2015): Intensivtraining Projektmanagement: Ein praxisnahes Übungsbuch für den gezielten Kompetenzaufbau, Wiesbaden, S. 103 ff.

Janis, Irving L. (1982): Groupthink: Psychological studies of policy decisions and fiascoes, Boston.

Jenny, Bruno (2009): Projektmanagement: Das Wissen für eine erfolgreiche Karriere, 3. Aufl., Zürich.

Jones, Gareth R./Bouncken, Ricarda B. (2008): Organisation: Theorie, Design und Wandel, 5. Aufl., München.

Jung, Hans (2014): Controlling, 4. Aufl., München.

Kerzner, Harold (2008): Projektmanagement: Ein systemorientierter Ansatz zur Planung und Steuerung, 2. Aufl., Bonn.

Keßler, Heinrich/Winkelhofer, Georg (2004): Projektmanagement: Leitfaden zur Steuerung und Führung von Projekten, 4. Aufl., Berlin.

Kieser, Alfred/Walgenbach, Peter (2010): Organisation. 6. Aufl., Stuttgart.

Koontz, Harald/O'Donnell, Cyril (1955): Principles of management: An analysis of managerial functions, New York.

Kotter, John P. (2012): Leading Change, Harvard Business Press (gesamtes Werk).

Krips, David (2017): Stakeholdermanagement: Kurzanleitung, H. 5, 2. Aufl., Wiesbaden.

Krüger, Wilfried (2014): Excellence in Change: Wege zur strategischen Erneuerung, 5. Aufl., Wiesbaden.

Kühl, Stefan (2011): Vorsicht Statistik; in: Harvard Business Manager, 33. Jg, H. 6.

Kuhn, Thomas/Weibler, Jürgen (2020): Bad Leadership. Warum uns schlechte Führung oftmals gut erscheint und es guter Führung häufig schlecht geht. München.

Kuhrcke, Tim/Jahn, Jens/Rusinek, Hans (2020): Purpose statt Aktionismus. Schafft Mut zu Neuem in Krisenzeiten, in: zfo-Zeitschrift Führung+Organisation, 89. Jg., H. 4, S. 225–229.

Kurz, Heinz D./Sturn, Richard (2013): Adam Smith für jedermann: Pionier der modernen Ökonomie, Frankfurt am Main.

Kuster, Jürg et al. (2022): Handbuch Projektmanagement: Agil – Klassisch – Hybrid, 5. Aufl., Berlin.

Laloux, Frederic (2014): Reinventing Organzisations. A Guide to Creating Organisations Inspired the Next Stage of Human Consciousness, Brüssel.

Laux, Helmut/Liermann, Felix (2006): Grundlagen der Organisation: Die Steuerung von Entscheidungen als Grundproblem der Betriebswirtschaftslehre, 6. Aufl., Berlin.

Luhmann, Niklas (2018): Soziale Systeme: Grundriß einer allgemeinen Theorie, 18. Aufl., Frankfurt am Main.

Macharzina, Klaus/Wolf, Joachim (2023): Unternehmensführung: Das internationale Managementwissen; Konzepte – Methoden – Praxis, 12. Aufl., Wiesbaden.

Madauss, Bernd-J. (2020): Projektmanagement: Theorie und Praxis aus einer Hand, 8. Aufl., Berlin.

Meier, Rolf (2009): Projektmanagement: Grundlagen, Methoden und Techniken, 2. Aufl., Offenbach am Main.
Meyer, Helga/Reher, Heinz-Josef (2020): Projektmanagement: Von der Definition über die Projektplanung zum erfolgreichen Abschluss, 2. Aufl., Wiesbaden.
Möller, Michael/Fink, Franziska (2020): Sinnstiftend und komplexitätsgerecht. Die fünf Disziplinen der Purpose Driven Organisations, in: zfo-Zeitschrift Führung+Organisation, 89. Jg., H. 4, S. 212–217.
Molter, Bernd/Voigt, Stefan (2016): Kristronics – Wissensmanagement als Kompass in stürmischer See; in: Mertins, Kai/Seidel, Holger (Hrsg.), Wissensmanagement im Mittelstand, 2. Aufl., Berlin/Heidelberg, S. 281–293.
Nagel, Michael/Mieke, Christian (2014): BWL-Methoden: Handbuch für Studium und Praxis, Konstanz/München.
Nicolai, Christiana (2023): Betriebliche Organisation, 4. Aufl., Konstanz/München.
Patzak, Gerold/Rattay, Günter (2018): Projektmanagement: Projekte, Projektportfolios, Programme und projektorientierte Unternehmen, 7. Aufl., Wien.
Pichler, Roman (2008): Scrum: Agiles Projektmanagement erfolgreich einsetzen, Heidelberg.
Probst, Gilbert/Raub, Steffen/Romhardt, Kai (2012): Wissen managen: Wie Unternehmen ihre wertvollste Ressource optimal nutzen, 7. Aufl., Wiesbaden.
Project Management Institute (2017a): A guide to the project management body of knowledge, 6. Aufl., Newtown Square.
Project Management Institute (2017b): Agile practice guide, Newtown Square.
Reichert, Thorsten (2009): Projektmanagement: Die häufigsten Fehler, die wichtigsten Erfolgsfaktoren, Freiburg im Breisgau.
Rövekamp, Marie (2019): Berliner Start-up "Einhorn": Arbeiten ohne Chefs und Regeln. https://www.tagesspiegel.de/themen/reportage/berliner-start-up-einhorn-arbeiten-ohne-chefs-und-regeln/23974838.html (Abruf vom 18.03.2024).
Scharmer, C. Otto (2020): Theorie U – Von der Zukunft her führen. Presencing als soziale Technik, 5. Aufl., Heidelberg.
Schelle, Heinz (2014): Projekte zum Erfolg führen: Projektmanagement systematisch und kompakt, 7. Aufl., München.
Schelle, Heinz/Ottmann, Roland/Pfeiffer, Astrid (2008): ProjektManager, 3. Aufl., Nürnberg.
Schiersmann, Christiane/Thiel, Heinz-Ulrich (2014): Organisationsentwicklung: Prinzipien und Strategien von Veränderungsprozessen, 4. Aufl., Wiesbaden.
Schreyögg, Georg (2016): Grundlagen der Organisation: Basiswissen für Studium und Praxis, 2. Aufl., Wiesbaden.
Schreyögg, Georg/Geiger, Daniel (2016): Organisation: Grundlagen moderner Organisationsgestaltung, 6. Aufl., Wiesbaden.
Schreyögg, Georg/Koch, Jochen (2010): Grundlagen des Managements: Basiswissen für Studium und Praxis, 2. Aufl., Wiesbaden.
Schüller, Anne (2020): Rollen statt Stellen: Die Arbeitswelt der Zukunft; in: Human Resource Manager, https://www.humanresourcesmanager.de/future-of-work/rollen-statt-stellen-die-arbeitswelt-der-zukunft (Abruf am 18.03.2024).
Schulte-Zurhausen, Manfred (2014): Organisation, 6. Aufl., München.
Schwaber, Ken (2003): Agile project management with Scrum, Redmond.
Schwaber, Ken/Sutherland, Jeff (2020): Der Scrum Guide – Der gültige Leitfaden für Scrum: Die Spielregeln, https://scrumguides.org/docs/scrumguide/v2020/2020-Scrum-Guide-German.pdf (Abruf am 18.03.2024) oder in der jeweils aktuellen Fassung unter www.scrum.org
Senge, Peter M. (2011): Die fünfte Disziplin: Kunst und Praxis der lernenden Organisation (Systemisches Management), Stuttgart.
Smith, Adam (2009): Wohlstand der Nationen, Köln.

Starbucks (2024): https://starbucksjobs.de/de/arbeiten-bei-starbucks/#:~:text=Wir%20m%C3%B6chten%20Menschen%20Tasse%20f%C3%BCr,jeder%20Umgebung%20inspirieren%20und%20f%C3%B6rdern.&text=Wir%20schaffen%20ein%20Gef%C3%BChl%20von,die%20Ergebnisse%20unserer%20Handlungen%20ein (Abruf am 10.5.24).

Stelzer-Rothe, Thomas et al. (2016): Projekte systemisch managen! Wie Sie soziale und rationale Prozesse in Projekten achtsam steuern, Berlin.

Stepstone/Kienbaum (2017): Organigramm deutscher Unternehmen: In welchen Strukturen Fachkräfte künftig arbeiten wollen. https://media.kienbaum.com/wp-content/uploads/sites/13/2019/05/New_Kienbaum_Studie_Organigramm_deutscher_Unternehmen_2017_1s.pdf (Abruf vom 18.03.2024).

Sterrer, Christian/Winkler, Gernot (2010): Setting Milestones: Projektmanagement Methoden, Prozesse, Hilfsmittel, 2. Aufl., Wien.

Stöger, Roman (2007): Wirksames Projektmanagement: Mit Projekten zu Ergebnissen, 2. Aufl., Stuttgart.

Timinger, Holger (2021): Modernes Projektmanagement in der Praxis: Mit System zum richtigen Vorgehensmodell, Weinheim.

Timinger, Holger (2024): Modernes Projektmanagement: Mit traditionellem, agilem und hybridem Vorgehen zum Erfolg, 2. Aufl., Weinheim.

Träger, Thomas (2018): Organisation: Grundlagen der Organisationslehre mit Beispielen, Übungsaufgaben und Musterlösungen, München.

Tuckman, Bruce W. (1965): Developmental sequence in small groups; in: Psychological Bulletin, 63. Jg., H. 6, S. 384–399.

Vahs, Dietmar (2023): Organisation: Ein Lehr- und Managementbuch. 11. Aufl., Stuttgart.

Vahs, Dietmar/Brem, Alexander (2015): Innovationsmanagement. Von der Idee zur erfolgreichen Vermarktung. Stuttgart.

von der Oelsnitz, Dietrich (2009a): Die innovative Organisation: Eine gestaltungsorientierte Einführung, 2. Aufl., Stuttgart.

von der Oelsnitz, Dietrich (2009b): Management: Geschichte, Aufgaben, Beruf, München.

von der Oelsnitz, Dietrich/Hahmann, Martin (2003): Wissensmanagement. Strategie und Lernen in wissensbasierten Unternehmen, Stuttgart.

von der Oelsnitz, Dietrich/Becker, Jelena K. (2017): Sinnerfülltes Arbeiten. Die Basis von Initiative und Wohlbefinden; in: Zeitschrift für Führung und Organisation (ZfO), 86. Jg., Nr. 1, S. 4–9.

von Freyberg, Burkhard/Zeugfang, Sabrina (2014): Strategisches Hotelmanagement, München.

Wanner, Roland (2015): Risikomanagement für Projekte: Die wichtigsten Methoden und Werkzeuge für erfolgreiches Projekte, 2. Aufl., Leipzig.

Weibler, Jürgen (2023): Personalführung, 4. Aufl., München.

Welge, Martin K./Al-Laham, Andreas/Eulerich, Marc (2017): Strategisches Management: Grundlagen – Prozess – Implementierung, 7. Aufl., Wiesbaden.

West, Dave (2016): Updates to the Scrum Guide: The 5 Scrum values take center stage, https://www.scrum.org/resources/blog/5-scrum-values-take-center-stage (Abruf am 18.03.2024).

Williamson, Oliver E./Winter, Sidney G. (1991): The nature of the firm: Origins, evolution, and development, New York.

Zell, Helmut (2018): Projektmanagement – lernen, lehren und für die Praxis, 10. Aufl., Norderstedt.

Tabellenverzeichnis

https://doi.org/10.1515/9783111199818-005

Abbildungsverzeichnis

https://doi.org/10.1515/9783111199818-006

Stichwortverzeichnis

https://doi.org/10.1515/9783111199818-007

Über die Autor/-innen

Prof. Dr. rer. pol. Timm Eichenberg, Dipl.-Ök. ist Professor für Personalmanagement und Projektmanagement am Fachbereich Wirtschaft der Hochschule Weserbergland in Hameln.

Dr. rer. pol. Martin Hahmann, Dipl.-Ök. ist Studienkoordinator und Lehrbeauftragter an der WelfenAkademie e. V. in Braunschweig.

Prof. Dr. rer. pol. Olga Hördt, Dipl.-Ök. ist Professorin für Allgemeine BWL, insbesondere Organisation, Führung und Personal an der Hochschule Ruhr West in Mülheim an der Ruhr.

Prof. Dr. rer., pol. Maren Luther, Dipl.-Ök. ist Professorin für Unternehmensführung und Entrepreneurship am Fachbereich Wirtschaft der Hochschule Weserbergland in Hameln.

Prof. Dr. rer. pol. Thomas Stelzer-Rothe, Dipl.-Hdl. lehrt und forscht mit dem Schwerpunkt Personalmanagement an der FH SWF, Hochschule für Technik und Wirtschaft, Abteilung Hagen, und ist Präsident des hlbNRW (Hochschullehrerbund Nordrhein-Westfalen).

https://doi.org/10.1515/9783111199818-008

Über die Autor/-innen

Lehr- und Klausurenbücher der angewandten Ökonomik

Zuletzt in dieser Reihe erschienen:

Band 10
Timm Eichenberg/Olga Hördt/Thomas Stelzer-Rothe (2022): Management im globalen Kontext. Fälle, Klausuraufgaben, Übungen und Lösungen zu interkulturellen und internationalen Fragestellungen.
ISBN 978-3-11-073752-3, e-ISBN (PDF) 978-3-11-073754-7, e-ISBN (EPUB) 978-3-11-073273-3

Band 9
Nils Hafner/Werner A. Halver/Axel Lippold/Elina Petersone/André von Zobeltitz (2021): Marketing. Klausuren, Übungen und Lösungen.
ISBN 978-3-11-051679-1, e-ISBN (PDF) 978-3-11-051686-9, e.ISBN (EPUB) 978-3-11-051707-1

Band 8
Timm Eichenberg/Martin Hahmann, Olga Hördt/Maren Luther/Thomas Stelzer-Rothe (2025): Organisation und Projektmanagement. Fallstudien, Klausuren, Übungen und Lösungen. 2. Auflage.
ISBN 978-3-11-119937-5, e-ISBN (PDF) 978-3-11-119981-8. e-ISBN (EPUB) 978-3-11-120028-6

Band 7
Timm Eichenberg/Martin Hahmann/Olga Hördt/Maren Luther/Thomas Stelzer-Rothe (2019): Personalmanagement, Führung und Change-Management. Fallstudien, Klausuren, Übungen und Lösungen.
ISBN 978-3-11-048080-1, e-ISBN (PDF) 978-3-11-048186-0, e-ISBN (EPUB) 978-3-11-048203-4

Band 6
Martin Hahmann/Werner A. Halver/Jörg-Rafael Heim/Jutta Lommatzsch/Manuel Teschke/Michael Vorfeld (2018): Wirtschaft und Recht. Klausuren, Übungen und Lösungen.
ISBN 978-3-11-042596-3, e-ISBN (PDF) 978-3-11-043960-1, e-ISBN (EPUB) 978-3-11-043963-2

Band 5
Timm Eichenberg/Martin Hahmann/Olga Hördt/Maren Luther/Thomas Stelzer-Rothe (2017): Unternehmensführung. Fallstudien, Klausuren, Übungen und Lösungen.
ISBN 978-3-11-043834-5, e-ISBN (PDF) 978-3-11-043833-8, e-ISBN (EPUB) 978-3-11-042931-2

Band 4
Robert Nothhelfer/Stefan Foschiani/Katja Rade/Volker Trauzettel (2017): Klausurtraining für allgemeine Betriebswirtschaftslehre. Originalaufgaben mit Musterlösungen.
ISBN 978-3-11-048181-5, e-ISBN (PDF) 978-3-11-048182-2, e-ISBN (EPUB) 978-3-11-048202-7

www.ingramcontent.com/pod-product-compliance
Lightning Source LLC
Chambersburg PA
CBHW061808210326
41599CB00034B/6927

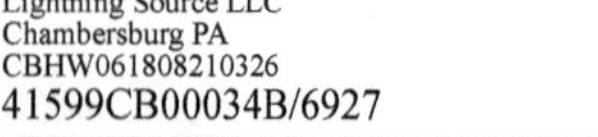

* 9 7 8 3 1 1 1 1 9 9 3 7 5 *